Kohlhammer

Die Autorin

Dr. phil. Doris Streber ist Akademische Rätin an der Universität Bayreuth und Geschäftsführerin des Zentrums für Lehrerbildung. Sie studierte an der Universität Bayreuth Sportökonomie sowie Lehramt für Realschulen mit den Fächern Deutsch und Sport und schloss mit einem Diplom und dem Staatsexamen ab. Sie promovierte mit einer Arbeit zum Qualifizierungsgrad von Nachhilfelehrern. Ihre Hauptforschungsgebiete sind: Allgemeine Didaktik, individuelle Förderung, Lehrerpersönlichkeit und Klassenführung.

Doris Streber

Klassen erfolgreich führen

Guter Unterricht durch starke Lehrkräfte

Verlag W. Kohlhammer

Dieses Werk einschließlich aller seiner Teile ist urheberrechtlich geschützt. Jede Verwendung außerhalb der engen Grenzen des Urheberrechts ist ohne Zustimmung des Verlags unzulässig und strafbar. Das gilt insbesondere für Vervielfältigungen, Übersetzungen, Mikroverfilmungen und für die Einspeicherung und Verarbeitung in elektronischen Systemen.

Die Wiedergabe von Warenbezeichnungen, Handelsnamen und sonstigen Kennzeichen in diesem Buch berechtigt nicht zu der Annahme, dass diese von jedermann frei benutzt werden dürfen. Vielmehr kann es sich auch dann um eingetragene Warenzeichen oder sonstige geschützte Kennzeichen handeln, wenn sie nicht eigens als solche gekennzeichnet sind.

Es konnten nicht alle Rechtsinhaber von Abbildungen ermittelt werden. Sollte dem Verlag gegenüber der Nachweis der Rechtsinhaberschaft geführt werden, wird das branchenübliche Honorar nachträglich gezahlt.

Dieses Werk enthält Hinweise/Links zu externen Websites Dritter, auf deren Inhalt der Verlag keinen Einfluss hat und die der Haftung der jeweiligen Seitenanbieter oder -betreiber unterliegen. Zum Zeitpunkt der Verlinkung wurden die externen Websites auf mögliche Rechtsverstöße überprüft und dabei keine Rechtsverletzung festgestellt. Ohne konkrete Hinweise auf eine solche Rechtsverletzung ist eine permanente inhaltliche Kontrolle der verlinkten Seiten nicht zumutbar. Sollten jedoch Rechtsverletzungen bekannt werden, werden die betroffenen externen Links soweit möglich unverzüglich entfernt.

1. Auflage 2021

Alle Rechte vorbehalten
© W. Kohlhammer GmbH, Stuttgart
Gesamtherstellung: W. Kohlhammer GmbH, Stuttgart

Print:
ISBN 978-3-17-036692-3

E-Book-Formate:
pdf: ISBN 978-3-17-036693-0
epub: ISBN 978-3-17-036694-7
mobi: ISBN 978-3-17-036695-4

Inhaltsverzeichnis

1	**Die Bedeutung von Klassenführung für guten Unterricht**	7
2	**Aufbau der Arbeit**	14
3	**Strukturierende Unterrichtsgestaltung/kognitive Aktivierung** ...	16
	3.1 Choreografierte Unterrichtsplanung	17
	3.2 Aktive und adaptive Einbeziehung der ganzen Klasse	24
	3.3 Motivierendes Unterrichten	47
4	**Kommunikation**	50
	4.1 Grundlegende Aspekte der Kommunikation	51
	4.2 Feedback geben und auf Schülerseite initiieren	57
	4.3 Humor als Breitbandtherapeutikum in einer Klasse	66
5	**Regulation**	72
	5.1 Regulation über Verstärkungslernen	73
	5.2 Regulation über Einsicht	86
	5.3 Kommunikation und Regulation	97
6	**Disziplin und Unterrichtsstörungen**	103
	6.1 Exkurs: Autorität	104
	6.2 Exemplarische Fallbearbeitung	110
	6.3 Sensibilisierung für das Thema Disziplin	114
	6.4 Sensibilisierung für das Thema Unterrichtsstörungen	116
	6.5 Umgang mit Disziplin und Unterrichtsstörungen	119
7	**Umgang mit Aggression und Bullying/Mobbing**	130
	7.1 Klassenführung und Gewaltprävention	133
	7.2 Der Mehrebenenansatz von Dan Olweus	136
	7.3 Petermann: Training mit aggressiven Kindern und Jugendlichen	138
	7.4 Das Konstanzer Trainingsmodell (KTM)	140
8	**Präsenz**	150
	8.1 Exkurs: Neurobiologische Grundlagen nach Roth (2015)	150
	8.2 Physische und gedankliche Präsenz	153
	8.3 Umgang mit Schülerabweichungen und -fehlern	153

	8.4	Handeln unter Druck	155
	8.5	Präsenz bei Kounin	157
9		**Teamentwicklung und professionelle Lerngemeinschaften**	**163**
	9.1	Teamentwicklung	163
	9.2	Professionelle Lerngemeinschaften	167

Schlussgedanken **169**

Literatur **171**

1 Die Bedeutung von Klassenführung für guten Unterricht

»Klassen erfolgreich führen« wird hier als Haupttitel gewählt. Im Untertitel wird »guter Unterricht« erwähnt. Es leuchtet ein: Klassenführung und guter Unterricht werden zusammengedacht, wenn es um starke/gute Lehrkräfte geht. Doch die zentralen Begriffe werden getrennt behandelt, weil Klassenführung eine Komponente guten Unterrichts ist und weil sich starke/gute Lehrkräfte nicht allein auf guten Unterricht reduzieren lassen.

Klassenführung

Mittlerweile liegen im deutschsprachigen Raum mehrere aktuelle Monografien zum Thema vor, deren unterschiedliche Akzentuierung Haag (2018) aufzeigt. Doch dabei fällt auf, dass bspw. das Autorenteam Kiel, Frey und Weiß (2013), das im Titel den Begriff der *Klassenführung* verwendet, und das Team Ophardt und Thiel (2013), das den Begriff des *Klassenmanagements* im Titel gewählt hat, mit ihrer gewählten Begrifflichkeit das gleiche meinen.

Jäger (2018) nun macht neugierig, indem er einen Aufsatz vorlegt, in dem er genau dieses Begriffspaar analysiert: »Beide Begriffe sind grundsätzlich nicht gegenseitig austauschbar, weil mit ihnen durchaus Unterschiedliches angesprochen wird, … das kommt in den Veröffentlichungen der vergangenen 10 Jahre aber eher nicht zum Tragen« (S. 316).

Das Unterschiedliche sieht Jäger in den verschiedenen Kontexten, denen die Begriffe entstammen (vgl. im Folgenden Jäger, 2018). Während der Begriff *Management* aus der Betriebswirtschaftslehre entnommen ist, stammt der Begriff *Führung* aus der Sozialpsychologie.

Management umschreibt alle Vorgänge, welche die Führung von Organisationen – auch die einer Klasse – betreffen. Dabei werden drei Funktionen des Managements unterschieden:

> »a) Management als *Organisationsform*: Hierbei geht es um das Handling einer Organisation durch eine begrenzte Anzahl von Personen, die jeweils eine Verantwortung für definierte Bereiche der Organisation innehaben.
> b) Management als *Tätigkeit*: In der Ausübung der Verantwortung kommen Tätigkeiten zum Tragen, die als managen bezeichnet werden.
> c) Management als *Methode*: Hierzu gehören beispielsweise das Managen mit Hilfe von Zielvereinbarungen, durch Delegation oder die Partizipation an Entscheidungsprozessen« (S. 316).

Jäger nun weist darauf hin, dass in der Schule die in a) beschriebene Funktion einer einzelnen Lehrkraft nur dann zukommt, wenn sie beispielsweise als Klassenlehrer oder innerhalb einer Fachschaft eine Leitungsfunktion übernommen hat, wohingegen die Funktionen von b) und c) von jeder Lehrkraft wahrgenommen werden.

Der Begriff der *Führung* bezieht sich auf a) Interaktionen einer Person gegenüber Individuen und/oder einer Gruppe mit dem Ziel, vorgegebene Absichten zu verwirklichen. Dabei existiert b) eine asymmetrische soziale Beziehung der Über- bzw. Unterordnung.

> »Die Hauptabsicht einer Lehrkraft besteht darin, bei den Schülerinnen und Schülern einen Lernerfolg (s. a)) zu erzielen, und die Interaktionen (s. a)) betreffen beispielsweise Abfolgen von Instruktionen, Fragen, Antworten und Schülerhandlungen etc. im Unterrichtsgeschehen. Die genannte Asymmetrie (b)) bezieht sich auf die in den meisten Fällen gegebene unterschiedliche Expertise zwischen Lehrkraft und Schülern sowie auf die von der Lehrkraft qua Funktion ausgehende Machtfülle« (S. 316).

Aufgrund dieser Explikation macht Jäger deutlich, dass Klassenmanagement und Klassenführung als zwei Seiten derselben Medaille anzusehen sind. Dann folgert er, dass das Managen als dem Führen übergeordnet angesehen werden kann. Das Ganze relativiert sich, wenn man die Etymologie des Begriffes *Management* anschaut. Die Sprachforschung ist sich nicht einig, ob sich »Management« auf die lateinischen Ausdrücke »mansionem agere« oder »manus agere« zurückführen lässt. Eigentlich für den Zweck der Verwendung im schulischen Kontext egal: Ersterer Ausdruck »das Haus (für den Eigentümer) bestellen« verweist auf den heute gängigen Begriff von Leadership, letzterer (»an der Hand führen«) auf Klassenführung im engeren Sinne, eben dass ganz konkret die Lehrkraft ihre Schüler an der Hand führt. *Klassenmanagement* und *Klassenführung* wären etymologisch betrachtet dann tautologische Begriffe, somit austauschbar und damit im Kontext von Schule gleichermaßen verwendbar. Dabei ist Jägers Herleitung der unterschiedlichen Disziplinen mitzubedenken, um Schule als Ganzem gerecht zu werden.

Guter Unterricht

Über guten Unterricht sind seit den Anfängen der PISA-Diskussion zu Beginn der 2000er Jahre viele Publikationen entstanden (vgl. deutschsprachig: Helmke, 2003; Meyer, 2004). Im Gefolge ist auch die Frage nach dem guten bzw. erfolgreichen Lehrer vermehrt gestellt worden. Hatties Synopse auf Metastudien (2009, deutsch: 2013) ist wohl die bekannteste Antwort auf diese Frage. Hier beziehe ich mich auf Koch (2005), der den Lehrer nicht einseitig im Gefolge der empirischen Bildungsforschung verortet, sondern als Pädagoge den Lehrer zwischen Urteilskraft und Methode ansiedelt und fragt, was einen Lehrer ausmacht. Dazu trägt er sieben Antworten zusammen:

1. Ein Lehrer kennt sich in seinem Fach bzw. in seinen Fächern aus: »Lehrer ist, wer Lehre hat« (S. 90).
2. Ein Lehrer versteht sein Handwerk: »Lehrer ist, wer lehren kann« (S. 90).
3. Ein Lehrer besitzt Menschenkenntnis. Darunter versteht er, die Kinder und Jugendlichen »wohlwollend, aufmerksam und lernbegierig zu ›machen‹« (S. 90).

4. Ein Lehrer kennt nicht nur die anderen, sondern auch sich selbst. Er hat Selbsterkenntnis: »Er kennt seine ›Rolle‹ … Er hat eine ›Standesehre‹, die sein Ethos ausmacht« (S. 91).
5. Nicht zu vergessen ist das erzieherische Moment, »dessentwegen wir den Lehrer auch als Pädagogen zu bezeichnen pflegen« (S. 91).
6. Vom Lehrer muss man erwarten, »dass er nämlich ein in den Grenzen des Möglichen gebildeter Mensch sei« (S. 91). Koch meint den Horizont, der alles das einschließt, was jenseits seines Faches sich erstreckt und wovon eine Ahnung zu haben den gebildeten Menschen charakterisiert, der weiß, was er nicht weiß.
7. Den Lehrer erkennt man daran, dass er reden kann. »Reden aber heißt: Im Medium der Sprache sichtbar machen, was ansonsten unsichtbar ist« (S. 92).

Diese Tugenden – »Kompetenzen würde man heute sagen« (S. 92) – könnte man im Begriff der *Klassenführung* zusammenführen. Klassenführung als Querschnittskompetenz liegt quer zu diesen Kompetenzen, der Begriff beinhaltet von allem etwas und ist ohne sie nichts. Die Bedeutung von Klassenführung für guten Unterricht ist hinreichend begründet (vgl. Haag & Streber, 2012).

Gute Lehrkraft

Terhart u. a. (1994) befragten in ihrer Studie über Berufsbiografien, die sie an 1200 Lehrern aus drei unterschiedlichen Altersgruppen an unterschiedlichen Schularten durchführten, die Lehrer, welche Aspekte des Lehrerberufs ihnen besonders wichtig seien (S. 115 ff.). Aus den Antworten der Befragten auf zwölf vorgegebene Items ergibt sich folgende Rangfolge der sechs bedeutsamsten Aspekte:

1. Gutes Verhältnis zu Schülern
2. Persönliche Atmosphäre im Unterricht
3. Geschickte Unterrichtsgestaltung
4. Engagement für den einzelnen Schüler
5. Selbstreflexion bei unerwünschtem Schülerverhalten
6. Informiertheit über persönliche Probleme.

Spitzenreiter in der Wichtigkeitszuschreibung sind pädagogische Aufgaben, während die Kenntnisvermittlung ganz am Schluss liegt (Rangplatz 12: Konzentration auf den Lehrplan).

Mithilfe einer Clusteranalyse lassen sich zwei »Lehrertypen« identifizieren, der eine mit einer deutlichen Akzentsetzung im »persönlich-erzieherisch-involvierten« Bereich (Cluster I) und ein zweiter, der diesen und einen »objektivierend-unterrichtlich-distanzierten« Bereich (Cluster II) für etwa gleich bedeutsam hält. Dabei sind in der Grundschule und auch Hauptschule jene Lehrer überrepräsentiert, die besonderes Gewicht auf Erziehung und persönliche Beziehung legen (Cluster I). Solche Lehrer finden sich auch häufiger in der jüngsten (30- bis 35-jährige) und mittleren (40- bis 45-jährige) Altersgruppe. Dagegen finden sich in Cluster II eher Lehrer von Realschulen und Gymnasien und Lehrer im Alter von 55 bis 60 Jahren.

Sauter (1989) betrachtete die Schülersicht über Lehrkräfte. Er gab Studierenden die Aufgabe, aus ihrer Schulzeit einen »guten und einen schlechten Lehrer« zu beschreiben. Insgesamt wurden ca. 280 Interviews ausgewertet.

Mit Abstand am häufigsten, mit 69,9 %, wurde bei einem guten Lehrer die Kategorie »paidotrope Einstellung« genannt. Der Name wurde aus der Typologie des Lehrers von Caselmann (1949) entlehnt. Die paidotrope Einstellung zeigt sich in einer positiven Zugewandtheit zum Schüler: Der Schüler steht im Mittelpunkt des Interesses, nicht der Stoff. Danach folgten die Merkmale Fachkompetenz (43,9 %), kompetente Unterrichtsgestaltung (41,9 %), objektive Benotung (41,3 %) sowie die Fähigkeit zu motivieren (38,9 %).

Die heutige Professionalitätsdebatte setzt die traditionsreiche Diskussion um die Frage nach dem spezifischen Können einer Lehrkraft zur Erfüllung ihres Auftrags fort (vgl. Haag, 2013). Bauer, Kopka und Brindt (1996) entwickeln einen Begriff der pädagogischen Professionalität, der Elemente des kriterienbezogenen Ansatzes und der auf Arbeitsaufgaben bezogenen Forschung miteinander verbindet.

Pädagogen sind Spezialisten für das Schaffen von Lerngelegenheiten, die nicht zufällig entstehen und die geeignet sind, subjektive und kulturelle Ziele und Werte zu vermitteln (Bauer, 2000).

> »Pädagogisch professionell handelt eine Person, die gezielt ein berufliches Selbst aufbaut, das sich an berufstypischen Werten orientiert, die sich eines umfassenden pädagogischen Handlungsrepertoires zur Bewältigung von Arbeitsaufgaben sicher ist, die sich mit sich und anderen Angehörigen der Berufsgruppe Pädagogen in einer nichtalltäglichen Berufssprache zu verständigen in der Lage ist, ihre Handlungen aus einem empirisch-wissenschaftlichen Habitus heraus unter Bezug auf eine Berufswissenschaft begründen kann und persönlich die Verantwortung für Handlungsfolgen in ihrem Einflussbereich übernimmt« (Bauer, 2000, S. 32).

Eine entscheidende Stellung in dieser Definition nimmt das *berufliche (professionelle) Selbst* ein, das den übrigen Komponenten der Professionalität übergeordnet ist. Der Autor wählt diesen Begriff anstelle des Begriffs der *Persönlichkeit*. Damit will er die Differenz zwischen Persönlichkeit im Ganzen und dem für berufliches Handeln relevanten Teil der Person deutlich machen. Das professionelle Selbst ist mehr als eine Ansammlung von Repertoires und Kompetenzen, es ist aber weniger als der Persönlichkeitskern eines Pädagogen. Es ist eine integrierende und auswählende Instanz, die die Aufmerksamkeit eines Pädagogen so steuert, dass Informationen verarbeitet und Handlungsmuster ausgewählt werden, die im Hinblick auf pädagogische Ziele relevant sind.

Das heißt, dass neben dem unabhängigen Wissen weiterhin die Individualität des Lehrers gesehen werden muss. Doch während der Begriff der Persönlichkeit in der Psychologie auf wenig veränderliche Seiten des Menschen verweist, bringt der Begriff des Selbst das dynamische Moment im Menschen zum Ausdruck. Der Mensch ist nicht als Substanz zu begreifen, sondern als ein relationales Wesen, das reflexiv auf dreifache Weise in Beziehung steht: in Beziehung zu den Dingen, in Beziehung zu anderen Lebewesen und in Beziehung zu sich selbst. Indem es die Momente der Reflexivität und Individualität in sich vereint, tritt das professionelle Selbst an die Stelle der Kategorie der Lehrerpersönlichkeit (vgl. Herzog, 2001).

Eine weitere wesentliche Komponente ist das pädagogische Handlungsrepertoire. Unter Handlungsrepertoires versteht der Autor hoch verdichtete Verknüpfungen kognitiver Strukturen mit motorischen Abläufen, die es Handlungsträgern ermöglichen, rasch, sicher und zielstrebig in komplexen Situationen zu agieren. Zwischen pädagogischem Wissen und pädagogischem Können besteht eine erhebliche Differenz. Erst deren Überbrückung führt zu einer professionellen pädagogischen Kompetenz. Das Handlungsrepertoire ist individuell und führt zu einem persönlichen Stil.

Somit besteht auch zwischen Professionalität und Individualität kein Gegensatz, denn idiosynkratische Momente spielen bei jeder pädagogischen Handlung eine Rolle. Lehrerpersönlichkeit oder nun das professionelle Selbst stellt nicht die Folie für das pädagogische Wissen dar, sondern das pädagogische Wissen steht in Wechselwirkung mit den individuellen Ausprägungen der Person.

Von hier aus könnte man nun einen Bogen spannen zur Lehrerpersönlichkeit. Dies führte hier zu weit, Sachers Gedanken sollen hier genügen (1980). Es gehört zum Menschsein, die personalen Möglichkeiten der Persönlichkeit zu aktualisieren, dies vollzieht sich darin, dass man Persönlichkeit wird als tätiger Mensch. Von diesem Standpunkt aus ist die Frage uneingeschränkt zu bejahen, ob der Lehrer eine Persönlichkeit sein müsse (vgl. Sacher, 1980).

Doch ein paar Gedanken zum pädagogischen Bezug und zum pädagogischen Eros müssen im Buch schon vorne erwähnt werden: Klassenführung darf nicht zu einer Überhöhung des Lehrerberufes führen. Gegen eine Überhöhung des Lehrerberufes, gegen die charismatische Führerfigur und letztendlich zugespitzt den Begriff der pädagogischen Liebe als der höchsten Tugend wendet sich Brezinka (1969). Er wandelt den Augustinischen Satz »Ama et fac quod vis« (Liebe und tue, was du willst) in »Behaupte zu lieben und tue, was du willst« und fährt fort: »Da es von der Liebe bekanntlich heißt, sie decke eine Menge Sünden zu, konnte man sich mit der Behauptung, sie zu besitzen, jeder Kritik entziehen« (S. 272).

Exkurs: Pädagogischer Bezug

Den Begriff des »pädagogischen Bezugs« hat Nohl in den 20er Jahren des letzten Jahrhunderts eingeführt: »Unter den wenigen Verhältnissen, die uns im Leben gegeben sind, Freundschaft, Liebe, Arbeitsgemeinschaft, ist das Verhältnis zum echten Lehrer vielleicht das grundlegendste, das unser Dasein am stärksten erfüllt und formt. ... [es] wird die grundlegende Bedeutung des pädagogischen Bezuges klar« (Nohl & Pallat, 1933, S. 21).

Döring (1992) skizziert mit ausgewählten Nohl-Zitaten die Theorie des pädagogischen Bezugs (S. 92):

- Die Grundlage der Erziehung ... ist das leidenschaftliche Verhältnis eines reifen Menschen zu einem werdenden Menschen, und zwar um seiner selbst willen, dass er zu seinem Leben und seiner Form komme.
- Von Seiten des Zöglings ist konstitutiv, dass er ein unbedingtes Vertrauen dem Erzieher gegenüber hat, dass er von diesem in der Tiefe seiner Person absolut bejaht wird.
- Der Erzieher darf aber nicht vergessen, dass das sich im pädagogischen Bezug manifestierende erzieherische Verhältnis nicht zu erzwingen ist, dass hier irrationale Momente

wirksam sind, wie Sympathie und Antipathie, die beide nicht in der Hand haben, und er darf darum nicht gekränkt sein oder es gar den Zögling entgelten lassen, wenn ihm der Bezug nicht gelingt, der Bursche nicht will. Man wird dann versuchen, ihn an jemand anderen zu binden, wenn die Bindung nur überhaupt erfolgt.
- Aber dieser Veränderungs- und Gestaltungswille wird doch gleichzeitig immer gebremst und im Kern veredelt und durch eine bewusste Zurückhaltung vor der Spontanität und dem Eigenwesen des Zöglings. Dieses eigentümliche Gegeneinander und Ineinander von zwei Richtungen der Arbeit macht die pädagogische Haltung aus und gibt dem Erzieher eine eigentümliche Distanz zu seiner Sache wie zu seinem Zögling, deren feinster Ausdruck ein pädagogischer Takt ist, der dem Zögling auch da nicht zu nahe tritt, wo er ihn steigern oder bewahren möchte.
- Und auch der Zögling will bei aller Hingabe an seinen Lehrer im Grunde doch sich, will selber sein und selber machen, schon das kleine Kind im Spiel, und so ist auch von seiner Seite in der Hingabe immer zugleich Selbstbewahrung und Widerstand, und das pädagogische Verhältnis strebt von beiden Seiten dahin, sich überflüssig zu machen und zu lösen.
- Das Verhältnis des Erziehers zum Kind ist immer doppelt bestimmt: von der Liebe zu ihm in seiner Wirklichkeit und von der Liebe zu seinem Ziel, dem Ideal des Kindes, beides aber nun nicht als Getrenntes, sondern als Einheitliches aus diesem Kinde machen, was aus ihm zu machen ist.

Döring (1992) würdigt diesen Denkansatz des Pädagogischen Bezugs in zweifacher Hinsicht: Bis heute hat Gültigkeit sowohl das hier betonte interpersonale Verhältnis als auch der Gedanke, dass Erziehung Emanzipationshilfe zu leisten hat.

Döring (1992) fasst die Kritik an der Theorie des Pädagogischen Bezuges in sieben Punkten zusammen (vgl. S. 93 f.). Hier genügen zusammenfassend folgende Stichpunkte:

1. Gefahr der Isolierung der Ich-Du-Relation zu Lasten der gesellschaftlichen Dimension von Erziehung
2. Ergänzungsbedürftigkeit durch andere Formen der Begegnung des Heranwachsenden mit der Welt
3. Fragwürdigkeit der Prämisse vom Primat der Person gegenüber der Sache
4. Vernachlässigung der Schulklasse und der Schülergruppe
5. Überforderung des Lehrers in Bezug auf seine erzieherische Leistungsfähigkeit
6. Vernachlässigung des emanzipatorischen Aspekts von Erziehung
7. Rechtfertigung des Frontalunterrichts: Nur hier kann der Lehrer die Ich-Du-Ebene für die ganze Klasse verwirklichen.

Döring konstatiert (S. 94): »Damit dürfte deutlich geworden sein, dass die Theorie des Pädagogischen Bezuges vor allem ihres privatistischen Grundcharakters wegen ein für das schulische Lehrerverhalten denkbar ungeeignetes Denkmodell darstellt«.

Kopp (1980, S. 26 f.) geht auf diese Kritik ein: Der pädagogische Bezug sei zu absolut und werde überschätzt. Die Ich-Du-Relation sei zu einseitig, der Sachanspruch trete in den Hintergrund, das Sozialgebilde Klasse und Gruppe werde nicht genügend gesehen. Die Fixierung des Lehrers auf den Schüler überfordere ihn emotional, psychologisch-rational und in Bezug auf seine erzieherischen Möglichkeiten.

Pädagogischer Eros

Heute ist die Legitimationsfrage seitens der Lehrer gegenüber ihren Schülern »Warum machen wir das?« stets präsent. Lehrkräfte müssen ihre Auswahl der Unterrichtsinhalte vor den Schülern nicht nur legitimieren bzw. begründen, Schülern wird darüber hinaus suggeriert, sie hätten ein Recht, an der Auswahl der Unterrichtsinhalte beteiligt zu sein. Und nun wird es für die Lehrkraft problematisch (im Folgenden beziehe ich mich auf Schirlbauer, 1996, S. 49 ff.). Inhaltliche oder auch methodische Schritte sind zu begründen. Und für jedes Plausibilitätsargument gibt es mindestens ein Gegenargument. Der Lehreraufwand wird erheblich. Schirlbauer wörtlich (S. 50): »Der Lehrer muß also die Verflüchtigung von kulturell eindeutigem Sinn (von kulturellen Standards) durch ›gute Beziehungen‹ wettmachen, durch psychodynamisch aufwendige Beziehungsarbeit einen zumindest situativ bleibenden Handlungssinn immer wieder ermöglichen/erzeugen.« Mit dem Wegfall der Autorität der kanonisierten Lehrplaninhalte fällt auch »die fraglose Autorität des Lehrers als Aura dessen, der ›das Sagen hat‹ … Die Schüler arbeiten für den Lehrer, weil er es ist, also ihm zuliebe. Die Macht der Position wird ersetzt durch die Macht (den Reiz) der Person. Man nannte das einmal Eros, milder: Charisma, eine (Ver)führungsqualität« (S. 51). Heute spricht man von guten Beziehungen, als Lehrkraft will man diese pflegen, man will gemocht, beliebt sein. Das ist machbar, doch anstrengend.

Eros war kein guter Begriff, wie Schirlbauer nachweist: »Eros trifft nicht alle. Das Charisma zieht nicht bei allen. … Eros will gar nicht alle bezaubern, verführen. Da bleiben allemal einige auf der Strecke der Unerwähltheit. – Für die moderne Schule ein unerträglicher Gedanke« (S. 51).

Deutlich sollte in diesem ersten Kapitel geworden sein, dass Lehrersein mehr bedeutet als ein Agent guten Unterrichts zu sein, mehr als ein Wissensvermittler zu sein. Bei der Verwendung des Begriffes der Klassenführung darf das »Mehr« mitschwingen.

2 Aufbau der Arbeit

In einem empirisch getesteten Modell werden die zentralen Aspekte von Klassenführung zusammengeführt. Ausgehend von diesem Modell werden diese Elemente besprochen.

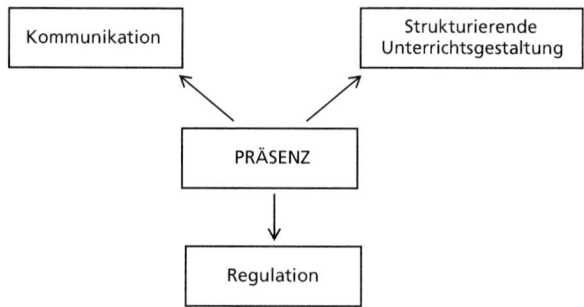

Abb. 1: Aspekte von Klassenführung (Haag, 2018, S. 23)

- Kommunikation wird unter folgenden zwei Aspekten gesehen: Seit Hatties Metaanalyse hat Feedback an Bedeutung gewonnen, Klassenführung bedeutet heute den umfassenden Einsatz von Feedbackmethoden. Humor kann nicht genug als basiskommunikative Voraussetzung betont werden.
- Strukturierende Unterrichtsgestaltung bedeutet zweierlei: Über kognitive Aktivierung und motivierendes Unterrichten wird die Lehrkraft zum Activator der Klasse. Dabei werden instruktionale genauso wie konstruktionale Unterrichtsformate herausgestrichen.
- Regulation wurde lange Zeit zu sehr als ein starres Aufstellen und stures Einhalten von Regeln verstanden. Die positive Wirkung, die von Ritualen ausgeht, wird neuerdings wieder in den Fokus gerückt. Ebenso bestand Klassenführung lange Zeit hauptsächlich aus dem reaktiven Umgang mit Störungen und den richtigen Lehrerreaktionen auf unerwünschte Verhaltensweisen. Heute muss es auch darum gehen zu fragen, was eine Lehrkraft tun müsse, damit Störungen erst gar nicht auftreten. Der Gedanke der Prävention wird herausgestellt.
- Präsenz: Unterrichtliches Handeln lebt von der uneingeschränkten Präsenz einer Lehrkraft. Diese Präsenz ist nicht als eine isolierte Maßnahme zu sehen, sondern Präsenz ist eine Haltung. Ohne uneingeschränkte Präsenz scheint Klassenführung

nicht möglich, sie ist eine Voraussetzung für Klassenführung – eine conditio sine qua non!

Schließlich wird darauf hingewiesen, dass gelingende Klassenführung nicht vom Kontext losgelöst verstanden werden kann. Klassenführung ist auch abhängig von Merkmalen der Schule und ihres Umfeldes.

3 Strukturierende Unterrichtsgestaltung/ kognitive Aktivierung

»Die prozessuale Strukturierung impliziert die Schaffung und Aufrechterhaltung eines schwungvollen Lerntempos, reibungslose Übergänge von einer zur nächsten Unterrichtsaktivität, die Mobilisierung und Beschäftigung möglichst vieler Schülerinnen und Schüler [...] und die Vorbereitung des Unterrichtsinhalts, des Materials und des Raums« (Gold, Hellermann & Holodynski, 2016, S. 104).

Dieses Zitat zeigt, dass ganz im Sinne der Präsenz einer Lehrkraft auch ihre Unterrichtgestaltung ohne sog. Kunstpausen geschehen soll. Hilfreich hierfür sind eine wohl choreografierte/inszenierte Unterrichtsplanung, bei der einzelne Elemente sinnvoll aufeinander folgen (▶ Kap. 4.1), und die aktive und adaptive Einbeziehung der ganzen Klasse (▶ Kap. 4.2). Man kann den Punkt auch mit »kognitiver Aktivierung« überschreiben.

Zurückgehend auf Aebli, aufgegriffen von Oser unterscheidet man heute bei Unterricht sog. *Sicht-* oder *Oberflächenstrukturen* von *Tiefenstrukturen*. Ganz wörtlich verstanden: Auf der Oberflächenstruktur sind alle Handlungsmuster des Unterrichts sichtbar wie Sozialformen, Artikulationsstufen, Medieneinsatz, Methoden (vgl. Streber, 2018). Für die Unterrichtsqualität und den Lernerfolg jedoch sehr viel entscheidender sind die Tiefenstrukturen, die als Basisdimensionen der Unterrichtsqualität gelten. Hierzu zählen Classroom Management (Sicherung und Nutzung von Zeit), konstruktive Unterstützung (Rückmeldung, Wertschätzung) und kognitive Aktivierung. »Die Dimension der kognitiven Aktivierung bezeichnet den intellektuellen Anforderungsgehalt im Unterricht« (Kunter & Trautwein, 2013, S. 86). Heymann (2015) schlüsselt diese Dimension näher auf:

Kognitive Aktivierung

- ... zielt darauf ab, aktive Denk- und Problemlöseprozesse in Gang zu setzen
- ... führt zu einer aktiven geistigen Auseinandersetzung mit dem Lernstoff
- ... erlaubt eine intensivere gedankliche Durchdringung des Lernstoffs (größere Verarbeitungstiefe)
- ... fördert das Einbetten der zu lernenden Sachverhalte in größere Zusammenhänge und das Verstehen
- ... dient dem Aufbau gut vernetzter und transferfähiger Wissensstrukturen
- ... erleichtert die Anwendung des Gelernten in neuen Zusammenhängen (S. 7).

Kleinknecht geht bei seiner Definition explizit auf die Aufgabe ein. Unter kognitiver Aktivierung »werden Aspekte des Lehrerhandelns subsumiert, die auf ein eigenaktives und anspruchsvolles Lernen zielen und vertiefte Denkprozesse ermöglichen. ...

Problemhaltige Aufgabenstellungen bilden dabei den Kern des Unterrichts« (Kleinknecht, 2011, S. 72).

Die Bedeutung der Lehrkraft bei der kognitiven Aktivierung und damit ihre Führungskraft verdeutlicht Heymanns abschließender Satz: »Lehrer, denen es gelingt, ihre Schüler kognitiv zu aktivieren, bieten ihnen die Chance auf ein vertiefendes, verstehendes und vernetzendes Lernen. Schüleraktivierung ohne damit verbundene kognitive Aktivierung läuft Gefahr, in Leerlauf zu münden« (2015, S. 9).

3.1 Choreografierte Unterrichtsplanung

Das folgende Unterrichtsbeispiel wird deshalb hier gewählt, da das wesentliche Problem die mangelnde Schülermitarbeit und damit zusammenhängend eine mangelnde Schüleraktivierung ist. Es handelt sich um einen wahren Fall, der von einer Lehrkraft so geschildert wurde.

Kritik an der Unterrichtsplanung (aus Kiel u. a., 2011, S. 44)

Ein Referendar unterrichtet Deutsch in einer fünften Klasse Hauptschule. Von Zeit zu Zeit besucht ihn sein Betreuungslehrer, um seinen Unterricht zu beobachten und ihm anschließend Tipps zu geben. In einer Lesestunde mit dem Thema »Lesen und Verstehen einer Geschichte« behandelt der Referendar eine Geschichte über zwei Personen, die ständig miteinander konkurrieren. Der Schwächere gleicht die Stärke des anderen mit Witz und Intelligenz aus. Ziel der Stunde ist es, die Lesefertigkeit zu fördern und den vorgelegten Text hinsichtlich der Kernaussagen zu bewerten.

Dem Betreuungslehrer fällt auf, dass der Unterricht des Referendars nicht die gesamte Klasse anspricht, es melden sich immer dieselben Schüler. Einige Schüler fangen während der Stunde an zu schwätzen. Am Ende der Sitzung sollen sich die Schüler zu den Kernaussagen des Textes äußern, was allerdings nur sehr oberflächlich geschieht.

In einem Gespräch nach der Sitzung weist der Betreuungslehrer den Referendar auf die mangelnde Schülermitarbeit hin. Der Referendar bestätigt diese Beobachtung, gibt an, dass er selbst mit dem Stundenverlauf nicht zufrieden gewesen sei, und fragt seinen Mentor, wie man eine höhere Schüleraktivität erreichen könne. Der Betreuungslehrer weist darauf hin, dass man Schüler auch durch eine entsprechende Unterrichtsplanung besser motivieren könnte. Anhand des Unterrichtsverlaufsmodells des Referendars überlegen die beiden, wo Ansatzpunkte für eine vermehrte Schülermitarbeit gegeben sein könnten.

Im Folgenden ist der Unterrichtsverlauf aufgezeichnet:

Tab. 1: Modell des Referendars zum Unterrichtsverlauf »Lesen und Verstehen einer Geschichte« (Kiel u. a., 2011; 2017, S. 45)

Methode	Verlauf	Medien
I. Hinführung		
Impuls	Schüler erzählen, was auf den Bildern passiert, und vermuten, wie die Geschichte weiter verläuft	Bildgeschichte (Beginn des Textes) auf Folie
II. Erarbeitung		
Stilles Lesen der Geschichte		Ausgeteilte Lesetexte
Erschließen des Inhalts	Lehrer fragt, Schüler antworten und ergänzen Wortkarten	Tafelbild
III. Vertiefung		
Wertendes Überdenken	Meinungsäußerungen der Schüler über den Text, Zusammenfassung	Tafelbild

Die Frage, wie eine Unterrichtsstunde aus zeitlicher Sicht gestaltet werden kann, wird in der Literatur unter dem Begriff der *Artikulation* oder der *Verlaufsformen* behandelt. Es geht folglich um die Einteilung des Unterrichts in Phasen, um die zeitliche Strukturierung einzelner Lehr-Lern-Schritte zu gewährleisten.

3.1.1 ARIVA-Schema

Aus der Fülle unterschiedlicher Modelle wird hier das ARIVA-Schema behandelt (Städeli, Grassi, Rhiner & Obrist, 2010). Mit ihm liegt ein einfach zu handhabendes Modell vor, das der Unterstützung bei der Strukturierung des Unterrichts im Rahmen der Unterrichtsplanung dient. Das Akronym ARIVA bezeichnet die folgenden fünf Phasen:

- Ankommen
- Reaktivieren
- Informieren
- Verarbeiten
- Auswerten.

Ankommen und einstimmen (A)

In dieser Phase soll die Aufmerksamkeit der Schüler auf den Lerngegenstand gelenkt werden. Eine Einstiegsmotivation ist das Ziel. Eine klassische Variante des – in diesem Fall kognitiven – Ausrichtens ist der sogenannte informierende Unterrichtseinstieg, in dem die Lehrkraft einen Überblick über die kommende Stunde gibt und kurz über Thema, Lernziele und Arbeitsschritte aufklärt. Eine weitere Möglichkeit des kognitiven Ausrichtens kann in Form eines »stummen Impulses« erfolgen, bei dem man die Schüler ohne weitere Angaben mit einem nonverbalen Impuls (z. B. einem Gegenstand, einem Bild, einem Experiment) konfrontiert und möglichst frei assoziieren lässt. Eine eher affektive Variante des Unterrichtseinstiegs ist es z. B., die Schüler mit einem Widerspruch oder einer Provokation zu irritieren und damit eine Reaktion der Schüler herauszufordern.

> Im obigen Unterrichtsbeispiel ist diese Phase mit dem Impuls einer Bildgeschichte umgesetzt, wie im Modell zum Unterrichtsverlauf deutlich wird.

Vorwissen aktivieren (V bzw. R: Reaktivieren)

In dieser Phase sollen das Vorwissen und die Vorerfahrungen angesprochen werden. Dies kann z. B. über ein Brainstorming oder eine Mindmap geschehen und ermöglicht es den Schülern, sich dem neuen Sachverhalt auf der Basis von bekanntem Wissen und Können zu öffnen. Auf diesem Weg werden vorhandene kognitive Strukturen aktiviert, und es wird die Voraussetzung dafür geschaffen, altes und neues Wissen verknüpfen zu können.

> Diese Phase kann entweder am Anfang oder auch am Ende stehen. So könnten die Schüler die Kernaussagen der Geschichte auf ihre eigenen Stärken und Schwächen beziehen, auf Konkurrenzsituationen, auf ihre Lebenswelt usw.

Informieren (I)

In dieser Phase sollen die Einzelheiten zum Lerngegenstand aufgenommen werden. Hier geht es primär um die Vermittlung neuer Inhalte. Dies kann durch eine Einzel- oder Gruppenarbeit, durch eine darbietend-aufnehmende oder eine zusammenwirkende Arbeits- und Aktionsform geschehen.

> In dieser Phase könnte das stille Lesen der ausgeteilten Lesetexte (vgl. obiges Modell) aktivierender erfolgen: So könnten einzelne Textstellen von den Schülern markiert werden, die Lehrkraft könnte sie anweisen, Zeilenangaben machen zu lassen, oder sie könnten die Geschichte vorlesen.

Verarbeiten (V)

In dieser Phase soll das Gelernte gesichert werden. Diese Phase bezeichnet das aktive Auseinandersetzen mit neuen Inhalten, in der Regel mittels Aufgaben. Als

Aufgaben bezeichnet man in diesem Zusammenhang Anforderungen, die komplexerer Natur sind und sich nicht spontan beantworten lassen. Das Verarbeiten beinhaltet das Finden von Lösungen, die Vernetzung und den Transfer von Wissen genauso wie das Entwickeln von mentalen Modellen. Insofern sind entsprechende Übungsformen und Überprüfungen wichtig. Nachfragen der Schüler sind ernst zu nehmen.

> Bei den eigenen Lösungsvorschlägen weisen die Autoren Kiel u. a. darauf hin, dass hier in der Verarbeitungsphase eine Schüleraktivierung über das vorgeschlagene Lehrer-Schüler-Gespräch (vgl. obiges Modell) hinaus angestrebt werden könnte. Ein Arbeitsauftrag könnte lauten, die wörtlichen Redeanteile zu markieren und mit verteilten Rollen lesen zu lassen, oder Schüler könnten sich gegenseitig im Partnergespräch ihre Lieblingsstellen erzählen.

Auswerten (A)

In dieser Phase soll der Lernprozess selbst reflektiert und damit metakognitive und selbstregulative Überlegungen angestellt werden: »Wie ist der Lernprozess aus meiner Sicht verlaufen?«, »Wo hatte ich Schwierigkeiten?«, »Wie konnte ich die Schwierigkeiten lösen?« und »Was kann ich daraus für zukünftige Lernprozesse mitnehmen?«, können Beispielfragen in diesem Zusammenhang sein. Außerdem geht es hier um die Überprüfung des Erreichens von Lernzielen bzw. die Leistungsfeststellung durch die Lehrkraft.

> Eine Reflexion des Lernprozesses mit der Klasse könnte die Fragen beinhalten: Was habt ihr gelernt? Hat sich die Stunde gelohnt?

Das ARIVA-Schema stellt kein starres Modell der Unterrichtsplanung dar, die einzelnen Phasen können auch mehrfach durchlaufen werden. So ist es z. B. denkbar, mehrere Phasen des Informierens mit Phasen des Verarbeitens zu kombinieren, während des Unterrichts nochmals Vorwissen zu aktivieren oder die Klasse im Unterrichtsverlauf erneut auszurichten.

Die Autoren Kiel u. a. fragen abschließend, ob die Planung einer Lesestunde nach dem ARIVA-Schema sinnvoll ist. Ihre Antwort lautet:

> »Mit dem Ziel der grundlegenden Strukturierung, ja – solange eine Strukturierung nach einem Schema nicht zu ›schematischem Unterricht‹ verkommt. Die Phasen können und sollten flexibel gehandhabt werden (z. B., um auf Ereignisse im Unterricht reagieren zu können), zudem können einzelne Phasen mehrfach durchlaufen werden. Zusätzlich erlaubt ein solches Schema eine tiefergehende Diagnostik bei Unterrichtsstörungen und kann so auch in der Nachreflexion angewendet werden: Was lief schief? Woran kann das gelegen haben? Habe ich vielleicht nicht hinreichend zum Thema hingeführt oder das Auswerten vergessen?« (S. 49)

3.1.2 Das 6-Stufen-Modell von Heinrich Roth

In seinem auf lernpsychologischen Erkenntnissen basierenden Modell gibt Roth (1957/1976) sechs Schritte an, die zu jedem Lernen gehören. Für uns ist sein 6-Stufen-Modell deshalb relevant, weil er daraus Konsequenzen für das Lehren zieht, er leitet für jede Stufe Lernhilfen ab, die er systematisch zusammenstellt. Es kommt nicht darauf an, wie lange ein Lernprozess dauert, sondern dass alle Stufen durchlaufen werden.

1. Lernschritt (Stufe der Motivation)

I. Eine Handlung kommt zustande.
II. Ein Lernwunsch erwacht.
III. Ein Lernprozess wird angestoßen. Eine Aufgabe wird gestellt. Ein Lernmotiv wird geweckt. (S. 223)

Hilfen zur Motivierung des Lernens

Hierauf wird ausführlich in Kapitel 4.3 eingegangen. Seit Erscheinen des Stufenmodells von Roth vor gut 60 Jahren hat die Motivationspsychologie viele neue Erkenntnisse gewonnen. Hier wird auf zwei Bedingungen eingegangen, die schon Roth gesehen hat:

Das Lernziel muss interessant sein. Interesse ist ein Motor für Lernen. Außerdem muss dieses Lernziel auch erreichbar sein. Und dies geht nur über Erfolge. Nichts ist erfolgreicher als der Erfolg, so Roth!

Hingewiesen wird auf ein Ergebnis, das typisch für diese Generation von Psychologen war: Vom Behaviorismus beeinflusst leiteten sie aus Tierexperimenten Lehr-Lernhilfen ab, die heute in anderen Kontexten besprochen werden. Lerntherapeuten oder Neurophysiologen empfehlen heute ein Lernen in entspanntem Zustand. Im Folgenden Roth wörtlich:

> Es gibt aber auch ein Lernen im ›entspannten Feld‹. Auch diese Einsicht konnte in Tierversuchen schön gezeigt werden. Liegt das Stück Fleisch, wie schon Köhler entdeckt hat, für eine hungrige Dogge direkt vor dem Gitter, kommt sie wegen der Triebspannung, die sie an den Anblick und den Geruch des Leckerbissens bannt, zu keiner Umweltorientierung und entdeckt die rückwärts geöffnete Tür des Käfigs nicht. Legt man das Stück Fleisch aber in einer angemessenen größeren Entfernung vor dem Käfig nieder, lässt die Feldspannung nach, die Gesamtsituation wird bewusst, das Tier fängt an, sich zu orientieren, entdeckt die geöffnete Tür in seinem Rücken und findet über eine Umwegleistung die Beute. ... Hilgard macht darauf aufmerksam, dass man Tischmanieren wohl lieber annimmt, wenn man nicht übermäßig hungrig ist (S. 243 f.).

2. Lernschritt (Stufe der Schwierigkeiten)

I. Die Handlung gelingt nicht. Die zur Verfügung stehenden Verhaltens- und Leistungsformen reichen nicht aus oder sind nicht mehr präsent. Ringen mit den Schwierigkeiten.
II. Die Übernahme oder der Neuerwerb einer gewünschten Leistungsform in den eigenen Besitz macht Schwierigkeiten.
III. Der Lehrer entdeckt die Schwierigkeit der Aufgabe für den Schüler, bzw. die kurzschlüssige oder leichtfertige Lösung des Schülers. (S. 224)

Hilfen zum Überwinden der Lernschwierigkeiten

Die Lehrkraft muss die Widerstände im Kind und im Gegenstand kennen. Sie muss den Lernenden und seine Auseinandersetzung mit dem Lernstoff so steuern, dass er den Schwierigkeiten nicht aus dem Wege geht. Alarmzeichen, dass Lehrkräfte nicht richtig geführt haben, sind, wenn Schüler abschalten, sich in Träume flüchten, Aggressionen gegen Lehrer oder Mitschüler entwickeln, sich in Ausreden flüchten. »Was aber der Lehrer auf dieser Stufe erreichen muss, ist, dass sich der Schüler mit seiner ganzen Person der Aufgabe stellt und sie nicht mehr loslässt« (S. 252).
Das Ringen mit den Schwierigkeiten wird mit der Entdeckung der Lösung abgeschlossen:

3. Lernschritt (Stufe der Lösung)

   I. Ein neuer Lösungsweg zur Vollendung der Handlung oder zur Lösung der Aufgabe wird durch Anpassung, Probieren oder Einsicht entdeckt.
   II. Die Übernahme oder der Neuerwerb der gewünschten Leistungsform erscheint möglich und gelingt mehr und mehr.
   III. Lehrer zeigt den Lösungsweg oder lässt ihn finden. (S. 224)

Hilfen beim Finden der Lösung

»Zum Problemlösen gehört ein einsames Vertiefen in die Aufgabe, bei dem uns niemand stört, und eine wechselseitige Aussprache mit Interessierten« (S. 264). Roth betont also zwei Dinge: Neben dem Element des sozialen Austausches, das heute betont wird, soll auch Zeit und diese ungestört zur Verfügung stehen. Stille Zeit im Unterricht – die Lehrkraft ist gefragt!

4. Lernschritt (Stufe des Tuns und Ausführens)

   I. Der neue Lösungsweg wird aus- und durchgeführt.
   II. Die neue Leistungsform wird aktiv vollzogen und dabei auf die beste Form gebracht.
   III. Der Lehrer lässt die neue Leistungsform durchführen und ausgestalten. (S. 225)

Hilfen beim Tun und Ausführen

»Aha, so geht das!« Es geht darum, den einsichtig gewordenen Weg auch tatsächlich zu gehen. Learning by doing: Einmal Verstandenes wird leicht als erledigt registriert. Im Tun wird die Einsicht neu nacherlebt, variiert und vollendet.

5. Lernschritt (Stufe des Behaltens und Einübens)

   I. Die neue Leistungsform wird durch den Gebrauch im Leben verfestigt oder wird vergessen und muss immer wieder neu erworben werden.
   II. Die neue Verhaltens- oder Leistungsform wird bewusst eingeübt. Variation der Anwendungsbeispiele. Erprobung durch praktischen Gebrauch. Verfestigung des Gelernten.

III. Der Lehrer sucht die neue Verhaltens- oder Leistungsform durch Variation der Anwendungsbeispiele einzuprägen und einzuüben. Automatisierung des Gelernten. (S. 225)

Hilfen für das Behalten und Einüben

Einprägen und Automatisieren kann nur durch Übung, Praxis, Wiederholung erreicht werden. Schon in den 50er Jahren des letzten Jahrhunderts fragt Roth: »Warum hat das Üben im Schulleben so an Geschmack und Reiz verloren, obwohl es gleichzeitig möglich war, dass es unter der Bezeichnung ›Training‹ auf dem Sportplatz ständig an Kraft und Glanz gewann?« (S. 271)

Die moderne Kognitionspsychologie hat die bis dato festgestellten Gesetzmäßigkeiten zum Üben aufgegriffen. Man spricht heute vom »intelligenten Üben«, bei Hilbert Meyer (2004) eines der zehn Merkmale guten Unterrichts. Übungsphasen des Unterrichts sind intelligent gestaltet, wenn ausreichend oft und im richtigen Rhythmus geübt wird, wenn die Übungsaufgaben passgenau zum Lernstand formuliert werden, wenn die Schüler Übekompetenz entwickeln und die richtigen Lernstrategien nutzen und wenn die Lehrer gezielte Hilfestellungen beim Üben geben. Indikatoren hierfür sind:

- Es wird oft, aber kurz geübt.
- Es gibt gemeinsam vereinbarte, vom Lehrer und den Schülern eingehaltene Regeln (z. B. zum Zugriff auf knappe Materialien, zur Lautstärke, zum Herumlaufen).
- Es herrscht eine angenehme, ruhige und konzentrierte Arbeitsatmosphäre.
- Es gibt differenzierte Übungsaufträge hinsichtlich der Ziele, Themen und/oder Methoden.
- Hausaufgaben werden kontrolliert und gewürdigt.

6. Lernschritt (Stufe des Bereitstellens, der Übertragung und der Integration des Gelernten

I. Die verfestigte Leistungsform steht für künftige Situationen des Lebens bereit oder wird in bewussten Lernakten bereitgestellt. ...
II. Die eingeübte Verhaltens- oder Leistungsform bewährt sich in der Übertragung auf das Leben oder nicht.
III. Der Lehrer ist erst zufrieden, wenn das Gelernte als neue Einsicht, Verhaltens- oder Leistungsform mit der Persönlichkeit verwachsen ist und jederzeit zum freien Gebrauch im Leben zur Verfügung steht. Die Übertragung des Gelernten von der Schulsituation auf die Lebenssituation wird direkt zu lehren versucht. (S. 226)

Hilfen für das Bereitstellen, die Übertragung und die Integration des Gelernten

Gültigkeit hat Roths Erkenntnis, dass alles Lernen spezifischer ist, d. h. gegenstandgebundener, als man angenommen hatte. Dies hat zur Konsequenz, dass sich Transfer/Übertragung nicht von selbst einstellt, sondern dass sie gelehrt werden muss: »Das Denken zu lehren erfordert, zu den Grundkategorien eines Faches, zu seinen allgemeinen Prinzipien vorzudringen, die Prinzipien möglichst überzeugend herauszustellen und sie in ihrer ganzen Anwendungsbreite aufzuweisen und erfahren zu lassen« (S. 293).

Fazit

Die Choreografie einer Unterrichtsstunde muss von jedem Lehrer selbst entschieden werden. Die heute existierenden und auch die soeben vorgestellten Artikulationsschemata dürfen nicht als festgezurrte Raster verstanden werden. Vor diesem Hintergrund ist auf den Begriff des »fruchtbaren Moments im Bildungsprozess« hinzuweisen, der von Friedrich Copei (Erstauflage 1930; 1966) in pädagogischen Gebrauch gekommen ist. Copei macht mit seinem Milchdosenbeispiel darauf aufmerksam, dass sich nicht alle Bildungsprozesse bis ins kleinste Detail vorhersagen und somit auch planen lassen. Im konkreten Milchdosenbeispiel befindet sich die Klasse auf einer Schulwanderung, zufällig hatte ein Junge eine Büchse kondensierter Milch mitgebracht, die schon deshalb mit Interesse betrachtet wird, da sie den meisten Landkindern etwas Neues ist. Beim spielerischen Hantieren mit der Dose, indem erst ein Loch, dann zwei Löcher in den Büchsendeckel gebohrt werden, wird das Prinzip des Luftdrucks entdeckt und in Verbindung mit wenigen Eingriffen durch den Lehrer verständlich erklärt.

3.2 Aktive und adaptive Einbeziehung der ganzen Klasse

Unterschiedliche Leistungsniveaus in einer Klasse (aus Haag, 2010b, S. 132)

An eine solche 9. Klasse an meiner Realschule kann ich mich nicht erinnern, es ist in diesem Schuljahr wie verhext. Das Problem ist nicht allein, dass von den 28 Schülerinnen und Schülern seit diesem Schuljahr drei aus dem Gymnasium dazukamen und zwei weitere Wiederholer aus der letztjährigen 9. Jahrgangsstufe hier sitzen, nein, die altersmäßige Zusammensetzung der Klasse reicht von 14 bis 16 Jahren, das Leistungsniveau könnte unterschiedlicher nicht sein: Fünf absoluten Spitzenschülerinnen stehen acht Jugendliche gegenüber, die massive Wortschatzlücken haben und in der ersten Schulaufgabe weit hinter dem Niveau der anderen geblieben sind (dreimal die Note 6; fünfmal die Note 5). Zu allem Überdruss sind fünf Jungen türkischer Abstammung, die mir enorme Disziplinprobleme machen. Wie das in diesem Schuljahr weitergehen soll, weiß ich auch noch nicht.

Dem Leser fällt sofort auf, dass es in diesem wahren Fall um das Thema Umgang mit Heterogenität geht, didaktisch gewendet um mögliche Formen der inneren Differenzierung im Unterricht. Es geht hier um die Herausforderung, die schwächeren Schüler zu unterstützen, ohne die besseren Schüler zu unterfordern. Welche Möglichkeiten stehen einer Lehrkraft zur Verfügung?

Gleichsam im Wege hin zu einer inneren Differenzierung steht der traditionelle Frontalunterricht, das Unterrichtsgespräch.

3.2.1 Unterrichtsgespräch

Gespräche stellen den kommunikativen Rahmen eines jeden Unterrichts dar – solange Lehren über physisch anwesende Lehrpersonen arrangiert wird. Sprache – einziges Medium der Antike – gilt als wirkungsmächtiges Appell- und Lehrinstrument (Bittner, 2009; vgl. im Folgenden Haag & Streber, 2019).

Vornweg *das* signifikante Ergebnis, das sich immer wieder finden lässt: Lehrkräfte neigen dazu, in ihrem Unterricht eine dialogische Deutungshoheit zu behalten. Aus den 70er Jahren liegen empirische Ergebnisse zur Unterrichtssprache vor, die Spanhel (1973) so zusammenfasst: »Die Gesprächsbeiträge der Schüler am Unterricht sind sporadisch, kurz, häufig unvollständig, relativ selten frei, lehrerbezogen und vom Lehrer kontrolliert« (S. 162). Bekannt geworden ist die Zwei-Drittel-Regel des amerikanischen Unterrichtsforschers Flanders (1970): Die Lehrkräfte bestreiten zwei Drittel, die Schüler ein Drittel der Sprechanteile im Unterricht. Diese relativ alten Ergebnisse können in neueren Studien bestätigt werden. Sowohl Lüders (2003) als auch Richert (2005) kommen in ihren Studien über typische Sprachmuster in der Lehrer-Schüler-Interaktion zu ähnlichen Redeanteilen.

Kurzer geschichtlicher Rückblick

In den platonischen Dialogen wird gezeigt, wie Sokrates seine Schüler so lenkte, dass diese die in ihnen schlummernde Wahrheit selbst entdecken konnten. Die Pädagogen der Aufklärung haben diese Gesprächsform aus der Antike übernommen und fortgeführt (vgl. im Folgenden Glöckel, 1990). Doch der Stoff war in den Katechismen der verschiedenen Konfessionen vorgegeben, es ging eher darum, die Schüler durch den Gedankengang zu führen als ihn selbstständig entwickeln zu lassen. Diese Art fragend-entwickelnder Unterrichtsführung nannte man Katechese, die Lehrer entsprechend Katechisierer. Pestalozzi übt scharfe Kritik an diesem Vorgehen, er sprach vom »Maulbrauchen«. Damit meint er, dass beim Lernen zu sehr darauf geachtet wird, den Unterrichtsstoff drillmäßig mündlich aufsagen zu können, anstatt ihn gedanklich durch Anschauung verstehen zu lernen.

Im Unterricht fest etabliert haben dieses fragend-entwickelnde Lehrgespräch die sog. Herbartianer im 19. Jahrhundert, insbesondere der Leipziger Professor Tuiskon Ziller und der Jenaer Professor Wilhelm Rein.

Rückblickend muss man sagen, dass in der Sorge um Gründlichkeit und Absicherung des Stoffes der Unterricht in quälend langweilige Gedankenführung ausartete, der den Schülern eher nur ein Reagieren zugestand.

Eigentlich hat sich daran lange nichts geändert, wie die ersten vorliegenden Ergebnisse zu TIMSS und PISA zeigten. Das deutsche Skript für Mathematikunterricht ist durch das Klassengespräch als typische Arbeitsform gekennzeichnet (vgl. Baumert u. a., 1997, S. 226): Nach einer Hausaufgabenbesprechung und Wiederholung des Inhalts wird neuer Stoff relativ kurzschrittig über ein fragend-entwickelndes Verfahren eingeführt. Das Klassengespräch führt meist auf eine einzige Lösung hin, und die Ergebnisse der Erarbeitungsphase werden an der Tafel festgehalten. Nach der Erarbeitung werden in Stillarbeit ähnliche Aufgaben zur Einübung eines Verfahrens gelöst. Diese Dominanz des fragend-entwickelnden Verfahrens im Mathematikunterricht wird in Deutschland als eine mögliche Ursache des mittelmäßigen Abschneidens in TIMSS und den ersten PISA-Ergebnissen diskutiert (Klieme, Schümer & Knoll, 2001).

Seidel, Rimmele und Prenzel (2003) resümieren:

> »Für den deutschen Unterricht treten zwei Aspekte in den Vordergrund: 1. Es herrscht eine ›Methoden-Monokultur‹ vor, bei der das Klassengespräch eine dominante Rolle einnimmt. 2. Das Klassengespräch ist durch eine starke Engführung geprägt, indem komplexe Inhalte portioniert und in kleinen Schritten erarbeitet werden« (S. 143 f.).

Lüders (2003) analysiert den internationalen Forschungsstand: Übereinstimmend wird das »Frage-Antwort-Rückmeldungs-Muster« als eine Kernstruktur des Unterrichtsdiskures ausgewiesen. Die Lehrkraft übernimmt die Initiation, dies kann ein Impuls oder eine Lehrerfrage sein. Es folgt die Erwiderung seitens der Schüler, bspw. eine Schülerantwort. Dieses Paar wird durch die Evaluation erweitert, die erneut durch die Lehrkraft erfolgt.

Formen des Unterrichtsgesprächs: Ein Ordnungsversuch

»Die Zahl der Autoren und Begriffsbestimmungen, bezogen auf das Unterrichtsgespräch, ist so hoch wie die Anzahl der Autoren, die darüber schreiben« (Beck, 1994, S. 31). Wichtiger als eine Definition ist es, die Voraussetzungen eines Unterrichtsgesprächs, eines Lehr-Lern-Diskurses klar zu benennen: Lehrer sind die Wissenden, Schüler die Nicht-Wissenden. Zweck des Unterrichtsgesprächs ist der Abbau bzw. die Verminderung des Wissensgefälles. Und diese ungleiche Verteilung des Wissens muss als Problem erkannt werden, vor allem wenn man bedenkt, dass Unterricht auf Schülerseite nicht automatisch freiwillig basiert (vgl. Ehlich, 2009).

Zur Klärung dessen, was jeweils gemeint sein soll, kann Glöckels Systematik beitragen. Glöckel (1990, S. 69) macht einen Vorschlag, die unterschiedlichen Formen des Unterrichtsgesprächs in einem kontinuierlichen Gefälle von starker zu geringer Lenkung anzuordnen.

Nach dieser Systematik ist bei folgender Definition viel Spielraum möglich: Unter fragend-entwickelndem Unterricht wird ein durch Fragen und Impulse der Lehrperson gelenktes Lehrgespräch verstanden, in dessen Verlauf die Klasse gemeinsam ein Problem löst oder einen Begriff erarbeitet (vgl. Pauli, 2006, S. 192). Zentrales Bestimmungsstück ist also ein relativ hoher Grad an Lenkung durch die Lehrkraft unter Beteiligung der Schüler. So betrachtet lassen sich Begriffe wie Dialoge im

3.2 Aktive und adaptive Einbeziehung der ganzen Klasse

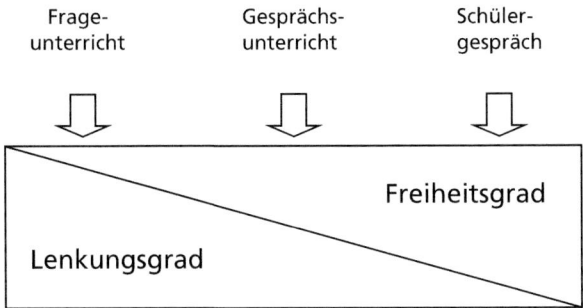

Abb. 2: Formen des Unterrichtsgesprächs: Ein Ordnungsversuch (Glöckel, 1990, S. 69)

Unterricht, Frontalunterricht, Lehrgespräch und Unterrichtsgespräch unter fragend-entwickelnden Unterricht subsumieren.

Nach Gudjons (2006) lassen sich Dialoge/Unterrichtsgespräche in zwei Formen einsetzen: Sie werden in einem traditionellen Frontalunterricht angewandt, d. h. während einer ganzen Lektion wird mit der ganzen Klasse das Gespräch geführt. Oder aber, das Gespräch wird als integrierter Frontalunterricht konzipiert, d. h. es wird mit anderen Lehrmethoden und Lernformen kombiniert. So können Einzel- oder Gruppenarbeit unterbrochen werden, um Grundlagen oder fehlende Informationen mit der ganzen Klasse zu erarbeiten.

Probleme des entwickelnden Gesprächs

Seit der Reformpädagogik mit der Forderung nach selbsttätiger Schülerarbeit reißt die Kritik an der hier zu behandelnden Methode nicht ab:

- 1909 kritisierte Gaudig in seinen »Didaktischen Präludien« aufs heftigste die Lehrerfrage und damit den fragend-entwickelnden Unterricht: »Die Frage ist ... eine Schulform, die das *Leben* so gut wie gar nicht kennt. Im Leben wird man nicht von jemand gefragt, der uns das wissen lassen will, was er weiß; sondern wenn man uns fragt, so will der Fragende von uns das wissen, was er nicht weiß« (S. 14).
- Copei (1966, S. 55) spricht vom »Hinterherdenken«. Damit ist gemeint, dass langsame Schüler in einem zügig voranschreitenden Unterrichtsgespräch, bei einer ununterbrochenen Folge von Fragen und Antworten kaum Zeit zur Ausbildung eigener Gedankengänge finden.
- Glöckel (1990) drückt es so aus: »Hier ist eine Quelle fortwährender Selbsttäuschung des Lehrers: Gerade wenn ein Gespräch mit der Klasse gut verlief, ... wenn er also mit dem Kollektiv einen Erfolg erleben durfte, übersieht er leicht, daß deswegen längst nicht jeder einzelne Schüler den Zusammenhang erfaßt und das Wesentliche behalten haben muß« (S. 71). Glöckel macht darauf aufmerksam, dass im Unterricht viele Dinge ›erarbeitet‹ werden, »die im Grunde so banal sind, daß dieses Vorgehen bloße Zeit- und – schlimmer noch – Interessenvergeudung darstellt, weil zuviel Bekanntes breit getreten wird und die Schüler zu wenig lernen« (S. 68).

Potentiale des Unterrichtsgesprächs

Insgesamt lässt sich sagen, dass das fragend-entwickelnde Unterrichtsgespräch eher abgewertet wird: »Durch den frontal geführten Unterricht lernen die Schüler – statt miteinander zu arbeiten – konkurrenzmäßig gegeneinander zu arbeiten. Die allgemein verbreitete Autoritätsfixierung auf den Lehrer unterstützt noch diesen Trend« (Staeck, 1995, S. 239). Diese Kritik mag auch aus einer möglichen Überschätzung kooperativer Lernformen herrühren. Eine etwas undifferenzierte Abwertung einer Lehrform einerseits ging mit einer Überbewertung anderer Lernformen andererseits einher. Dabei wurden pädagogische Begriffe wie »konkurrenzmäßig«, »Autoritätsfixierung« oder auch »zu viel oder zu wenig Freiraum« (Haag, 2010a) eher plakativ verwendet. Dubs (2011) drückt es so aus: »Diese Kritik [am Unterrichtsgespräch] ist nicht nur undifferenziert und politisch geprägt, sondern sie hält weder den – leider wenigen – Forschungserkenntnissen noch den praktischen Erfahrungen stand« (S. 52). Das Unterrichtsgespräch ist für Dubs nicht überholt, sondern für ihn entscheidend ist »die Qualität des Lehrerverhaltens im Hinblick auf die kognitive Substanz der Dialoge« (S. 53).

Dubs (2011) sieht in Unterrichtsgesprächen eine gute Möglichkeit, Wissen zu vernetzen, »indem die Lehrkraft mit Fragen und Impulsen dazu anleiten kann, wie sich Wissenselemente in ihren Abhängigkeiten und Wechselwirkungen vernetzen lassen« (S. 51). Spanhel (1973) bemerkt, dass das Unterrichtsgespräch »durch die motivierende Kraft der Beiträge … zu produktiven, eigenschöpferischen Gedankengängen« anregen kann (S. 312). Wuttke (2005) konnte nachweisen, dass für die Reproduktion von Faktenwissen ein traditionelles Lehrgespräch genügt, wenn also auf Lehrerfragen Schülerantworten mit anschließendem Lehrerfeedback folgen.

Im Folgenden werden zwei Möglichkeiten aufgezeigt, wie das Unterrichtsgespräch weiterentwickelt und verbessert werden kann. Dafür stehen die beiden Namen Aebli und Dubs.

Aeblis Ansatz: Problemlösender fragend-entwickelnder Unterricht

Für Aebli (1983) spielt das Unterrichtsgespräch beim Aufbau von Wissen und Können eine bedeutende Rolle, allerdings mit dem Zusatz »problemlösend« versehen. Kognitives Handeln bzw. Problemlösen ist für Aebli eine Kernaktivität beim Wissensaufbau. Damit eine Assimilation gelingen kann, d. h. damit geeignete Gesichtspunkte aus dem Vorwissen abgerufen werden können, bedarf es der Lehrerfrage. Dabei handelt es sich »nicht um Erkundigungsfragen, sondern um Aufforderungen, die Problemlage *unter definierten Gesichtspunkten zu betrachten*, und somit um ein didaktisches Mittel der Steuerung des Problemlösungsprozesses im Hinblick auf ein Ziel, nämlich das der Erarbeitung eines bestimmten Begriffs, einer Operation oder Handlung« (Pauli, 2006, S. 197). Der Begriff »Erarbeitung« weist auf die aktive Beteiligung der Lernenden hin. Aebli spricht vom »Prinzip der minimalen Hilfe« (Aebli, 1969, S. 145 f.). Der Lehrer »bringt Ordnung in die Betrachtung oder bestimmt mit den Schülern einen Lösungsweg, der gemeinsam bestritten wird« (S. 146).

Entscheidende Erweiterungen sind also mit den Stichworten »Verbindung mit dem Problemlösen«, »Anknüpfen an das Vorwissen«, »aktive Beteiligung« klar benannt. Und für diese Umsetzung ist die Lehrkraft verantwortlich.

Aebli kontert obiger Auffassung, dass es eben nicht darum geht, dass die Lehrkraft mit ihrer Frage vortäuscht, etwas nicht zu wissen, sondern sie fordert den Schüler auf, einen vorliegenden Gegenstand unter einem bestimmten Gesichtspunkt zu betrachten – eine Rehabilitation des fragend-entwickelnden Unterrichts. Aebli spricht von einer »natürlichen Erkenntnissituation« (1969, S. 142). Jede Frage soll den Schüler zum Vollzug einer bestimmten Auffassungstätigkeit am Gegenstand auffordern (vgl. Aebli, 1969, S. 143; ▶ Tab. 2).

Tab. 2: Analyse einiger didaktischer Fragen (vgl. Aebli, 1969, S. 143)

Fragewort	Auffassungstätigkeit, zu der die Frage auffordert
Wie viele? Wie lang?	Zählen, Messen
Wo?	Räumliche Beziehungen
Welche Form?	Formauffassung
Warum?	Grund suchen
Was folgt?	Folgern, Schließen

Die Lehrerfrage (Dubs, 2009)

Dubs hält das Lehrgespräch als eine Variante des Unterrichts für unerlässlich. Seiner Meinung nach ist nicht per se die Lehrform problematisch, sondern das Ungenügen vieler Lehrkräfte im Umgang mit den Fragen, die nicht genügend gut gestellt werden: »Beherrschen die Lehrkräfte diese Routinen [gemeint sind Lehrerfragen und die Kunst, Lernende richtig zu verstärken] nicht, so sind Lehrgespräche und Lernberatungen oft sehr mühsam« (S. 122).

Dubs stellt notwendige Anforderungen auf, denen Lehrerfragen genügen müssen. Er stellt neun Anforderungen zusammen (vgl. S. 125 ff.):

1. Fragen müssen Bezug auf Erfahrungen, früher Gelerntes, neue Informationen oder vorgelegte Probleme haben.
2. Fragen müssen klar und eindeutig sein.
3. Fragen sind in ihrem Umfang sinnvoll zu beschränken.
4. Die Fragen sollen zielstrebig und nicht suggestiv sein.
5. Fragen sollen kurz und die Sprache soll natürlich sein.
6. Die Frage ist dem Niveau der Klasse anzupassen.
7. Fragen sollen möglichst als W-Fragen gestellt werden.
8. Es ist zwischen engen (geschlossenen) und weiten (offenen) Fragen zu unterscheiden.
9. Es ist zwischen Fakten- und Denkfragen zu unterscheiden.

Damit ein Lehrergespräch sinnvoll ist, weist Dubs noch auf zwei Dinge eigens hin: Er unterscheidet Wartezeit 1 und 2. Wartezeit 1 ist die Zeit von der Beendigung der Frage bis zum Aufruf des ersten Schülers. Diese sollte 3 Sekunden betragen. Wartezeit 2 ist die Zeit nach der Schülerantwort und dem folgenden Feedback, bis die nächste Frage folgt. Hier sollte die Lehrkraft wiederum etwa 3 Sekunden warten.

Alle Schüler, leistungsstarke wie leistungsschwache, eher schüchterne und aktive, sind gleichmäßig aufzurufen.

Schlussfolgerung

Beim Klassengespräch muss auf eine kognitive Aktivierung, d. h. eine gedankliche Auseinandersetzung mit den Lerninhalten geachtet werden. Dazu müssen den Schülern Gelegenheiten der Selbsttätigkeit gegeben werden wie ein Generieren von Fragen, ein Äußern eigener Vorstellungen und Ideen, ein Verwenden mentaler Bilder und Modelle, zahlreiche Beispiele und Anwendungsmöglichkeiten. Bei aller Engführung durch die Lehrkraft sollte diese die von Deci und Ryan (2002) allgemein gültigen Bedingungen beachten, damit sich Schüler mit dem Lernstoff auch selbstbestimmt und motiviert auseinandersetzen:

1. Fragen müssen so differenziert gestellt werden, dass sich alle kompetent fühlen dürfen.
2. Fragen müssen als Angebote gestellt werden, sodass sich alle als autonom, nicht gegängelt erleben.
3. Auch bei dieser Lehrform muss es der Lehrkraft gelingen, dass sich alle in der Klasse als sozial eingebunden sehen.

Schauen wir uns jetzt nochmals den eingangs geschilderten Fall an: Im Sinne Gudjons obiger Aufteilung der Unterrichtsgespräche in zwei Formen erscheint es in diesem Fall sinnvoll, das Gespräch als integrierten Frontalunterricht zu konzipieren, d. h. es mit anderen Lehrmethoden und Lernformen zu kombinieren. Die oben skizzierte Problematik eines gelenkten Gesprächs wird deutlich: Es geht um das »Hinterherdenken« der Leistungsschwächeren, wie es Copei formulierte.

Ein Lehrerimpuls, von dem aus Fragen an die Klasse gerichtet sind, gelingt dann, wenn erstens eine Lehrkraft bei der Formulierung von Fragen klar zwischen unterschiedlichen Qualitäten unterscheidet (z. B. zwischen Fakten- und Denkfragen) und diese adaptiv gezielt an die unterschiedlichen Schüler adressiert, und wenn es zweitens klare Regeln des Gesprächs gibt, sodass sich auch mal stärkere Schüler zurücknehmen und schwächere Schüler eine Chance haben.

Im Folgenden wird auf die innere Differenzierung eingegangen, die weitere didaktische Möglichkeiten der Lehrerin im obigen Beispiel an die Hand gibt.

3.2.2 Innere Differenzierung

Während ein Strukturmerkmal der Bildungssysteme moderner Gesellschaften eine einheitliche Beschulung im Primarbereich ist, variieren jedoch im Sekundarbereich strukturelle Modelle zwischen den Ländern z. T. erheblich. Während beispielsweise Finnland oder Schweden das Prinzip der einheitlichen Beschulung auch im Sekundarbereich beibehalten, weisen gerade die deutschsprachigen Länder Deutschland, Österreich und Schweiz eine leistungsbezogene Differenzierung nach Schulformen auf. Seit den Ergebnissen der PISA-Studien sehen sich gerade diese Länder mit gegliederten Systemen verstärkter Kritik ausgesetzt. So ist die sozial selektive Verteilung der Schüler auf die verschiedenen Schulformen in einem gegliederten Bildungssystem ein gut dokumentierter Befund (vgl. Maaz, Watermann & Baumert, 2007). Auch die ethnische Vielfalt der Schüler hat in den vergangenen Jahrzehnten deutlich zugenommen. Deshalb ist heute die Notwendigkeit, Integration zu fördern und mit Heterogenität umgehen zu lernen, gesellschaftlich besonders spürbar.

Neben diesen eher strukturellen Gründen, die heute für einen Umgang mit Heterogenität sprechen, muss auch der Tatsache Rechnung getragen werden, dass man in hoch selektierten Schulsystemen bei weitem nicht von homogenen Gruppierungen sprechen kann. Überlappungen der Leistungsergebnisse von Haupt-, Realschülern und Gymnasiasten in der PISA-Studie sind Beleg genug dafür. Durch eine vermeintlich homogene Klassenzusammensetzung wird einer de facto existierenden Heterogenität ganz konkret im Unterricht zu wenig Aufmerksamkeit geschenkt, ein produktiver Umgang mit Heterogenität wird schon während der zweiphasigen Lehrerausbildung kaum thematisiert.

Individualisierung

Im Hinblick auf die Bewältigung der besonderen Heterogenitätsproblematik wird heute deutlich, dass die bisherige Ausbildung/Sozialisation in der traditionellen Didaktik nicht ausreicht und die bisherige Ausbildung Ergänzungen erfordert. Gesucht wird nach Möglichkeiten, so weit wie möglich Unterricht unter der Perspektive der Individualisierung des Lernens zu betrachten bei einem Aufbrechen des Klassenverbandes.

Individualisierung ist ein fundierendes Unterrichtsprinzip, das unterschiedliche Interessen, Neigungen, Motivationen, Begabungen, Vorkenntnisse und Vorerfahrungen der Schüler zu berücksichtigen sucht. Zur Verwirklichung dieses Prinzips stehen verschiedene pädagogisch-didaktische Maßnahmen zur Verfügung.

Mit Individualisierung ist also nicht eine Spezialform der Differenzierung gemeint, sondern ein didaktischer Oberbegriff, dem entsprechende Organisations- und Unterrichtsformen untergeordnet werden. Dazu gehören einerseits Maßnahmen der Differenzierung, andererseits Formen offenen Unterrichts (vgl. Schorch, 2007).

Formen der Differenzierung

Differenzierung in der Schule findet nach unterschiedlichen Strukturprinzipien statt. Dabei geht es darum, die natürlich bestehende Heterogenität der Lernenden zu ordnen (vgl. Paradies & Linser, 2006). Auf einer ersten Ebene kann zwischen der äußeren und inneren Differenzierung unterschieden werden. Im Folgenden soll eine Einteilung der Differenzierung wiedergegeben werden, wie sie Saalfrank (2008) vorschlägt:

Äußere Differenzierung ist überwiegend durch organisatorische Kriterien geprägt, die sich weitgehend dem Entscheidungsrahmen einzelner Lehrkräfte entziehen. Zur äußeren Differenzierung zählt Saalfrank die interschulische Dimension (z. B. unterschiedliche Schularten), die intraschulische Dimension (z. B. Zweige in einer Schule oder Wahlfächer) und die Schulprofildimension (z. B. mathematisch-naturwissenschaftliche Schulen, Europaschulen, Schulen für Hochbegabte).

Für innere Differenzierung oder auch Binnendifferenzierung bilden die Lernvoraussetzungen der Schüler und die regelmäßige Beobachtung ihrer Lernprozesse die entscheidenden Grundlagen. In Anlehnung an Paradies und Linser (2006) gliedert Saalfrank die innere Differenzierung in folgende vier Dimensionen mit entsprechenden Differenzierungsmaßnahmen:

- *Unterrichtsorganisatorische Dimension*
  Differenzierung nach Zielen, Inhalten, Methoden und Medien, Sozialformen, Lernvoraussetzungen, Organisation und Zufall
- *Didaktische Dimension*
  Differenzierung nach Lerninteresse, Motivation, Lerntempo, Lernstilen/Lernpräferenzen
- *Unterrichtsgestaltungsdimension*
  Differenzierung nach Individualisiertem Unterricht (z. B. Freiarbeit), Kooperativem Unterricht (z. B. Gruppenunterricht), gemeinsamem Unterricht (z. B. Klassenunterricht)
- *Kompetenzdimensionen als Differenzierungskonsequenzen*
  Fachkompetenzen, Methodenkompetenzen, Sozialkompetenzen, Selbstkompetenzen, Handlungskompetenzen.

Individualisierung bedeutet also, jedem Schüler die Chance zu geben, sein motorisches, intellektuelles, emotionales und soziales Potenzial umfassend zu entwickeln und ihn dabei durch geeignete Maßnahmen zu unterstützen, wie durch die Gewährung ausreichender Lernzeit, spezifische Fördermethoden, angepasste Lernmittel und gegebenenfalls durch Hilfestellungen weiterer Personen mit Spezialkompetenzen (vgl. Meyer, 2004, S. 97). Der pädagogische Wert einer solchen Individualisierung liegt nicht darin, möglichst homogene Gruppen zu schaffen, sondern allein oder in Kleingruppen sich selbst erfahren und so weiterentwickeln zu können.

Folgende Gründe für innere Differenzierung erscheinen zielführend:

1. Heterogenität verlangt Differenzierung, aber alle Kinder sollten beim gemeinsamen Inhalt bleiben.
2. Das Ausmaß der Lernhilfen muss so gestaltet sein, dass alle Kinder Lernfortschritte wahrnehmen können.
3. Es ist so viel Differenzierung zu schaffen, dass alle Kinder angemessen lernen können.
4. Die differenzierten Aufgaben müssen in den gemeinsamen Unterricht eingebettet sein. Die Lernaufgaben müssen zum gemeinsamen Lernen beitragen und dorthin führen.
5. Die Kinder mit Lernproblemen brauchen die Person des Lehrers/der Lehrerin besonders. (Rohlfs, 2008, S. 34 f.)

Individuelle Förderung ist das Gebot der Stunde.

Individuelle Förderung

Nach Seidel und Shavelson (2007) kommt es auf den Lehrer an, wie er sich hinsichtlich der Dimensionen Förderung des Lernprozesses, Förderung des Lernerfolgs und Förderung der Motivation verhält. Nach den Autoren wird

- der Lernprozess besonders gefördert, wenn
  - eine intensive Auseinandersetzung mit der Wissensdomäne stattfindet,
  - genügend Zeit und Gelegenheiten zum Lernen zur Verfügung stehen,
  - der Lernprozess sozial eingebunden ist,
  - die Aufgaben und Problemstellungen aus dem Kontext der Lernenden stammen.
- der Lernerfolg besonders gefördert, wenn
  - eine intensive Auseinandersetzung mit der Wissensdomäne stattfindet,
  - beim initialen Lernen der Lernprozess gut strukturiert wird, sowie
  - genügend Zeit und Gelegenheiten zum Lernen zur Verfügung stehen und
  - das Arbeiten und Lernen an einem definierten Lernziel ausgerichtet wird.
- die Motivation besonders gefördert, wenn
  - eine intensive Auseinandersetzung mit der Wissensdomäne stattfindet,
  - genügend Zeit und Gelegenheiten zum Lernen zur Verfügung stehen,
  - mit fortschreitendem Alter der Schüler das Lernen zunehmend im sozialen Kontext stattfindet und
  - der Lehrer den Lernprozess begleitet und handlungsorientiertes Feedback gibt.

Selbstständiges Lernen

Individualisierung, Differenzierung, individuelle Förderung implizieren eigentlich immer auch selbstständiges Lernen.

Neben dem Begriff des selbstständigen Lernens werden auch die Termini »selbstkontrolliertes Lernen«, »selbstgesteuertes Lernen«, »selbstreguliertes Lernen«, »selbstorganisiertes Lernen«, »autodidaktisches Lernen« oder »autonomes Lernen« verwendet. Die Gemeinsamkeit all dieser Begriffe besteht darin, dass sie darauf abzielen, sich von Termini wie »Fremdkontrolle«, »Fremdorganisation«, »Fremdsteuerung« oder Ähnlichem abzugrenzen (vgl. Niegemann, 1998). Selbstständiges Lernen ist dadurch charakterisiert, dass der Lernende eigenständig den eigenen Lernbedarf feststellt, sich selbst motiviert, das Lernen steuert, kontrolliert, überwacht und bewertet.

Denn arbeiten die Schüler einer Klasse in Einzelarbeit, Partnerarbeit oder Gruppenarbeit an Aufgaben, dann arbeiten sie zumindest unter dem Aspekt selbstständig, dass sie sich mit weiten Teilen der Arbeit ohne direkte Unterstützung und Kontrolle beschäftigen. Im Rahmen individualisierten Lernens hat der Schüler – natürlich in gewissen Grenzen – die Möglichkeit, die Lerninhalte (beispielsweise durch die Angabe eigener Wissenslücken) selbst zu bestimmen. Unter der Annahme, dass im Unterricht auch die eigenständige Anwendung des Wissens angestrebt wird, ist dies durch die in der Regel geringere Gruppengröße und die dadurch mögliche höhere Konzentration auf die Lernprozesse besser zu fördern als im Frontalunterricht.

Die Botschaft von Dollase (2012) lautet: »Aller (guter) Unterricht muss in Richtung auf ›Vollbeschäftigung‹ und ›individuellen Rapport‹ mit jedem einzelnen Schüler angelegt sein, d. h. die psychologische Reduzierung der Gruppengröße muss optimiert werden, damit möglichst viele Schüler den Zustand eines gefühlten individuellen Rapports ... erreichen« (S. 55).

Das Maß an Selbstständigkeit hängt vom Charakter der Aufgabe ab. Übungsaufgaben werden eher funktionale Aspekte von Selbstständigkeit fördern, nämlich das eigenständige Ausführen von z. B. Rechenoperationen, Textanalysen oder anderen Fertigkeiten. Problemlöseaufgaben, projektorientierte Fragestellungen oder Transferleistungen verlangen hingegen auch produktive Aspekte von Selbstständigkeit, nämlich Eigen-Sinn, kritisches Denken und das Verfolgen eigener Interessen. Insofern kann individualisierender Unterricht selbstständiges Lernen veranlassen, er tut es aber in unterschiedlichem Ausmaß. Je nachdem, in welchem Maß die Aufgaben Entscheidungsmöglichkeiten bieten, zur Selbsttätigkeit auffordern und Planungs-, Steuerungs- und Bewertungsprozesse einschließen, beinhaltet also individualisierender Unterricht auch selbstständiges Lernen.

Beim selbstständigen Lernen ist die Rolle des Lehrers eine andere. Mit Bezug auf obiges angesprochenes AR(V)IVA-Schema von Städeli u. a. (2010; ► Kap. 3.1) wird dies deutlich. Die Autoren stellen in einer Übersicht (► Tab. 3) bei den fünf Phasen ein direktes und indirektes Vorgehen gegenüber. Der Grad der Lenkung durch den Lehrer dabei wird deutlich sichtbar.

Tab. 3: Direktes und indirektes Vorgehen anhand des AVIVA-Schemas (Städeli u. a., 2010, S. 33)

	Phasen	Direktes Vorgehen	Indirektes Vorgehen
A	Ankommen und Einstimmen	Lernziele und Programm werden bekannt gegeben.	Die Situation, das Problem wird vorgestellt; die Lernenden bestimmen Ziele und Vorgehen weitgehend selbst.
V	Vorwissen aktivieren	Die Lernenden aktivieren ihr Vorwissen unter Anleitung und strukturiert durch die Methoden der Lehrperson.	Die Lernenden aktivieren ihr Vorwissen selbstständig.
I	Informieren	Ressourcen werden gemeinsam entwickelt oder erweitert, die Lehrperson gibt dabei den Weg vor.	Die Lernenden bestimmen selbst, welche Ressourcen sie sich noch aneignen müssen, und bestimmen, wie sie konkret vorgehen wollen.
V	Verarbeiten	Aktiver Umgang der Lernenden mit den vorgegebenen Ressourcen: verarbeiten, vertiefen, üben, anwenden, konsolidieren.	Aktiver Umgang der Lernenden mit den neuen Ressourcen: verarbeiten, vertiefen, üben, anwenden, diskutieren.
A	Auswerten	Ziele, Vorgehen und Lernerfolg überprüfen.	Ziele, Vorgehen und Lernerfolg überprüfen.

3.2.3 Maßnahmen zum Ausgangsbeispiel in Kapitel 3.2

Ganz konkret werden nun unterrichtsorganisatorische Maßnahmen vorgeschlagen, die als Möglichkeiten der inneren Differenzierung in der Hand der Lehrerin gesehen werden (vgl. Haag & Streber, 2014).

Peergestütztes Lernen im Unterricht

Ein Ansatz zur Förderung von Schülern mit heterogenen Leistungsvoraussetzungen ist Peer-gestütztes Lernen. Ein viel rezipierter Ansatz zum peergestützen Lernen ist das von Fuchs und Fuchs entwickelte Programm »Peer-Assisted Learning Strategies« (PALS, Fuchs & Fuchs, 2001). Es zeichnet sich dadurch aus, dass es relativ leicht in den Regelunterricht zu integrieren ist und nach einem festen Schema abläuft. Zunächst erarbeitet der Lehrer mit der gesamten Klasse die in Frage kommende Strategie. Dazu demonstriert er die Strategie und kommentiert sein Vorgehen durch lautes Verbalisieren. Danach werden einzelne Schüler angewiesen, diese Strategie vor der ganzen Klasse anzuwenden. Dabei werden die Schüler vom Lehrer angeleitet und unterstützt. Anschließend arbeiten die Schüler in Paaren weiter. Die Schüler übernehmen abwechselnd die Tutorenrolle und lernen, dem Partner angemessene Rückmeldung zu geben.

Eine Vielzahl von Studien belegt die Wirksamkeit des Programms bezogen auf verschiedene Domänen, Altersstufen und Leistungsgruppen (vgl. Spörer, 2009). Hiermit werden sowohl schulische Basiskompetenzen (Fuchs, Fuchs, Mathes & Simmons, 1997) als auch soziale Integration von Schülern (Ginsburg-Block, Rohrbeck & Fantuzzo, 2006) gleichzeitig gefördert.

Die Wirksamkeit peergestützten Lernens beruht auf folgenden Faktoren (vgl. Haag, 2014):

- Die Lernpartner investieren zusätzliche Zeit für das Lernen und holen dadurch Lernrückstände auf.
- Sie haben ständig Gelegenheit, Fragen zu stellen, Antworten zu geben und Rückmeldungen zu erhalten. Dadurch verarbeiten sie den Lernstoff sehr viel intensiver.
- Sie helfen und ermutigen sich wechselseitig bei Schwierigkeiten.
- Sie profitieren in beiden Rollen, d. h. sowohl als Tutand wie auch als Tutor; die Übernahme der Tutorenrolle stärkt das schulische Selbstvertrauen.
- Sie steuern, überwachen und bewerten den Lernprozess zunehmend selbstständig und lernen, diszipliniert zu arbeiten.

Insgesamt bieten Modelle zum selbstregulierten Lernen einen theoretischen Rahmen zur Erklärung der positiven Effekte (Zimmerman, 1998). Eine zentrale Stellung nehmen die Selbstbeobachtung der Lernaktivitäten und die damit verknüpften Korrekturprozesse ein. Schüler, die peergestützt lernen, sind demzufolge sowohl kognitiv als auch metakognitiv aktiv: Zum einen fordern sie ihren Partner auf, eine bestimmte Strategie auszuführen, zum anderen überwachen, bewerten und unterstützen sie ihren Partner bei der Anwendung der gewählten Strategie.

Hier wird ein konkretes Beispiel zur Anwendung der vorgestellten Strategie beschrieben. Dabei wird auf das in Kapitel 3.2 eingangs geschilderte Fallbeispiel Bezug genommen.

An einer Realschule unterrichtet eine Lehrerin Englisch in der 9. Klasse. Von den 28 Schülerinnen und Schülern ihrer Klasse kamen seit Anfang des Schuljahres drei aus dem Gymnasium dazu, zwei Wiederholer sind auch dabei. Die Altersspanne reicht von 14 bis 16 Jahren, das Leistungsniveau driftet stark auseinander: acht Spitzenschülerinnen stehen acht Jugendlichen mit Wortschatzlücken gegenüber – die erste Klassenarbeit brachte dreimal die Note 6, viermal die Note 5. Die Lehrerin entschließt sich nach längerer Überlegung zur Maßnahme des peergestützten Lernens wie oben beschrieben. Ihr ist klar, dass diese Form der Individualisierung von ihr sorgfältig vorbereitet, eingeführt und begleitet werden muss. Nach den Herbstferien im Oktober beginnt sie mit dem Programm. Sie stellt der Klasse in jeder ihrer vier Wochenstunden jeweils die ersten 15 Minuten für gezielte Wortschatzarbeit zur Verfügung. Da die Lehrbücher in der Regel vom Konzept her nicht individualisiert sind, stellt die Lehrerin selbst Arbeitsblätter mit dem Wortschatz der letzten zwei Lernjahre bereit. Hierzu kopiert sie die Wortschatzseiten aus den Übungsbüchern der letzten beiden Jahre heraus und heftet diese Seiten zusammen. Sie teilt die Klasse in Zweierteams, indem sie die acht leistungsschwächsten Schüler mit den acht leistungsstärksten Schülern zusammensetzt. Die restlichen Tandems sind eher leistungshomogen zusammengesetzt. In jeder Stunde beginnt der leistungsstärkere Schüler, indem er als Tutor die in Spalten alphabetisch angeordneten Vokabeln abfragt. Vokabeln, die der Tutand nicht kennt, werden auf einem Merkzettel notiert und zu Beginn der nächsten Sitzung wiederholt. Bei den eher leistungshomogen zusammengesetzten Tandems tauschen die Partner von Stunde zu Stunde regelmäßig ihre Rolle. Damit profitieren beide von der Rolle des Tutors wie auch von der des Tutanden.

Es wird sichergestellt, dass Lernfortschritte auch registriert werden. Dazu trägt der Tutor in eine vorbereitete Tabelle das bewältigte Pensum und die Anzahl der gewussten Vokabeln ein.

Diese Regelung soll zunächst für sechs Wochen bis zur zweiten Klassenarbeit vor Weihnachten gelten. Da sich hier erste Erfolge bei den Schwächsten einstellen, wird diese Übephase bis zum Halbjahreszeugnis Mitte Februar beibehalten.

Tutorielles Lernen außerhalb des Unterrichts

Da in dieser Klasse obige acht Schüler auch massive Schwierigkeiten in der Beherrschung der Grammatik aufweisen, wird beiden klar, dass die soeben beschriebene Maßnahme der individuellen Förderung, die in den Regelunterricht eingebunden ist, wohl nicht ausreicht, um auch die grammatikalischen Defizite auszugleichen. Deshalb entschließt die Lehrerin sich zu tutoriellem Lernen außerhalb des Unterrichts.

Zunächst werden organisatorische Maßnahmen geregelt: Dabei achtet die Lehrerin darauf, dass die Schüler an den Planungen und Entscheidungen beteiligt sind. Diese Beteiligung wirkt nicht nur lernmotivierend, sondern ist auch Ausdruck des

Respekts der Lehrerin gegenüber der Persönlichkeit der Schüler und der Verantwortung für ihre individuelle Entwicklung. Nachdem die Englischlehrerin ihre acht schwächsten Englischschüler davon überzeugen konnte, dass sie zur Leistungsverbesserung dringend neben dem Unterricht zusätzliche Hilfe bräuchten, fragt sie in ihrer Klasse, wer von den sehr guten Schülern denn bereit wäre, einmal pro Woche am Nachmittag ca. eine Stunde Nachhilfe zu geben. Nachdem sich hierzu drei Schüler bereit erklärten, bildet sie drei Gruppen, bestehend aus einem Mentor und zwei bis drei Nachhilfeschülern. Diese Gruppen legen eine Zeit fest, die Lehrerin organisiert drei freie Klassenräume. Die Gruppen sollen bis zum Halbjahreszeugnis Mitte Februar bestehen.

Die Lehrerin stellt Arbeitsblätter mit den wichtigsten Grammatikregeln bereit. Außerdem stellt sie für jede dieser Regeln ein Arbeitsblatt in Form von Testfragen bereit. Dieses bearbeitet der Nachhilfeschüler, anschließend werden die Lösungen gemeinsam mit dem Nachhilfelehrer durchgegangen und ggf. von ihm korrigiert. Bei offenen Fragen wenden sich die Lernpartner während der regulären Unterrichtszeit an die Lehrerin. Der Nachhilfelehrer ist dafür verantwortlich, dass die Fehler, die der Nachhilfeschüler macht, in der folgenden Sitzung nochmals besprochen werden.

Einzelarbeit

In der zweiten Schulaufgabe konnten erste Erfolge konstatiert werden. Aus den anfänglichen drei Sechsern und fünf Fünfern wurden in der zweiten Schulaufgabe drei Vierer, vier Fünfer und ein Sechser. Während das tutorielle Lernen bis zum Schuljahresende für alle drei Gruppen beibehalten wird, kommt die Englischlehrerin zur Überzeugung, das peergestützte Lernen im Unterricht aufzugeben und anstelle dessen in jede Unterrichtsstunde eine zehnminütige Phase der Einzelarbeit einzubauen. Dafür fällt also nicht mehr gemeinsame Unterrichtszeit weg. Die Lehrerin entscheidet sich für diesen Weg, weil sie will, dass jeder Schüler selbstverantwortlich arbeitet.

Die Anforderung an den Lehrer, die Schüler beim selbstständigen, individuellen Lernen zu betreuen, sind sehr hoch. Denn schulische Lernprozesse sind auf Ziele ausgerichtet, die es zu erreichen gilt. Möchte der Lehrer, dass die Schüler diese Ziele (unterschiedlich abgestuft) tatsächlich erreichen, dann muss er bei jedem Einzelnen die Arbeitssituation erfassen, also die Ausgangslage, bei komplexeren Aufgaben auch die selbst gesetzten Ziele und Vorstellungen der Schüler, dann die bereits vollzogenen Arbeitsschritte, die bislang ungelösten Probleme oder Arbeitshindernisse usw. Diese müssen nun in Beziehung gesetzt werden zu den Zielen, die von außen gesetzt werden und erreicht werden sollen.

Damit die aufgeführten Maßnahmen greifen, sollen kontinuierliche Lernstandsdiagnosen, Rückmeldungen und Bestätigung der Lernerfolge durch die Lehrkraft erhoben werden. Hierzu diagnostiziert sie die Lernstände, stellt individualisierte Aufgaben, berät die Schüler bei der Aufgabenbearbeitung, also beim Lernprozess, nimmt Lernergebnisse zur Kenntnis und gibt Rückmeldungen zur Qualität der erreichten Lernleistung und zum Lernprozess.

Wenn Lernumgebungen aufgabenorientiert sind und die Schüler die Aufgaben individuell bearbeiten, wird der Lehrer sie beim Lernen unterstützen und bei der Arbeit beraten. Beratung ist hier aber nicht als ein Einschreiten gemeint, wenn das Lernen nicht von alleine klappt, sondern als die eigentliche Form der Lehre im individualisierenden Unterricht. Diese Aufgabe der Lernberatung erwächst aus dem Anspruch, dass es nicht beliebig ist, ob und was die Schüler lernen.

Der einzelne Schüler bearbeitet die Aufgaben und muss dabei neben inhaltlichen auch methodische Kompetenzen einsetzen bzw. erwerben. Im Idealfall können die Schüler ihre eigene Leistung einschätzen und an Kriterien messen.

Eine so verstandene Individualisierung muss auch eine individualisierte Leistungskontrolle zur Folge haben, zumindest während des Lernprozesses selbst. Methode der Wahl wäre hier die Anwendung einer individuellen Bezugsnorm-Orientierung, nach der den unterschiedlichen Lern- und Entwicklungsständen der Kinder mehr Gerechtigkeit widerfährt. Lernziel, Lernprozess und Lernergebnis müssen aufeinander bezogen werden.

Zu dieser anspruchsvollen didaktischen Maßnahme sieht sich die Lehrerin ab dem Halbjahreszeugnis imstande, nachdem sie sich gerade mit Wegen einer neuen Prüfungskultur vertraut gemacht hat (Sacher, 2014). Die Lehrerin konzentriert sich bei ihrer Aufgabenwahl ganz konkret auf Festigung bzw. Verfeinerung grammatikalischer Erscheinungen. Da sich die Schüler im 5. Lernjahr befinden, ist hier eine große Heterogenität an Wissen »aufgelaufen«. Da sie unmöglich für jeden Schüler einen individuellen Lernplan erstellen kann, teilt sie ihre Klasse in drei Untergruppen. Während die schwachen Englischschüler Basalkenntnisse aus den ersten Lernjahren zu wiederholen bzw. zu bearbeiten haben, erhalten die sehr guten und guten Englischschüler weiterführende Aufgaben, die »advanced«-Charakter haben. Die mittlere Schülergruppe kann ihre erworbenen Grammatikkenntnisse in Form von Lückentexten anwenden. Die beiden besseren Gruppen erhalten in der darauffolgenden Stunde Lösungsvorschläge, so dass diese Schüler selbstständig ihre Aufgaben verbessern können. Die Aufgaben der schwächsten Gruppe werden von der Lehrerin eingesammelt, korrigiert, versehen mit individuellen Rückmeldungen, und in der nächsten Unterrichtsstunde ausgeteilt. Dabei unterlässt es die Lehrerin nicht, in jeder Stunde zu einer Gruppe zu gehen und mit dieser Aspekte zu besprechen, die ihr aus der Durchsicht der gemachten Aufgaben aufgefallen sind, und auf Fragen einzugehen.

Individualisierte Hausaufgaben

Flankierend bzw. ergänzend modifiziert die Lehrerin zeitgleich zur Einzelarbeit im Unterricht auch die bisher praktizierte Hausaufgabenform – alle Schüler bekommen dieselben Hausaufgaben – in individualisierte Hausaufgaben.

Eine Form, schriftliche Hausaufgaben zu individualisieren, besteht darin, die Aufgaben in einer Art Wochenplanarbeit anzubieten. Ideal ist eine flexible Differenzierung, was sowohl das Pensum als auch das Schwierigkeitsniveau der Aufgaben betrifft. In einem schriftlich gefassten Arbeitsplan werden Aufgaben mit unterschiedlicher Verbindlichkeit vorgegeben. Beachtet wird dabei, dass ein Grundpensum, ein sog. Fundamentum, für alle sichergestellt wird, darauf aufbauend wird ein sog. Additum angeboten. Zentral bei diesem Ansatz ist die Freiheit der individuellen Zeiteinteilung. Dabei müssen die Schüler neben den inhaltlichen und methodischen Kompetenzen, an denen die Aufgabenbearbeitung ansetzt, Planungs- und Steuerungsfertigkeiten aktivieren. Im Idealfall sollten hierin die Schüler auch eigens geschult werden, gerade was das Zeitmanagement angeht.

Die Lehrerin setzt dies folgendermaßen um: Zu Wochenbeginn erhält jeder Schüler ein Blatt, das drei Typen von Aufgaben beinhaltet:

- Pflichtaufgaben, die für alle Schüler verbindlich sind;
- Wahlpflichtaufgaben, aus denen eine vorgegebene Anzahl verbindlich ausgewählt werden muss;
- Aufgabenvorschläge, aus denen die Schüler je nach Zeit oder Interesse frei wählen können.

Selbstkritisch gibt sie zu, dass sie nicht in der Lage ist, alle Aufgaben jedes Mal gebührend würdigen zu können. Zu überlegen wäre hier, inwieweit die besseren Schüler ähnlich wie beim tutoriellen Lernen nicht auch in die Durchsicht der Arbeiten der schwächeren miteingebunden werden können.

Meyer (2004, S. 86) beurteilt diese Form der Förderung folgendermaßen: »Individuelles Fördern von Schülerinnen und Schülern erfordert unkonventionelle Formen, viel Zeit, Geduld und sicherlich auch viel Erfahrung.«

3.2.4 Teamteaching in inklusiven Lernumgebungen

In inklusiven Lernumgebungen hat das Einzelkämpfertum ausgedient. In der Inklusion ist Teamteaching obligatorisch. Ein Lehrerteam mit unterschiedlichen Spezialisierungen kann die Breite der Lernbedürfnisse besser bedienen.

Stronge, Tucker und Hindman (2004) subsumieren unter dem Begriff des Teamteaching

1. *Co-Teaching*: Präsenz von zwei Lehrer/innen in einer Klasse, wobei die Rollen unterschiedlich verteilt sein können (eine/r unterrichtet, eine/r assistiert oder beobachtet oder fördert)
2. *Teamteaching*: Den Begriff verwenden sie, wenn mehr als drei Lehrer/innen in einer Klasse arbeiten.
3. *Teamteaching in multiprofessionellen Teams*: Mehrere Lehrer/innen unterrichten, assistieren und fördern.

Ansätze

Kricke und Reich (2016, S. 54) fassen in Anlehnung an Perez (2012) folgende Teamteaching-Ansätze zusammen:

1. *Multimodales Lehren in Individualgruppen*
   Die Lernenden werden nach unterschiedlichen Gesichtspunkten (Leistung, Interesse...) in Kleingruppen aufgeteilt und von einzelnen Lehrenden unterrichtet. Diese sollen auch rotieren, um alle Lernenden kennenzulernen und umgekehrt.
2. *Leitungs- und Ergänzungsansatz*
   Ein Lehrer/eine Lehrerin übernimmt die Leitung im Lernprozess. Ein/e weitere/r assistiert ergänzend, kann beobachten oder Einzelne fördern.
3. *Lehren im Duett*
   Alle Lehrenden sind gleichermaßen aktiv im Unterrichtsgeschehen beteiligt, sie planen gemeinsam und unterrichten gemeinsam. Bei diesem Ansatz integrieren die Lehrenden spezielle Förderelemente in das generelle Unterrichtssetting.

Voraussetzungen

Voraussetzungen für ein Gelingen sind auf verschiedenen Ebenen sicherzustellen (vgl. Kricke und Reich, 2016, S. 54):

- *Lehr-Lernkultur*
  Es existiert ein gemeinsames Verständnis der pädagogischen Ziele.
- *Schulorganisation*
  - Es gibt eine engagierte und informierte Schulleitung.
  - Von multiprofessionellen Teams werden im Kollegium gemeinsame Curricula und Stundenpläne erstellt.
  - Persönliche Weiterbildungsmöglichkeiten sind fest vorgesehen.
  - Es gibt eine angemessene Ausstattung; Ressourcen wie Materialien, Räume, Zeitfenster sind ausreichend vorhanden.
- *Zusammenarbeit*
  - Es gibt feste Zeiträume der Vorbereitung, Planung, Durchführung, Bewertung und Reflexion.
  - Die Stärken und Schwächen jeder Lehrkraft werden berücksichtigt.
  - Es gibt definierte Rollen und Verantwortlichkeiten.

Gelingensbedingungen

Als Gelingensbedingungen erfolgreicher Teamarbeit gelten (vgl. S. 56):

- Die Bereitschaft zu kontinuierlicher Kooperation und zur geteilten Verantwortung
- Eine fördernde und inklusive Haltung
- Vertrauen in eigene Kompetenzen und die der Teamkolleginnen und -kollegen
- Teilnahme an praxisorientierten Fortbildungen
- Hinreichend Zeit zur Vorbereitung mit administrativer Unterstützung
- Ein Wir-Gefühl durch eine geeignete Lernumgebung in Form von Lernlandschaften

Perez (2012) listet eine Anzahl von »Co-Planning Tips and Tricks« (S. 45 f.) auf, darunter:

- Für gemeinsame Planung ist eine bestimmte Zeit festzulegen. Das Minimum sollte 60 Minuten pro Woche betragen.
- Die Unterrichtsfolgen sind im Voraus zu planen. Die Stunden sind zu beachten, die besonderer Kooperation bedürfen.
- Das Unterrichten hat sich an den Bedürfnissen der Schüler/innen zu orientieren.
- Die Inhalte sind der Maßstab für die Art des Unterrichtens.
- Keiner sollte unvorbereitet in die Planungsmeeting kommen.
- Ohne gemeinsame Planung funktioniert kein gemeinsames Unterrichten.
- Für alle Beteiligten ist ein Feedback einzuplanen.
- Für jedes Fach ist ein Routinevorgehen anzudenken, das z. B. für Mathematik so aussehen kann:
  1. Die ersten zehn Minuten gemeinsames Arbeiten mit der ganzen Klasse
  2. 30 bis 40 Minuten Kleingruppenarbeit oder Stationenlernen
  3. Arbeiten am Arbeitsplatz, Lehrkräfte gehen zu einzelnen Gruppen.
- Die Verantwortlichkeiten für einzelne Planungsschritte, Materialbeschaffung oder Testkonstruktion sollten sich abwechseln.
- Manchmal ergibt es Sinn, wenn ein Lehrer/eine Lehrerin allein den Stoff plant und der/die andere sich um Differenzierungs- oder Individualisierungsmaßnahmen kümmert.
- Es ist sinnvoll, mindestens eine Woche im Voraus zu planen und dann die einzelnen Stunden dem Lernfortschritt der Schüler/innen anzupassen.

Lernlandschaften

Hier ist Selbstlernmaterial mit individuellen Aufgaben vorhanden, die nach Niveaustufen unterschieden sind und mittels Kompetenzrastern den Lernenden helfen, zeitlich eigene Pläne im Lernen zu entwickeln, Aufgaben zu erledigen und deren Erfolg selbstwirksam zu kontrollieren. Eine Lernlandschaft ist räumlich so gestaltet, dass alle einen ruhigen Arbeitsplatz haben und Wechsel ihrer Aktions- und Sozialformen finden. Möglichkeiten für Pausen sind vorhanden. Teamteaching ist notwendig, damit alle Schüler/innen Möglichkeiten der Beratung haben und Zeit für Feedback vorhanden ist.

Lehrerhaltungen

In Anlehnung an Reich (2014) und Kricke und Reich (2016) geht es bei den Lehrkräften um folgende Grundhaltungen:

- pädagogische Grundhaltung (grundsätzliche Bereitschaft und Offenheit für eine diverse Kultur)
- demokratische Grundhaltung (auf Partizipation ausgelegt)
- kulturoffene Grundhaltung (gegenseitige Toleranz)

- Streben nach Exzellenz statt Mittelmaß (höchste Erwartungen an alle Lernenden)
- chancengerechte Haltung (umfassende Entwicklung für alle)
- lernerzentrierte Haltung (alle ermutigen, eigene Wege des Lernens zu finden)
- realistische Leistungshaltung (gezielte Förderung auf der Basis der unterschiedlichen Voraussetzungen)
- -methodische Förderhaltung (unterschiedliche Perspektiven und Lernzugänge ermöglichen)
- realistische Lernerwartungshaltung (lebenswelt- und berufsbezogenes Curriculum)
- positive Teamhaltung (sich einbringen und sich anderen anpassen)

3.2.5 Exkurs: Haltung

Der Begriff der *Haltung* zieht sich bei Tausch und Tausch durch ihr gesamtes Werk. Die oben erwähnten vier förderlichen Dimensionen in der Begegnung von Person zu Person werden explizit als »Haltungen« (1977, S. 99) in der Überschrift genannt.

Haltung, Lehrerhabitus, Lehrerethos, professionelles Selbst kreisen als Begrifflichkeiten um den Begriff der *Lehrerpersönlichkeit*. Gemeinsam mit ihm haben sie, dass hierzu wenig empirische Ansätze vorliegen. Fiegert und Solzbacher (2014, S. 27) stellen fest, dass die Begriffe Ethos und Haltung »auf der Landkarte empirisch gesicherten (!) Wissens über die Schulrealität weiße Flecken darstellen«. Und wenn man den Diskurs zum Lehrerethos von Lehrkräften unter der Wertperspektive thematisiert, liegen zur Frage nach den lehramtsspezifischen Werthaltungen kaum empirische Arbeiten vor.

Im Folgenden werden drei aktuelle Ansätze vorgestellt, die zu dem Puzzle Haltung ihren eigenen Beitrag leisten können.

Individuelle und gesunde Haltung (Kuhl, Schwer und Solzbacher)

> Eine professionelle Haltung ist ein hoch individualisiertes (d. h. individuelles, idiosynkratisches) Muster von Einstellungen, Werten, Überzeugungen, das durch einen authentischen Selbstbezug und objektive Selbstkompetenzen zustande kommt, die wie ein innerer Kompass die Stabilität, Nachhaltigkeit und Kontextsensibilität des Urteilens und Handelns ermöglicht, sodass das Entscheiden und Handeln eines Menschen einerseits eine hohe situationsübergreifende Kohärenz und Nachvollziehbarkeit und andererseits eine hohe situationsspezifische Sensibilität für die Möglichkeiten, Bedürfnisse und Fähigkeiten der beteiligten Personen aufweist. Pädagogisch wird die Haltung durch ihren Gegenstandsbezug. (Kuhl, Schwer & Solzbacher, 2014, S. 107)

Indikatoren einer individuellen und gesunden Haltung sind:

1. Standfestigkeit und Kohärenz in den Entscheidungen, die persönliche Werte und relevante Merkmale des Kontextes berücksichtigen.
2. Integration von Gefühlen, Bedürfnissen und Körperwahrnehmungen.
3. eine breite Form der Aufmerksamkeit (Wachsamkeit), die auf enge bewusstseinspflichtige Kontrolle weitgehend verzichtet.

Die Autoren unterscheiden zwischen einer Erst- und einer Zweitreaktion. Eine professionelle Haltung zeichnet sich dadurch aus, dass sie eine persönliche Erstreaktion akzeptiert und sie dann mit einer gut entwickelten Zweitreaktion verbindet. Während in einer neuen Situation die Erstreaktion rasch einsetzt, wird durch eine Zweitreaktion das Verhalten an die konkrete Situation angepasst, wenn dies erforderlich erscheint. Dadurch wird sowohl die Kontextangemessenheit des eigenen Verhaltens vergrößert als auch das eigene Selbst weiterentwickelt.

Ganz zentral für das Thema Klassenführung ist – und damit unterscheidet sich das Konstrukt der Haltung von der Persönlichkeit – dass Haltung kein unveränderliches Faktum ist, wenn die Person zu kontextsensiblen und willentlich steuerbaren Zweitreaktionen in der Lage ist.

Die Autoren heben folgende drei Merkmale hervor:

1. *Stabilität*
   Haltung kann »als eine zeitlich *überdauernde und relativ stabile Einstellungskonstellation* angesehen werden« (S. 114). »Der Mensch steht mit seiner ›ganzen Person‹ (dem integrationsstarken Selbst) hinter seiner Entscheidung« (S. 115).
2. *Emotionale Einbettung und Wertbezogenheit*
   »Eine Einstellung oder Überzeugung sollte erst dann als eine ›Haltung‹ bezeichnet werden, wenn sie ›von Herzen‹ kommt, d. h., wenn sie ... mit Emotionen verbunden ist. Eine integrative Haltung ist normalerweise nicht gefühlsneutral, etwa aus einer rein sach-logischen Begründung abgeleitet« (S. 116).
3. *Rückkopplungsprozesse*
   Professionelle Haltung wird durch äußere Rahmenbedingungen mitbestimmt und determiniert umgekehrt auch die äußeren Rahmenbedingungen. »Die mit einer im Selbst verankerten Haltung verbundene Flexibilität beruht auf der bereits erörterten Offenheit für Erfahrung, die mit selbstkongruenten Entscheidungen verbunden ist« (S. 117).

Für die Entwicklung einer professionellen pädagogischen Haltung kommt den Selbstregulationskompetenzen eine besondere Bedeutung zu.

Werthaltungen (Drahmann, Merk und Cramer)

Das Tübinger Forscherteam um Cramer legt mit dem »Tübingen Inventory for Measuring Value Orientation in the Teaching Profession« (TIVO) erstmals ein Instrument zur Erfassung lehramtsspezifischer Werthaltungen vor, das sich durch hohe psychometrische Güte auszeichnet. Drahmann, Merk und Cramer (2019) setzen sich mit dem Begriff der Werte und Werthaltungen, wie er in der Literatur diskutiert wird, auseinander und fassen den Diskussionsstand zusammen (S. 176 ff.): Werthaltungen gelten als relativ stabiles Persönlichkeitskonstrukt, sie werden durch Sozialisationserfahrungen erworben und geprägt. Ihnen wird eine situationsübergreifende Konsistenz hinsichtlich ihres Einflusses auf das Handeln und Verhalten zugeschrieben. Sie stellen eine zentrale Disposition bezüglich des individuellen Verhaltens dar.

Empirisch konnte das Autorenteam vier Wertdimensionen festhalten, die mittels eines semantischen Differenzials über 18 siebenstufige Ratingitems mit folgenden Endpolen erfasst wurden:

Tab. 4: Wertdimensionen und dazugehörige Items (Quelle: Drahmann u. a., 2019, S. 188; © 2019 Beltz Juventa in der Verlagsgruppe Beltz · Weinheim Basel)

Wert	Items (Adjektiv und Antonym)
Fürsorge	fürsorglich – teilnahmslos liebevoll – lieblos empathisch – distanziert mitfühlend – gleichgültig umsorgend – nicht umsorgend verständnisvoll – verständnislos nachsichtig – unnachsichtig
Gerechtigkeit	rechtschaffen – unrechtschaffen gerecht – ungerecht fair – unfair unparteiisch – parteiisch legitim – illegitim
Verantwortung	pflichtbewusst – pflichtvergessen zuverlässig – unzuverlässig ordnungsgemäß – ordnungswidrig
Wahrhaftigkeit	ehrlich – unehrlich integer – korrumpierbar verlässlich – unverlässlich

Das Potential des vorliegenden Instruments zur Erfassung von lehramtsspezifischen Werthaltungen sehen die Autoren in zweifacher Hinsicht:

1. Sie können als ein weiterer Bestandteil der professionellen Haltung in Ergänzung zu Einstellungen, Glaubenssätzen, subjektiven Theorien oder Vorstellungen zu Menschenbildern, pädagogischen Konzepten, Theorien, Praktiken oder Zielen aufgefasst werden.
2. »Sie können neben den im kompetenzorientierten Ansatz als bedeutsam erachteten und gut erforschten Überzeugungen ... als eine bislang in der quantitativen Forschung nicht solide operationalisierte und folglich auch nicht empirisch erforschte Dimension professioneller Handlungskompetenz verstanden werden ...« (S. 190).

Pädagogische Expertise (Zierer)

Für Zierer (2019) ist, um erfolgreich unterrichten zu können, pädagogische Expertise mehr als die Trias aus Fachkompetenz, didaktischer Kompetenz und pädagogischer Kompetenz, wie Baumert und Kunter (2006) die professionelle Kompetenz von

3.2 Aktive und adaptive Einbeziehung der ganzen Klasse

Lehrkräften in ihrem Modell skizzieren. Da es in pädagogischen Kontexten nicht so sehr darauf ankommt, was wir machen, sondern auch und vor allem darauf, wie und warum wir etwas machen, ist nicht die Kompetenz in Form von Wissen und Können ausschlaggebend, sondern die Haltung in Form von Wollen und Werten –und die Haltung bestimmt, ob Kompetenz zum Einsatz kommt (vgl. Zierer, 2015).

Im Anschluss an John Hattie sind im Buch »Hattie für gestresste Lehrer« (vgl. Zierer, 2014) zehn Haltungen ausgearbeitet:

- *1. Haltung: Ich rede über Lernen, nicht über Lehren.*
  Gemeint ist damit, die Schülervoraussetzungen genau in den Blick zu nehmen und darauf aufbauend den Unterricht zu gestalten. Für einen gelingenden Unterricht sind die Erkenntnisstufen bei Hattie mit einer Effektstärke von $d = 1.28$ mehr als überzeugend.
- *2. Haltung: Ich setze die Herausforderung.*
  Klarheit des Lehrers (nach Hattie: Effektstärke $d = 0.75$) im Hinblick auf die Ziele ($d = 0.50$) gehört zu den wichtigsten Faktoren für einen erfolgreichen Unterricht und zu einem professionellen Handeln.
- *3. Haltung: Ich sehe Lernen als harte Arbeit.*
  Unabhängig davon, auf welchem Leistungsniveau sich Lernende befinden – Lernfortschritte erfordern Einsatz und Anstrengung von allen Beteiligten. Mit Blick auf die Lernenden zeigt sich dies an der Bedeutung des bewussten Übens ($d = 0{,}71$).
- *4. Haltung: Ich entwickle positive Beziehungen.*
  Eine Atmosphäre des Vertrauens und Zutrauens, der Geborgenheit, der Fürsorge und des Wohlwollens ist unerlässlich für Bildung und schulisches Lernen. Bei Hattie hat eine intakte Lehrer-Schüler-Beziehung eine Effektstärke von $d = 0.72$.
- *5. Haltung: Ich benutze Dialog anstelle von Monolog.*
  Kooperative Lernformen ($d = 0.42$) sind dann besonders effektiv, wenn sie in Kombination mit einer direkten Instruktion ($d = 0.59$) ablaufen.
- *6. Haltung: Ich informiere alle über die Sprache des Lernens.*
  Der Lehrkraft kommt als Experten für das Fach und die Schule eine Schlüsselrolle zu. Denn es ist ihre Aufgabe, die »Sprache des Faches« und die »Sprache der Schule« auf die »Sprache der Lernenden« zu übertragen.
- *7. Haltung: Ich bin ein Veränderungsagent.*
  Lehrkräfte müssen ihre Rolle hinterfragen und ihre Methoden entsprechend ändern. Dazu bedarf es eines breiten und flexiblen Methodenrepertoires. Nur so kann es zu einer Passung zu den bereits erwähnten Erkenntnisstufen ($d = 1.28$) kommen.
- *8. Haltung: Ich bin ein Evaluator.*
  Die Frage der Wirkung und daran geknüpft die des Nachweises dieser Wirkung hat eine Schlüsselrolle für sichtbares Lernen und erfolgreiches Lehren. Bei Feedback ($d = 0.75$) geht es um diesen Nachweis in dreifacher Hinsicht: Wohin gehst du?, Wie kommst du voran? und Wohin geht es als nächstes?.
- *9. Haltung: Die Leistungen der Lernenden sind eine Rückmeldung für mich über mich.*
  Hattie weist immer wieder darauf hin, dass Rückmeldung im Unterricht nicht einseitig zu verstehen ist, sondern in beide Richtungen geht: von den Lehrkräften

zu den Lernenden, was meistens diskutiert wird. Aber auch von den Lernenden zu den Lehrkräften.
- 10. *Haltung: Ich arbeite mit anderen Hochschullehrenden zusammen.*
Die Kooperation unter Lehrkräften mit Blick auf die Lehre ist für das bisher Gesagte unabdingbar. Denn vieles gelingt nur, wenn Lehrkräfte zusammenarbeiten. Sie sind auch Lernende und lernen in der Regel miteinander besser als alleine.

Im Rahmen des Fortbildungsprogramms »Visible Learning in der Praxis« kann das Forscherteam um Zierer erste Evaluationsergebnisse vorlegen. Sie zeigen, dass über Fortbildungsveranstaltungen sowohl eine signifikante Kompetenzsteigerung als auch Haltungsveränderung aufseiten der Lehrkräfte stattgefunden hat (Zierer, Weckend und Schatz, 2019).

Beispielhaft wird aus dem Fragebogen, der vor und nach der Veranstaltungsreihe eingesetzt wurde, jeweils ein Item für die Haltung 2 »Ich setze die Herausforderung« für die vier Facetten des K3W-Modells vorgestellt:

- *Können*
»Ich bin hervorragend dazu in der Lage, herausfordernde Aufgaben auf der Grundlage von Lernständen zu entwickeln.«
- *Wissen*
»Ich weiß ganz genau, dass die Aufgaben im Unterricht herausfordernd sein müssen.«
- *Wollen*
»Stets ist es mein Ziel, meinen Unterricht so zu gestalten, dass er herausfordernde Ziele auf der Grundlage des Lernstandes beinhaltet.«
- *Werten*
»Ich bin fest davon überzeugt, dass es wichtig ist, dafür zu sorgen, dass Lernende sich anstrengen müssen.«

Pädagogische Expertise, erfasst über Kompetenz und Haltung, also von Können, Wissen, Wollen und Werten, ist veränderbar, also erlernbar, so die Botschaft.

Eine ähnliche Position des Erlernbaren nimmt Helsper (2018) ein. Er führt aus, wie es zur Herausbildung eines Lehrerhabitus kommt. Dieser ist in einem berufsbiografischen Prozessverlauf mit der Anbahnung eines eigens erworbenen individuellen Habitus verbunden, der über Reproduktions- bzw. Transformationslinien mit dem primären familiären Habitus korrespondiert. Außerdem fließen »die impliziten und latenten Orientierungen des Schülerhabitus ein, wie er sich im Zuge der Auseinandersetzung mit den Anforderungen des schulischen Feldes durch die eigene Schülerbiografie hindurch ausgeformt hat« (S. 128).

Zusammengefasst ist die Herausbildung des Lehrerhabitus das Ergebnis des biografischen Durchlaufens folgender Felder:

- schulisches Feld (als Schüler mit der Herausbildung eines Schülerhabitus)
- universitäres Feld (Auseinandersetzung mit fachlichen, fachdidaktischen und erziehungswissenschaftlichen Wissensbeständen und Praktikaerfahrungen)

- Referendariat (Spannung von Prüfung, pädagogischer Kontrolle und Kollegenstatus)
- erste Schule (Lehrernovize in einer spezifischen Schulform, -kultur und dem Kollegium).

3.3 Motivierendes Unterrichten

> »Aus der Selbstbestimmungstheorie (Deci & Ryan, 2002) wird abgeleitet, dass Unterrichtsbedingungen, die Kompetenzerleben, Selbstbestimmung und soziales Eingebundensein fördern, eher dazu führen, dass sich Interesse für den Unterrichtsstoff entwickelt […] Ein positives Kompetenzerleben wird durch eine klare Strukturierung gefördert« (Jäger & Haag, 2020, S. 63).

Strukturierende Unterrichtgestaltung impliziert also selbstverständlich motivierendes Unterrichten. Deshalb könnte hier nun ein ganzes Buch darüber folgen. Zwei Unterpunkte werden an dieser Stelle herausgestrichen. Motivierendes Unterrichten heißt, dass der Unterricht variantenreich sein muss (▶ Kap. 3.3.1) und dass die zum Teil schon sehr alten, zum Teil aktuellen Befunde der Motivationspsychologie mitberücksichtigt werden (▶ Kap. 3.3.2).

3.3.1 Variantenreicher Unterricht

Dubs (1995) unterscheidet bei seiner Abhandlung über Lehrerverhalten zwischen Unterrichtsverfahren sowie Lehrmethoden und Lernformen. Diese Unterscheidung bietet einen Rahmen für einen variantenreichen Unterricht, sie ist wichtig, »um eine zielgerichtete Vielfältigkeit des Unterrichts im Hinblick auf eine bessere Motivation und auf eine größere Wirksamkeit sicherzustellen« (S. 50).

In den Abbildungen 1.6 bis 1.8 (S. 51 ff.) werden diese Möglichkeiten des Lehrerhandelns aufgezeigt. Die Unterrichtsverfahren betreffen die Makrostruktur des Unterrichts. Hierunter zählt Dubs Frontalunterricht (Lehrmethoden), Blended Learning, Simulationen, Projektunterricht, Werkstattunterricht und Selbstständiges Lernen (Lernformen).

Auf der zweiten Ebene verortet er die Lehrmethoden, d. h. Formen des Frontalunterrichts, und die Lernformen. Zu den Lehrmethoden zählt er die Lehrerdemonstration, den Lehrervortrag, das Modellieren, das Lehrgespräch und die Klassendiskussion. Unter die Lernformen subsumiert er Einzelarbeit, Partnerarbeit, Kleingruppenarbeit, Gruppenarbeit und Rollenspiel. In geschickter Kombination all dieser Handlungen ist ein variationsreicher Unterricht möglich.

3.3.2 Wissenschaftliche Befunde der Motivationspsychologie

Zusammen mit einem Autorenteam legt Götz als Herausgeber 2017 eine Publikation vor, die unter Berücksichtigung neuester Forschungsergebnisse wesentliche motivationale Bedingungsfaktoren der hier vorliegenden Thematik behandelt. In Tabelle 5 (vgl. Götz, 2017, S. 133) werden in Anlehnung an amerikanische Ergebnisse motivational relevante Dimensionen der Unterrichtsgestaltung in dem Akronym »TARGET« zusammengefasst.

Tab. 5: Dimensionen der Unterrichtsgestaltung mit entsprechenden Maßnahmen (Götz, 2017, S. 133)

Dimension	Maßnahmen zur Förderung einer günstigen Zielstruktur im Unterricht
Task (Aufgabenstellungen)	• Nutzung von abwechslungsreichen, vielfältigen, persönlich bedeutsamen, sinnhaften, emotional reichen und damit interessanten Aufgaben • Verwendung von individuell herausfordernden Aufgaben, die mit Anstrengung zu bewältigen sind • Strukturierung von Lernaktivitäten in Teilschritte und Teilziele, anhand derer Schülerinnen und Schüler ihren Fortschritt erkennen können
Authority (Autorität und Autonomie)	• Entwicklungsangemessene Übertragung der Verantwortung für das Lernen und die Zusammenarbeit in der Klasse • Möglichkeiten zur Wahl von (Teil-)Lernzielen, Lernaktivitäten, Lernwegen und Lernmaterialien entsprechend den Selbstregulationsfähigkeiten der einzelnen Schülerinnen und Schüler • Möglichkeiten Entscheidungen zu treffen und Führung wahrzunehmen
Recognition (Anerkennung)	• Anerkennung von Anstrengung durch Lob, positive emotionale Reaktionen, Belohnung und andere Formen der Verstärkung • Vermittlung der Überzeugung, dass Anstrengung zur Verbesserung von Kompetenzen führt und dass Kompetenzen das Ergebnis von Anstrengungen sind • Anerkennung von individuellen Verbesserungen • Keine Bevorzugung von leistungsstarken Schülerinnen und Schülern • Anerkennung des Verständnisses des Lernstoffs • Anerkennung von individuellen Lösungszugängen • Realisierung eines konstruktiven Fehlerklimas, in dem Fehler Lernchancen und nicht Anzeichen mangelnder Kompetenzen sind
Grouping (Gruppierung)	• Verwendung von kooperativen Lernmethoden • Realisierung von leistungsheterogenen Gruppen, die das gemeinsame Erreichen von Zielen fördern (Einbringen von individuellen Kompetenzen) • Herstellung eines kooperativen anstelle eines wettbewerbsorientierten Klassenklimas • Vermittlung von Kompetenzen zur effektiven Arbeit in Gruppen
Evaluation (Bewertung)	• Verwendung von individuellen und kriterialen Bezugsnormen • Vermeidung der sozialen Bezugsnorm

Tab. 5: Dimensionen der Unterrichtsgestaltung mit entsprechenden Maßnahmen (Götz, 2017, S. 133) – Fortsetzung

Dimension	Maßnahmen zur Förderung einer günstigen Zielstruktur im Unterricht
	• Vermeidung von sozialen Vergleichen • Möglichst starker Verzicht auf wettbewerbsorientierte Methoden • Möglichst starker Verzicht auf öffentliche Leistungsrückmeldungen (z. B. bei der Herausgabe von Klassenarbeiten) und intensive Nutzung privater Rückmeldungen (in mündlicher und schriftlicher Form)
Timing (Zeit)	• Gewährung von ausreichender Bearbeitungszeit (Aufgaben und Tests) • Ausrichtung der Lernzeit an leistungsschwächeren Schülerinnen und Schülern (ggf. Zusatzaktivitäten für leistungsstärkere Schüler/innen • Gelegenheit zur eigenverantwortlichen Zeitplanung der Lernaktivitäten und zur eigenständigen Terminierung von Selbsttests

4 Kommunikation

Ein wichtiges Ziel im Unterricht sollte es sein, die Kommunikation zwischen Lehrkräften und Schülern zu verbessern, was auch zu einer Besserung des Klassenklimas führt. Diese Verbesserung der Kommunikation ist eine Bemühung auf der Beziehungsebene. Die Besserung der Kommunikation auf der Beziehungsebene führt meistens dazu, dass auch Probleme auf der Sachebene leichter gelöst werden können.

Alle Regeln helfen wohl nichts, wenn die sog. Chemie zwischen Lehrkraft und Klasse nicht stimmt, so allgemeiner Konsens. Dass dies so zutrifft, kann Marzano (2003) mit seinen ermittelten Effektstärken belegen. Insgesamt liegen sie bei der Variablen Lehrer-Schüler-Verhältnis für störungsfreien Unterricht bei .86, doch je jünger die Schüler sind, desto höher fallen die Effektstärken aus (Middle School/ Junior High: 2.89!) – ein Indiz für die Bedeutung des Lehrer-Schüler-Verhältnisses.

Ein Kernproblem im Lehrer-Schüler-Verhältnis ist die Überlegenheit des Lehrers gegenüber den Schülern. Diese Überlegenheit kann zu Macht führen. Dabei muss es heute Aufgabe eines Lehrers sein, eine Mitverantwortung für die persönliche Entwicklung und das erfolgreiche Lernen seiner Schüler zu übernehmen. Dieses Verständnis im Umgang mit Heranwachsenden wird heute als Caring bezeichnet.

> Eine Lehrperson bemüht sich, die Gefühle sowie das Denken und Handeln ihrer Schülerinnen und Schüler, vor allem durch gutes Beobachten und aktives Zuhören zu verstehen, sie zunächst so zu akzeptieren, wie sie sind, ihre Ängste, Unsicherheiten und Probleme zu erkennen, um ihnen im vertrauensvollen, unterstützenden Dialog zu helfen, ihr Lernen zu verbessern und sich als Persönlichkeit weiterzuentwickeln sowie zu lernen, sich aufgrund einer Beurteilung der eigenen Möglichkeiten und Grenzen richtig einzuschätzen. Letztes Ziel soll der Aufbau eines dauerhaften gegenseitigen Vertrauens sein. (Dubs, 2009, S. 101)

In der Längsschnittstudie von König, Wagner und Valtin (2011) wird die Lehrer-Schüler-Beziehung nicht allzu positiv beurteilt. 3000 Berliner Jugendliche der Klassen 7, 8 und 9, die befragt wurden, klagen fast alle über »nervige Lehrer«. Zum Schlimmsten an Schule gehören aus Sicht der Jugendlichen auch die Lehrer. Die Jugendlichen beklagen autoritäres und extrem dirigistisches Lehrerverhalten, Tadel und Spott, Herabsetzung und Demütigung von Schülern. Von Klasse 7 bis 9 hat sich das Lehrerbild der Heranwachsenden deutlich verschlechtert: Nur noch rund 5 % aller Schüler (gegenüber rund 25 % in Klasse 7) geben an, von allen Lehrern gerecht behandelt zu werden, und nur noch 15 % in Klasse 8 und 10 % in Klasse 9 erleben ihre Lehrkräfte als verständnisvoll.

Valtin (2012), Mitinitiatorin der Studie, resümiert:

> Die Befunde zur Lehrer-Schüler-Beziehung sind sehr bedenklich. Soziale Stützsysteme sind wichtig für die Persönlichkeitsentwicklung der Jugendlichen. Je besser die soziale Behei-

matung, desto günstiger die Ausbildung von Ich-Stärke und Leistungsvertrauen. Wie die Aida-Studie zeigt, haben die befragten Jugendlichen einen guten sozialen Rückhalt im Elternhaus und Freundeskreis. Über 80 Prozent erleben eine hohe familiäre Geborgenheit. Ausgerechnet die soziale Ressource, welche die Schule bereitstellen kann, nämlich die Lehrerunterstützung, ist für die Jugendlichen die unsicherste. Dieses Ergebnis ist deshalb von Bedeutung, weil vom erlebten Lehrerengagement ein signifikanter Einfluss auf die Entwicklung der Ich-Stärke und des Leistungsvertrauens der Jugendlichen ausgeht.

Das A und O ist ein souveräner kommunikativer Umgang in der Klasse mit den Schülern, deshalb werden nun Basics der Kommunikationstheorie vorangestellt. Im Folgenden sollen einige grundlegende Kommunikationsaspekte praktisch beleuchtet werden.

4.1 Grundlegende Aspekte der Kommunikation

4.1.1 Nonverbale Kommunikation

Nonverbale Signale bestehen aus (vgl. Argyle, 2013, S. 11)

- Mimik (Gesichtsausdrücke)
- Blickverhalten (und Pupillenerweiterung)
- Gestik und andere Körperbewegungen
- Körperhaltung
- Körperkontakt
- Raumverhalten (Proxemik)
- Kleidung und andere Aspekte des Aussehens
- Nonverbale Vokalisierungen (lautliche Äußerungen)
- Geruch.

Die Lehrer-Schüler-Beziehung wird vor allem durch diesen nonverbalen Anteil transportiert. Man geht heute davon aus, dass 65 % von dem, was in einer Interaktion erfasst wird, mit dem nichtverbalen Verhalten des Senders zusammenhängt. Dubs (2011) hebt die Bedeutung nichtverbalen Lehrerverhaltens folgendermaßen hervor:

- Gutes nichtverbales Verhalten unterstützt die Selbstpräsentation eines Lehrers.
- Die Schüler nehmen Regeln und Erwartungen deutlicher wahr, wenn sie vom Lehrer nichtverbal unterstützt werden.
- Es erhöht sich die Wirkung einer nichtverbal unterstützten Verstärkung.
- Nichtverbales Verhalten bringt die Wertschätzung oder Abneigung einem Schüler gegenüber viel deutlicher zum Ausdruck als alle anderen Formen des Lehrerverhaltens.
- Der Unterrichtsfluss lässt sich stark beeinflussen, wenn eine Lehrkraft ihre Kommunikation nichtverbal unterstützt.

Dabei unterscheidet Argyle fünf Funktionen nonverbaler Kommunikation (vgl. S. 16):

1. Äußerung von Emotionen, hauptsächlich mithilfe von Gesicht, Körper und Stimme
2. Mitteilung interpersonaler Einstellungen, hauptsächlich mithilfe von Signalen, z. B. durch räumliche Nähe, Tonfall, Berührung, Blickverhalten und Mimik
3. Begleitung und Unterstützung von sprachlichen Äußerungen
4. durch eine komplexe Folge von Kopfnicken, Blickkontakten und nonverbalen Lautäußerungen, die eng mit dem Gesprochenen synchronisiert sind
5. Selbstdarstellung weitgehend durch Aussehen, in geringerem Maße auch durch die Stimme
6. Rituale, z. B. bei Begrüßungen

Da nach einem Axiom von Watzlawick, Beavin und Jackson (1974) jede Kommunikation einen Inhalts- und Beziehungsaspekt enthält und letzterer in aller Regel nonverbal ausgedrückt wird, wird die Bedeutung nonverbaler Kommunikation gerade im Bereich von Unterricht deutlich. Denn unterrichtliches Handeln wird durch Interaktion konstituiert.

Rahmentheorie unterrichtlicher Interaktion

Rosenbusch (2004) entfaltet eine Rahmentheorie unterrichtlicher Interaktion. Ihr Gegenstand sind die Anteile von Körpersprache und Verbalsprache sowie das Verhältnis dieser Modalitäten, das je nach den drei Funktionen unterrichtlicher Kommunikation variiert. Diese sind

- die Übermittlung inhaltlicher Aspekte (z. B. Regeln, Begriffe, Handlung, Sachverhalt, Gegenstand)
- die Übermittlung von Aspekten zur Regulierung der Interaktion:
  - Reaktion meint die konkrete Reaktion auf eine Äußerung des Partners, die in die drei Typen auftreten kann: Signale der Aufmerksamkeit (Mitteilung, Blickkontakt), Signale des Verstehens (Mitteilung, dass man eine Äußerung verstanden hat wie Kopfnicken, verständnisvolles Lächeln oder nicht verstanden hat wie hochgezogene Augenbrauen), Signale der Bewertung (wie zustimmendes Nicken, ablehnendes Kopfschütteln, unentschiedenes Achselzucken)
  - Monitore dienen der Regulierung oder Korrektur abweichenden Verhaltens und sichern einen geregelten Ablauf wie kurzer Blickaustausch oder explizite Mahnung.
  - Steuerung umschließt eine qualitative Veränderung des Kommunikationsprozesses durch Variierung des Tempos, Erzeugung von Spannung wie paralinguistische (z. B. Lautstärke, Stimmhöhe, Pausen), mimische, gestische und verbale Möglichkeiten.
- die Übermittlung von Beziehungsbotschaften.

Rosenbusch spricht von der Triade der Grundfunktionen unterrichtlicher Kommunikation. In einem Tannenbaumschema zeigt er auf, welche Rolle bei den einzelnen Funktionen die verbalen und nonverbalen Kommunikationsmodalitäten erfüllen:

- Inhalte werden überwiegend verbal übermittelt, und zwar umso mehr, je abstrakter sie sind.
  Allerdings zeigen die Forschungsergebnisse, dass gerade dann, wenn Worte alleiniger Träger der zu vermittelnden Information sind, expressives nonverbales Verhalten ein wirksamer Aspekt von unterrichtlichem Verhalten ist.
- Prozessuale Aspekte des Unterrichts können weitgehend nonverbal geregelt werden. Je mehr Regularien formalisiert sind, desto mehr genügen nonverbale Signale, um bestimmte Vorgänge auszulösen. Gerade für die Aufrechterhaltung der Ordnung ist die Bedeutung des Blickkontakts hervorzuheben. Bevor die Lehrkraft mit dem Unterricht beginnt, sollte sie erst einmal die Blicke ihrer Schülerinnen und Schüler einsammeln.
  Nonverbales Verhalten ist nach den Ergebnissen verschiedener Untersuchungen ein wichtigeres Mittel bei der Disziplinerhaltung als eine kognitive Instruktion.
- Beziehungsbotschaften im Unterricht werden überwiegend nonverbal ausgetauscht.

Wie Schülerinnen und Schüler nonverbale Signale von Lehrkräften deuten, sollten gerade Lehrkräfte im Klassenverband in der Lage sein, nonverbale Verhaltensweisen ihrer Schülerinnen und Schüler zu entziffern. Während sie verbal gleichzeitig nur einen Schüler empfangen können, können sie nur nonverbal von den übrigen herausfinden,

- »ob die Schüler ein Problem verstanden haben (Schüler nicken im richtigen Moment, verständnisvolles ›Aufleuchten‹ im Gesicht, bestätigende Gestik),
- ob sie interessiert sind (Blickkontakt mit Lehrer oder Schüler, der gerade spricht, etwas geweitete Augen, mimisches Mitgehen),
- ob sie sich langweilen (uninteressiertes Wegschauen, Spielen, mimisch keine Reaktion auf Informationsschritte),
- ob sie müde sind (Gähnen, mühsamer Blickkontakt, mimisch abgeschwächte, verspätete Reaktionen),
- ob sie opponieren (ostentatives Wegschauen, verschlossenes, unbewegtes Gesicht, keine Reaktion auf Versuche des Lehrers, einen Spaß zu machen, Körperhaltung vom Lehrer weg orientiert)« (Rosenbusch, 2004, S. 156 f.).

Damit ökonomisiert die richtige Interpretation beobachtbarer nonverbaler Phänomene die unterrichtliche Kommunikation, da sie verbales Nachfragen erspart.

Scheunpflug (2004) gibt Anregungen, wie Lehrkräfte Einfluss auf die eigene Körpersprache nehmen können. Dabei gibt sie zu Bedenken, dass es nicht darum gehen kann, die Persönlichkeit zu verändern, sondern sich der Bedeutung der nonverbalen Kommunikation im Unterricht bewusst zu werden und sich entsprechend dieser Bedeutung zu verhalten.

Kontrolle des eigenen Blickverhaltens

Für Lehrkräfte, gerade für Anfänger, ist es nicht einfach, den in Einzelgesprächen gewohnten Blickkontakt auch in der Klassensituation aufrechtzuerhalten. Häufig wird mit einer Schülergruppe gearbeitet und gesprochen, während der Blickkontakt zu einer anderen Gruppe geht, die sich gerade störend verhält. Dabei fühlen sich die mitarbeitenden Schülerinnen und Schüler nicht wertgeschätzt, während die Störenfriede sich besonders geachtet fühlen. Also sollte vermieden werden, zu häufig verbal ein Unterrichtsgeschehen mit einer Schülergruppe, nonverbal durch Blickkontakt aber mit anderen Schülerinnen und Schülern zu führen. Scheunpflug zeigt Übungen, wie Lehrkräfte ihr eigenes Blickverhalten kontrollieren und gezielt Wertschätzung und Anerkennung zurückspiegeln können (vgl. S. 117 ff.):

- In Begrüßungssituationen sollte ein bewusster Blickkontakt hergestellt werden. Dabei sollte bewusst der Zeitpunkt überwunden werden, an dem man wegschauen möchte. Ein freundlich verlängertes Blickverhalten wirkt nicht aufdringlich, im Gegenteil, mit jedem Blickkontakt wird die andere Person aufgewertet.
- Zu Beginn einer Unterrichtsstunde sollten Lehrkräfte bewusst die Blicke der Klasse sammeln. Dazu sollte man sich Zeit lassen, einfach dastehen und somit Ruhe ausstrahlen. Ideal sollte man den Blickkontakt zu den Schülerinnen und Schülern aufbauen, die die Lehrkraft nicht beachten.
- Wenn Fragen an die Klasse gestellt werden, kann es zu Pausen kommen. Diese Situationen sollten ausgehalten werden, anstatt ihnen durch hektisches Blickverhalten auszuweichen oder die nächste Frage nachzuschieben. Schülerinnen und Schüler sollten Zeit zum Nachdenken haben. Als innerliche Uhr kann man sich vornehmen, ruhig mal bis zehn zu zählen.
- Lehrkräfte sollten sich bewusst kontrollieren, inwieweit ihr Blick im Unterricht ins Leere geht oder sich an irgendwelchen Dingen festhält.
- Lehrkräfte sollten von Zeit zu Zeit ihr Blickverhalten vor der Klasse reflektieren. Dazu sind folgende Fragen hilfreich:
  1. Wen habe ich immer im Auge?
  2. Von wem fühle ich mich bedroht? Ignoriere ich sie, sende ich drohende Blicke aus, bekommen sie aufmunternde Blickkontakte?
  3. Welche Schüler übersehe ich?
  4. Welche Schüler ermutigen mich durch ihre Blicke?

Fazit dieser Ausführungen muss sein, dass sich Lehrkräfte der Wichtigkeit und Wirkung ihres nonverbalen Verhaltens bewusst sind und sie sensibel für das nonverbale Verhalten ihrer Schülerinnen und Schüler sind.

4.1.2 Verbale Kommunikation

»Stell dich nicht so dumm an! Denk erst einmal nach, bevor du redest! Wo hast du denn diesen Unsinn gehört? Aus dir wird nie was! Ihr wollt doch das Abi bestehen!

4.1 Grundlegende Aspekte der Kommunikation

Mach deine Augen auf!« Wer kennt nicht solche Worte aus »Lehrersmund«? Was lösen diese bei dem Adressaten aus, eher Widerstand oder stärkeres Engagement?

Die Kommunikationstheorie, die als Basis eine systemische Perspektive des Handelns hat, hat einen großen Anklang in der psychologischen Praxis, in pädagogischen und sozialen Berufen, aber auch umfassend für den beruflichen Zusammenhang.

Grundsätzlich wird in der Kommunikationstheorie bei jeder Nachricht zwischen zwei Aspekten getrennt, nämlich zum einen dem *Sachaspekt* und zum anderen dem *Beziehungsaspekt*. Im Sachaspekt befindet sich der Inhalt einer Nachricht. Der Beziehungsaspekt, der vor allem durch nonverbale Anteile wie Körpersprache, Mimik, Gestik, Modulation etc. transportiert wird, beinhaltet Informationen darüber, wie man mit diesem Inhalt umgehen muss. Schulz von Thun (1981) unterteilt den Beziehungsaspekt weiter, wobei zusätzliche Komponenten, und zwar Selbstoffenbarung und Appell, hervorgehoben werden. Oft haben Lehrkräfte das Gefühl, dass sie gewisse Kommunikationsteile nicht eindeutig den verschiedenen Aspekten – Selbstoffenbarung, Beziehung und Appell – zuordnen können. Eine eindeutige Richtigkeit gibt es aber gar nicht, sondern Selbstoffenbarung und Appell sind Teile der Beziehung, die besonders hervorgehoben werden. Wichtig ist hier nicht die richtige Zuordnung, sondern die detaillierte Sicht der Kommunikation, um auf diese Art und Weise möglichst nahe an das heranzukommen, was der Sender der Botschaft wirklich gemeint hat, und genauso, was der Empfänger wirklich wahrgenommen hat. Die vier Seiten einer Nachricht hat Schulz von Thun anschaulich als quadratisches Gebilde dargestellt (▶ Abb. 3). Damit wird verdeutlicht, dass es um Aspekte einer Nachricht geht und dass diese prinzipiell als gleichrangig anzusehen sind.

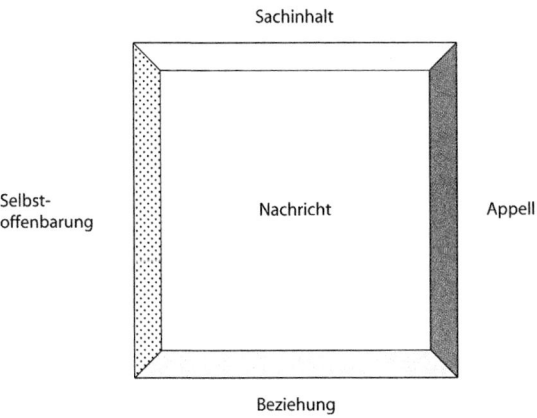

Abb. 3: Die vier Seiten einer Nachricht (Schulz von Thun, 1981)

Die Bedeutung der vier Seiten wird in folgender Tabelle sowohl für den Sender als »Mund« als auch für den Empfänger als »Ohr« deutlich gemacht.

Tab. 6: Vier Münder des Senders und vier Ohren des Empfängers (vgl. Schulz von Thun, 1981, S. 14)

Aspekt	beim Sender als »Mund«	beim Empfänger als »Ohr«
Sachinhalt	Worüber ich inhaltlich informiere	Was ich inhaltlich von dir erfahre
Selbstoffenbarung	Wie es mir geht, was ich fühle, denke oder will	Wie es dir geht, was mit dir los ist
Beziehung	Was ich von dir halte	Wie ich mich behandelt fühle
Appell	Was ich von dir erwarte	Was du von mir erwartest

An folgendem Beispiel soll deutlich gemacht werden, was die vier Seiten einer Nachricht jeweils beim Sender als »Mund« und beim Empfänger als »Ohr« bewirken können:

> Bisher war es in der vierten Klasse üblich, dass bei einer Gruppenarbeit die Mädchen und Jungen getrennt in Gruppen arbeiteten (drei Mädchengruppen zu je vier; zwei Jungengruppen zu je vier und eine zu fünft). Aufgrund der Absenz eines Mädchens wollte die Lehrerin Felix, einen Jungen aus der Fünfergruppe, dessen Platz in einer Mädchengruppe einnehmen lassen. Felix sieht das überhaupt nicht ein und weigert sich. Darauf die Lehrerin zu Felix: »Sag mal, hast du Angst, dass die Mädchen beißen?«

Dieses Beispiel wird anhand der folgenden Tabelle schematisiert:

Tab. 7: Schematisierung des Beispiels nach Schulz von Thun (vgl. Humpert & Dann, 2001, S. 201)

Aspekt	beim Sender als »Mund« (die Lehrerin)	beim Empfänger als »Ohr« (Felix)
Sachinhalt	Die Mädchen beißen dich nicht. Sie sind bereit, eine Gruppe mit dir zu bilden.	Sie glaubt wohl, dass ich Angst vor Mädchen habe.
Selbstoffenbarung	Mich ärgert dein Verhalten. Das ist gegenüber den Mädchen nicht fair.	Die Lehrerin merkt wohl gar nicht, wie unangenehm es mir ist, mit den Mädchen zusammen zu sein.
Beziehung	Du gehst mir auf die Nerven.	Die Lehrerin will mich nicht gleich wie die anderen behandeln. Das nervt mich.
Appell	Mach jetzt gefälligst mit!	Ich soll ohne Widerrede in die Mädchengruppe.

Bei Sender und Empfänger treten häufig Verständigungsprobleme auf, und Appelle beinhalten oft Vorwürfe, weswegen der Empfänger gereizt auf die Nachricht reagiert oder eine Trotzreaktion seinerseits erfolgt. Aus diesem Grund sollten Appelle nur sparsam verwendet werden und in einer für den/die Schüler/in adäquaten Form formuliert sein. Der Einsatz sogenannter *Ich-Botschaften* (▶ Kap. 5.2.2) ist eine sehr bewährte Möglichkeit, denn so bringt man seine eigenen Gefühle in der Störungssituation zum Ausdruck, ohne damit einen Vorwurf an den Interaktionspartner zu verbinden. Auf jeden Fall führt die Analyse der Situation zu einer neuen Sichtweise, was in der Zukunft zu einer Verbesserung der Interaktion zwischen der Lehrerin und dem Schüler führen dürfte.

Im klassischen »Reiz-Reaktions-Muster« gehen Lehrkräfte häufig davon aus, dass der Anfang von Störungen im Unterricht nur auf der Seite der Schüler zu sehen ist. Aber den Beginn von schwierigen Situationen legt die systemische Perspektive vorerst theoretisch nicht fest. Die systemische Perspektive betrachtet Interaktionsmuster als Kreisprozesse, die an bestimmten Stellen aufgeschnitten werden. Lehrkräfte beginnen in der Praxis normalerweise die Analyse einer Situation erst dann, wenn sich Schüler störend oder aggressiv verhalten. Man würde aber systemisch auch die Frage stellen: »Was war vor der Störung?«

Ein wichtiges Ziel im Unterricht sollte es sein, die Kommunikation zwischen Lehrkräften und Schülern zu verbessern, was auch zu einer Besserung des Klassenklimas führt. Diese Verbesserung der Kommunikation ist eine Bemühung auf der *Beziehungsebene*. Die Besserung der Kommunikation auf der Beziehungsebene führt meistens dazu, dass auch Probleme auf der *Sachebene* leichter gelöst werden können. Vor der Anwendung von sogenannten Beziehungsblockern oder »Killerphrasen«, die meistens bei nicht symmetrischer Kommunikation (vom Vorgesetzten zum Untergebenen) benutzt werden, ist zu warnen. Häufig werden diese Beziehungsblocker von Lehrpersonen eingesetzt, um einen Konflikt oder ein Problem möglichst schnell zu beseitigen, aber sie führen meistens eher dazu, dass das Problem nur kurzfristig und einseitig gelöst wird. Derartige Beziehungsblocker sind beispielsweise Aussagen, die Schüler herabsetzen, als dumm hinstellen oder sie auch vor anderen Schülern in gewisser Weise lächerlich machen. Es gibt sie in »milder Form«, aber auch als sehr massive Aussagen, die zu starken Kommunikationsstörungen führen können.

4.2 Feedback geben und auf Schülerseite initiieren

Klaus Zierer im Interview mit John Hattie (aus: Friedrich Jahresheft, 2019, S. 6 f.)

Klaus Zierer (K. Z.): John, du hast viele Jahre damit verbracht, Feedback und seine Auswirkungen auf die Leistung der Schülerinnen und Schüler zu untersuchen. Bitte beschreibe kurz deine wissenschaftliche Reise.
John Hattie (J. H.): Seit den 1980er-Jahren, als sich Feedback auf der Skala der wirkmächtigen Erfolgsfaktoren langsam aber sicher nach oben schob, hat mich dieses Thema fasziniert. Bei einem Vortrag an der Universität von Hongkong

> wurde ich gefragt, was ich unter Feedback verstehe – so begann die Reise. Die Faszination war, dass Feedback im Durchschnitt stark war, aber ein Drittel des Feedbacks kann negativ wirken: Ein- und dasselbe Feedback kann in der einen Situation positiv und in der anderen Situation negativ wirken. Unser Ziel war es, dieses Paradoxon aufzulösen, und wir haben uns auf den Weg gemacht. Heute sind wir überzeugt davon, dass wir ein tieferes Verständnis von erfolgreichem Feedback haben.
> [...]
> K. Z.: [...] eine deiner Kernaussagen [ist]: Wichtiger als das Feedback, das ich gebe, ist das Feedback, das der Lernende erhält.
> J. H.: Ja, das war der Durchbruch – denk bitte daran, wie viel Rückmeldung du als Schüler erhalten hast. Menschen lernen, sehr selektiv zuzuhören. Sie wissen zum Beispiel, wenn der Lehrer allen Schülerinnen und Schülern Feedback gibt, geht es nicht um mich; sie wissen, dass Feedback Aufwand nach sich zieht, da sie die Arbeit vielleicht noch einmal machen müssen und damit mehr tun müssen, und so wissen sie, dass es ein Vorteil sein kann, nicht zuzuhören.

Dieser Interviewausschnitt macht erstens deutlich, dass Feedback auch negativ wirken kann, und zweitens, dass Feedback durchaus nicht immer erwünscht ist. Und dies kann einen Teufelskreis zur Folge haben: Zeigen sich die Schüler desinteressiert an Feedback, dann schwindet die Motivation der Lehrkraft, weiterhin Feedback zu geben. Ursache und Wirkung sind auf kurz oder lang nicht mehr identifizierbar. Ein offenes und ehrliches gegenseitiges Feedback will gelernt sein.

4.2.1 Grundlagen zu Feedback

Die Entwicklung einer Feedbackkultur ist ein Desiderat heutigen Unterrichtens. Der Lehrkraft als Führungskraft kommt hier eine Schlüsselfunktion zu.

Im Folgenden beziehe ich mich auf eine Synopse des aktuellen Forschungsstandes über Feedback von Haag und Götz (2019). Vor allem wird herausgearbeitet, wie Feedback zu positiven Wirkungen führen kann. Wenn auch in Hatties Metaanalyse zum gelingenden Lernen Feedback mit einer Effektstärke von d = .73 eine große Bedeutung zukommt, zeigen sich in einem Drittel der untersuchten Studien auch negative Effekte von Feedback (Hattie, 2009; 2013).

Unter *Feedback* wird eine bewusste, auf Daten basierende Rückmeldung an eine Person bzw. Personengruppe zu deren vorherigem Verhalten verstanden.

Diese Definition ist so allgemein gehalten, dass Feedback auf alle Aspekte unterrichtlichen Handelns anwendbar ist. Denn es fällt auf, dass Unterrichtsfeedback in der Literatur primär in Zusammenhang mit Leistung behandelt wird. Gut belegt ist, dass das Einholen von Feedback zu einer Steigerung der Unterrichtsqualität führt. Es sind Ziele, Inhalte, Methoden, Medien, Raum und Zeit, die darüber entscheiden, ob Lehren erfolgreich ist und Lernen gelingt. Insofern lohnt es sich, Lernende zu diesen Aspekten um Rückmeldung zu bitten und daraufhin den eigenen Unterricht zu reflektieren (vgl. Wisniewski & Zierer, 2018). Beide Autoren sehen einen weiteren Grund Feedback einzuholen im Beitrag zur Lehrergesundheit.

Feedback kann einen wesentlichen Beitrag zur Gesundheit von Lehrerinnen und Lehrern leisten. Enns u. a. (2004) konnten nachweisen, dass Lehrerinnen und Lehrer, die in ihrer Berufspraxis regelmäßiges Feedback einholen,

- das Gefühl haben, als Lehrkraft bestärkt zu werden,
- an Sicherheit gewinnen,
- eigene Schwachpunkte relativieren,
- Arbeitspartnerschaften etablieren,
- eine forschende Haltung im Unterricht etablieren,
- Offenheit und Sensibilität entwickeln,
- ihre Arbeitszufriedenheit erhöhen,
- Stressfaktoren abbauen,
- Selbstwirksamkeit erleben und
- von Anerkennung und Bestärkung profitieren.

Feedback ist also kein belastender, sondern ein entlastender Faktor für Lehrerinnen und Lehrer. Wie das Anfangsbeispiel zeigt, wirkt sich ein nicht gegebenes Feedback auf die emotionale Befindlichkeit beider Seiten aus. Das Thema Feedback und Emotionen ist in der Literatur weitgehend unterbelichtet.

Feedback und Emotionen

Es lassen sich zwei Arten von Emotionen unterscheiden: Einmal geht es um Emotionen, die durch das Feedback ausgelöst werden, wie bspw. Stolz auf eine gut erbrachte Leistung, zum anderen um Emotionen, die beim Austausch mitschwingen. Ein gezeigter Ärger kann dahingehend gedeutet werden, dass der Geber einfach mehr von mir erwartet hat, was zu einer Steigerung des Selbstkonzepts führen kann, umgekehrt kann ein gezeigtes Mitleid zu der Annahme führen, dass der Geber von mir nicht viel erwartet, was wiederum zu einer Abnahme des eigenen Fähigkeitsselbstkonzepts führen kann.

Heute gilt als gesichert, dass positives Feedback mit positiven Emotionen zusammenhängt und umgekehrt. Beide Konstrukte bedingen sich gegenseitig. Götz, Lipnevich, Krannich und Gogol (2018) stellen in einem Übersichtsartikel die gegenseitigen Bedingungseffekte dar. Doch vor Verallgemeinerungen muss gewarnt werden. Das Feedback-Emotionen-Gefüge hängt von einer Reihe von Moderatoren und Mediatoren ab: Während ein Moderator als eine Drittvariable auf die Stärke der Beziehung zwischen Feedback und Emotionen Einfluss nimmt, wird die konkrete Beziehung zwischen Feedback und Emotionen durch eine vermittelnde Variable, den Mediator, erklärt.

Folgende Moderator-Variablen sind zwischen Feedback und Emotionen empirisch nachgewiesen:

- Persönlichkeitsvariablen wie
  - emotionale Instabilität (instabile Menschen reagieren in der Regel mit mehr Angst auf negatives Feedback.)

- Feedback-Sucher (sie reagieren auf konstruktives Feedback eher mit Freude und umgekehrt auf negatives Feedback weniger mit Angst und Ärger als Feedback-Vermeider.)
- Metakognitionen (ein Reflektieren emotionaler Reaktionen, die auf negatives Feedback folgen, kann negative Emotionen reduzieren.)
- Emotionsregulation: Neubewertungen nach erhaltenem negativem Feedback führen zu konstruktivem Handeln.
- Zweck von Feedback: Negative emotionale Reaktionen fallen bei einem aufgabenbezogenen Feedback geringer aus als eines, das sich auf das Selbst bezieht.

Als Mediatoren gelten:

- Kognitive Bewertungen: Positives Leistungsfeedback erhöht das Selbstkonzept und intrinsische Motivation. Beide Konstrukte wiederum wirken sich positiv auf Emotionen aus. Wenn auf eine schwache Schülerleistung ein ermutigendes Lehrerfeedback folgt, erhöht das die Einschätzung der Wichtigkeit von Leistung, was wiederum zu sowohl höherer Freude als auch Angst führen kann. Gut gemeintes positives Feedback kann also auch zu negativen Emotionen führen, wenn dadurch der Wert von Leistung zu stark thematisiert wird.
- Unterschiedliche Leistungsziele: Ein Feedback, das sich an der individuellen Bezugsnorm orientiert, führt zu förderlichen Leistungszielen (z. B. Lernen um der Sache willen), was wiederum positive Emotionen wie Hoffnung und Stolz bewirkt.

Grundvoraussetzungen für die Wirkungsweise von Feedback

Damit Feedback effektiv sein kann, müssen modellübergreifend drei Aspekte als Grundvoraussetzungen gegeben sein: 1. Der Lerner braucht und will Feedback, 2. der Lerner erhält das Feedback zu der Zeit, zu der er es braucht und will, und 3. der Lerner ist in der Lage und bereit das Feedback zu nutzen.

Prominent geworden sind die beiden Feedbackmodelle von Narciss (2006) und Hattie und Timperley (2007), beide werden ergänzt um ein interaktionales Rahmenmodell (Strijbos & Müller, 2014).

Strijbos und Müller beziehen sich bei ihrem interaktionalen Rahmenmodell auf das Kommunikationsmodell von Schulz von Thun. Da es sich bei Feedback immer um eine Sender-Empfänger-Interaktion handelt, wird hier auf die mögliche Inkongruenz von gesendeter und empfangener Feedback-Botschaft hingewiesen. Bei einem Feedback werden vier Botschaften übermittelt, die der Empfänger aufnimmt. Zu diesem Sachverhalt gilt Tabelle 6.

Vom Feedback-Geber gehen sachliche Beobachtungen aus, ebenfalls schwingen Äußerungen über ihn selbst mit, bewusst oder unbewusst enthält die Botschaft Hinweise, wie es um die gegenseitige Beziehung steht, und im Feedback können Handlungsaufforderungen an den Empfänger enthalten sein. Umgekehrt erfährt der Empfänger gleichsam als Ohr den erwünschten Inhalt, doch darin ist auch enthalten, wie es dem Geber gerade geht, was mit ihm los ist (Selbstoffenbarung). Das »Ohr«

signalisiert auch, wie sich der Empfänger behandelt fühlt (Beziehung) und was von ihm erwartet wird (Appell).

Dieses Rahmenmodell wird dadurch in der Schule relevant, dass es den Status des Feedbackgebers und -empfängers zu berücksichtigen gilt. In einer vertikalen Sender-Empfänger-Konstellation, wie sie in der Schule das Lehrer-Schüler-Verhältnis darstellt, zeigt sich das hierarchische Ungleichgewicht in mehrfacher Weise: Schülerinnen und Schülern dürfte es eher schwerfallen, sich offen gegen eine Lehrerrückmeldung auszusprechen, sie dürften weniger freiwillig nach Feedback fragen und möglicherweise trauen sie den Lehrkräften nicht so recht, die sie mit ihrem Feedback ja unterstützen wollen.

Wirkungsfaktoren von Feedback

Wie bereits oben ausgeführt, kommt es darauf an, die Faktoren zu identifizieren, die für eine positive Wirkung verantwortlich sind. Die Effektivität von Feedback hängt u. a. von der Aufgabenart, der Feedbackart und den individuellen Lerner-Voraussetzungen ab. Diese Aspekte sollten aufeinander abgestimmt sein, damit sich der Informationsgehalt des Feedbacks maximieren kann.

- *Aufgabenart*
  Hierbei ist die Wirkung vom Zeitaspekt der Rückmeldung abhängig. Unmittelbare Rückmeldung ist sinnvoll bei Aufgaben, die deklaratives und prozedurales Wissen beinhalten, aufgeschobene bei Aufgaben, die eher Transfer- und Konzept-Wissen verlangen. Doch für fortgeschrittene Lerner gelten diese Beziehungen nicht, sie profitieren bei eher leichten Aufgaben von aufgeschobenem Feedback, während Anfänger gerade bei schwierigen Aufgaben von unmittelbarem Feedback mehr profitieren.
- *Feedbackart*
  Über die Art von Feedback liegen folgende gesicherte Befunde vor:
  – Spezifisches und klares Feedback gilt als allgemeine Richtschnur, doch es darf nicht zu lang und komplex sein, ansonsten kann darunter die Aufmerksamkeit leiden.
  – Generell wird bestätigendes oder positives Feedback eher akzeptiert als kritisches.
  – Kontrollierendes Feedback kann effektiv sein, wenn es die notwendigen Informationen zur Korrektur der jeweiligen Performanz beinhaltet. Doch wenn es Druck ausübt, beeinträchtigt es die intrinsische Motivation.
  – Elaborierte Rückmeldungen weisen in der Regel eine höhere Lernwirksamkeit aus als einfache. Dies hängt jedoch vom Zeitpunkt des Lernens und dem Komplexitätsgrad der Aufgabe ab. Bei komplexen Aufgaben, in denen es nicht um bloße Wiedergabeleistung geht und zu denen wenig Vorwissen vorliegt, ist elaboriertes Feedback sinnvoll. Doch bei zunächst einfachen Aufgaben und bei reinem Faktenwissen kann eine Ja-/Nein- oder Richtig-/Falsch-Antwort genügen. Dies bedeutet, dass sich ein Mehr an Informationen nicht immer als effektiver erweisen muss.

- Die Rückmeldung muss so gestaltet sein, dass eine Passung zwischen den Zielen und der Erwartung, dass sie auch zu erreichen sind, besteht.
- Lerner-Voraussetzungen
  - Kognitive: In Interaktion mit den soeben referierten Befunden sind die Wirkungen je nach Leistungsstärke der Schülerinnen und Schüler unterschiedlich:

Tab. 8: Feedback bei leistungsstärkeren und leistungsschwächeren Schülern (Haag & Götz, 2019, S. 16)

	Eher leistungsstärkere	Eher leistungsschwächere
Zeit	aufgeschoben	unmittelbar
Hinweise	herausfordernd	konkret, direktiv
Hilfen	das eigene Tempo berücksichtigend	eher eng geführt, strukturiert

  - Motivationale: Gerade Rückmeldungen an leistungsschwächere Schülerinnen und Schüler sollten sich an einer individuellen Bezugsnorm (Vergleich mit der eigenen vorausgehenden Leistung) und nicht an einer sozialen orientieren. So können sie sich an ihrem eigenen Fortschritt orientieren.
    Je mehr die Lernenden den Nutzen einer Rückmeldeinformation erkennen, desto motivierender und leistungsförderlicher ist die Rückmeldung. Dies trifft besonders bei Schülerinnen und Schülern mit niedriger Selbstwirksamkeit, jedoch hohem Interesse zu.
  - Selbstregulation: Zunächst ist zwischen internem und externem Feedback zu unterscheiden. Sich selbst Feedback zu geben, stellt eine hohe Anforderung für den Lerner dar. Es wird durch einen Monitoring-Prozess des eigenen Handelns gleichsam in einem »inneren Dialog« selbst erzeugt. Wird einem Lerner externes Feedback gegeben, kann dieses das interne Feedback bestätigen oder ihm widersprechen. Der Feedbackempfänger nimmt durch Abgleich von internem und externem Feedback eine aktive Rolle bei der Verarbeitung der Rückmeldung ein. Selbst-Regulationsprozesse sind dafür verantwortlich, wie das Feedback aufgefasst wird. Und diese müssen bei den Schülerinnen und Schülern von der Lehrkraft angeleitet werden.
- Hindernisse
  Wie oben angedeutet, wirkt Feedback nicht per se. Hierfür gibt es verschiedene Erklärungen.
  - Bei mangelndem Vorwissen oder unzureichender Verarbeitungstiefe kann es dazu kommen, dass Feedback ignoriert, zurückgewiesen, als irrelevant betrachtet oder reinterpretiert wird.
  - Bei nicht vorhandenem Interesse und ohne metakognitive Voraussetzungen wird es eher rezeptiv von Schülerseite aufgenommen, anstatt dass es zu einer Änderung der Arbeitsweise genutzt wird.
  - Feedback kann einen Lerner, der gerade aktiv im Problemlöseprozess engagiert ist, stören und so Lernen verhindern.

- Feedback kann dann hinderlich sein, wenn es dazu führt, dass Lerner nicht mehr selbst kognitiv aktiv werden müssen. Dieses wäre der Fall, wenn Antworten durch Feedback gegeben werden, bevor der Lerner selbst danach im Gedächtnis suchen konnte, oder wenn die Feedbackbotschaft nicht zu den kognitiven Bedürfnissen der Lerner passt (also zu einfach, zu komplex etc. ist).

4.2.2 Feedback initiieren

Wenn Führung auch beinhaltet, Verantwortung abzugeben und zu delegieren, dann ist Feedback eine ideale Maßnahme, um die Schüler im Klassenzimmer verantwortungsbewusster in ihren eigenen Lernprozess und -fortschritt einzubinden. Und gut angeleitet, kann es akzeptierter und wirksamer sein, als wenn es von einer Lehrkraft kommt (vgl. im Folgenden: Streber, 2019).

Wirkung von Schüler-Schüler-Feedback

In der Literatur gibt es eine Debatte darüber, ob es überhaupt sinnvoll ist, dass Peers Feedback geben. Dabei sollte man die Ergebnisse berücksichtigen, die über die Validität von Schülerurteilen vorliegen. Zusammenfassend lässt sich konstatieren, dass es keinen Grund gibt, an der Validität von Schüleräußerungen zu zweifeln (vgl. Ditton, 2002). Sacher (2014) führt gute Gründe für eine Selbstbeurteilung von Schülerinnen und Schülern untereinander an. Auf Feedback übertragen sind dies vor allem:

1. Eine stärkere Einbeziehung der Lernenden entspricht demokratischen Grundsätzen.
2. Es kann schneller geschehen als über den Lehrerumweg.
3. Die Lernenden lernen ihre eigene Struktur der Leistungserbringung kennen.
4. Die Wahrnehmung, auch schon für kleine Lernfortschritte, wird geschärft.
5. Die Metakognitionen, d. h. das Wissen über die eigenen Lernprozesse, werden gefördert.
6. Die Beziehung zu den eigenen Arbeiten wird verbessert.
7. Bei den Lernenden werden realistische Überlegungen über ihr Lernen angeregt.
8. Das Machtgefälle zwischen Lehrkräften und Lernenden wird reduziert.

Die Tatsache, dass es keine Machtunterschiede aufgrund eines unterschiedlichen Status gibt, ist von zweierlei Bedeutung:

1. Schülerinnen und Schüler fühlen sich autonomer, als dies bei einem Lehrerfeedback der Fall ist. Letzteres kann eher zu einem passiven und unselbstständigen Lernverhalten führen, wie die Interessenforschung belegt.
2. Umgekehrt präferieren Schülerinnen und Schüler auch Rückmeldungen von Lehrkräften, da sie ihre Mitschülerinnen und Mitschüler als weniger kompetent einschätzen. Sie sind eher skeptisch gegenüber deren Urteilskraft, was dazu führt, dass sie diese Urteile weniger internalisieren.

Ergebnisse zu Peerfeedback sind spärlich, folgende Befunde liegen bisher vor (vgl. Strijbos, Narciss & Dünnebier, 2010):

- Was die Akzeptanz Gleichaltriger untereinander betrifft, wird Peerfeedback von einem kompetenten Partner eher angenommen. Gleichzeitig ist ein solches Feedback auch eher bedrohlich für das eigene Selbst. Was jedoch die Effektivität angeht, gibt es, entgegen der gängigen Meinung, keine Unterschiede zwischen einem mehr oder weniger kompetenten Feedbackgeber.
- Peerfeedback ist besonders erfolgreich, wenn beide Partner das gleiche Level von Selbstregulation und Empathie haben.
- Peerfeedback wird dann eher akzeptiert und ist wirksamer, wenn Aufgaben angeboten werden, die mehrere Lösungswege und auch Fehlkonzepte beinhalten.
- Ein anonymes Feedback, z. B. von irgendwem in der Klasse, wird nicht so positiv wahrgenommen wie eines von einer bestimmten Mitschülerin oder einem bestimmten Mitschüler.
- Die Qualität des Feedbacks ist abhängig von der Art der Aufgaben. Hierfür mag repräsentativ das Ergebnis folgender Studie (Strijbos & Müller, 2014) stehen: Peers bezogen sich bei ihrem Feedback zu erstellten Texten eher auf einzelne Aspekte der Aufgabe und weniger auf die Gesamtleistung. Sie gaben eher oberflächliche Rückmeldungen zu Fehlern bei Rechtschreibung und Grammatik als inhaltliche Rückmeldungen zu Tiefenstrukturen eines Textes.

Als Folgerung aus den vorliegenden Befunden muss gelten: Peerfeedback ist spezifischer und relevanter, wenn Schülerinnen und Schüler darin angeleitet werden.

Anleitung zum Schüler-Schüler-Feedback

Die Peer-Tutoring-Forschung macht deutlich, wie wirksam ein angeleitetes Lernen in Tandems sein kann (Haag, 2014). Dabei ist die Frage nach der Zusammensetzung der Lernpartner weniger von Bedeutung. Also sollte auch jede Mitschülerin und jeder Mitschüler als Feedbackpartner in Frage kommen. Grundsätzlich geht es um zwei Aspekte: Die Lernenden sollen sowohl angemessene Formen der Rückmeldung kennen, indem sie sachbezogen und nicht personenbezogen urteilen, als auch Kriterien für das zu erbringende Produkt kennen.

Folgende Anleitungsregeln für Schüler-Schüler-Feedback sind sinnvoll:

- Rückmeldungen sind eindeutig zu formulieren.
- Jede positive Antwort ist lobend zu bestätigen.
- Die erreichten Lernfortschritte können protokolliert werden (in Tabellen und Lernkurven).
- Es sind die Fähigkeiten des Sprechens und Zuhörens zu entwickeln. Dabei kann die Lehrkraft als Vorbild dienen.
- Der Unterschied zwischen den drei Ebenen der Aufgabe, des Prozesses und der Selbstregulation muss deutlich gemacht werden.

Eine entscheidende Gelingensbedingung ist der Aufbau von Qualitätskriterien für eine Leistung. Diese Kriterien müssen gemeinsam mit Lehrkräften und Lernenden erarbeitet werden. Dann dürfte auch die Angst unbegründet sein, die Lernenden würden sich selbst nur positiv sehen. Neben dem Aufbau von Kompetenz ist auch die Haltung mitzuberücksichtigen. Es besteht die Gefahr, aus Rücksicht gegenüber einem Freund unehrlich zu sein und nicht zu sagen, was er nicht weiß. Ebenfalls kann es sein, dass sich aufgrund von Gruppenzwängen Schülerinnen und Schüler nicht trauen, ihre Meinung offen zu sagen, gerade nicht gegenüber sog. Wortführern.

Eine Form von Peerfeedback ist auch das Selbstfeedback. Dabei müssen Selbstregulation und Monitoring angeleitet werden, um sich entsprechend bei der Arbeit beobachten und evtl. nachjustieren zu können, d. h. eigene Ziele zu modifizieren.

Formen von Feedback

Damit Feedback gelingen kann, muss es ökonomisch einsetzbar sein. Hier werden zwei Einsatzarten aufgezeigt:

- Bei Leistungsabfragen können sich Banknachbarn direkt Feedback geben. Der Vorteil einer sofortigen Rückmeldung wird bei einfachen Abfragen deutlich, z. B.: Die Lehrkraft bittet die Klasse, die gelernten und wiederholten Englischvokabeln der letzten Woche gegenseitig abzufragen. Die Schülerinnen und Schüler schreiben aus dem Buch zehn Vokabeln auf einen Zettel und lassen diesen anschließend vom Sitznachbarn ausfüllen. Anschließend korrigieren sie gegenseitig ihre Zettel und versehen sie zusätzlich mit einer Bemerkung, wie z. B.: »Ups, wenn ich heute der Lehrer gewesen wäre, hättest du auch nur ein ›ungenügend‹ erhalten.« oder: »Super, klasse, du bist spitze!« Dieses Procedere ist auch in mündlicher Form möglich und selbstverständlich auch in anderen Fächern, so können auch Matheaufgaben gegenseitig gestellt und das Ergebnis rückgemeldet werden.
- Nach einer erfolgten Gruppenarbeit kann die Gruppe ihr Arbeitsverhalten reflektieren. Anschaulich und deutlich kann anhand einer Kurzskala (▶ Tab. 9) jedes Gruppenmitglied festhalten, wie es sich eingebracht hat. Anschließend können die Gruppenmitglieder die Ergebnisse gemeinsam besprechen. Der Vorteil liegt darin, dass sie im Nachhinein nicht aufeinander »losgehen«, sondern ihr eigenes Verhalten in die Analyse miteinbringen.

Tab. 9: Rückmeldung »Gruppenarbeit« (Streber, 2019, S. 83)

Arbeitsweise	
Ich habe mich für die Aufgabe interessiert.	☺ 😐 ☹
Ich habe mich angestrengt.	☺ 😐 ☹
Ich habe mich konzentriert.	☺ 😐 ☹
Ich habe sorgfältig gearbeitet.	☺ 😐 ☹
Ich habe die Gruppenregeln beachtet.	☺ 😐 ☹

Tab. 9: Rückmeldung »Gruppenarbeit« (Streber, 2019, S. 83) – Fortsetzung

Gespräch	
Ich habe zugehört.	☺ 😐 ☹
Ich habe andere ausreden lassen.	☺ 😐 ☹
Ich habe freundlich gesprochen.	☺ 😐 ☹
Ich habe meine Meinung gesagt.	☺ 😐 ☹
Ich habe meine Meinung begründet.	☺ 😐 ☹

4.3 Humor als Breitbandtherapeutikum in einer Klasse

Dem Lehrer einen Streich zu spielen, gehört zum Verhaltensrepertoire von Schülern. »Wie wird unser Lehrer wohl jetzt reagieren?« oder »So haben wir wieder etwas Unterrichtszeit erspart bekommen.« mögen zwei klassische Motive auf Schülerseite sein. Freilich mögen beide Seiten, Lehrer wie Schüler, nicht immer das Gleiche unter einem »Streich« verstehen. Doch wie ein Lehrer darauf reagiert oder auch nicht, hängt von der eigenen Persönlichkeit ab. Humor jedenfalls ist ein Mittel. Die Frage, wann Humor ein probates Mittel sein kann oder nicht, muss in jedem Einzelfall gestellt werden.

In Deutschland ist die Stiftung »Humor hilft heilen« bekannt geworden, die der Fernsehmoderator und Mediziner Eckart von Hirschhausen ins Leben gerufen hat (http://www.humorhilftheilen.de/stiftung/). Diese hat sich zum Ziel gesetzt, das therapeutische Lachen zu fördern, wo immer es gebraucht wird, und das ist überall: in der Medizin, der Arbeitswelt und der Öffentlichkeit. Auf der Homepage beantwortet von Hirschhausen häufig gestellte Fragen. Auf die Frage »Sollte jeder Arzt einen Clown-Kurs machen?« antwortet er:

> »Unbedingt. Für die Atmosphäre auf Station untereinander und für die Beziehung zu kleinen und großen Patienten spielt Humor und Spontaneität eine große Rolle. Viel davon lässt sich lernen und üben. Es geht nicht darum, sich zu verstellen – im Gegenteil. Die Wahrheit und die Situation sind oft viel komischer, wenn man sich traut damit umzugehen. Humor heißt nicht, sich und den anderen nicht ernst zu nehmen. Sondern den Stress, der natürlich dort herrscht, wo Menschen unter bedrohlichen Umständen zusammen kommen, erträglich zu machen.«

Wenn man diese geschilderte Situation auch nicht eins zu eins auf die Schule übertragen kann – hier kommen Menschen hoffentlich nicht unter bedrohlichen Umständen zusammen –, so sei doch die Frage erlaubt, ob diese von Hirschhausen geäußerten Gedanken nicht auch für die Schule/das Klassenzimmer gelten. Er spricht von der Atmosphäre, im schulischen Kontext spricht man vom lernförderlichen Klassen- bzw. Unterrichtsklima. Unterrichtsklima gehört in den Kernbereich von

Schule (Eder, 2002), bei dem eine Lehrkraft mit Blick auf ein bestimmtes Unterrichtsfach in einer konkreten Lerngruppe Lehr-Lernleistungen initiiert und zum Erfolg führt. Dabei folgt sie allen Prinzipien, welche das Lehrer-Schüler- sowie das Schüler-Schüler-Verhältnis positiv beeinflussen, nämlich: wechselseitig angelegter Respekt, Freundlichkeit im Umgangston, Toleranz, Humor sowie persönliche Herzlichkeit und Wärme. Es gehört daher zur Planungspflicht von Unterricht, mit welchen Mitteln und in welchen Kontexten die angedeuteten Prinzipien in das Unterrichtsgeschehen eingebracht werden können. Bei dem Begriff Unterrichtsklima geht es weniger darum, wie Lernumwelten wirklich sind, sondern wie sie von den Betroffenen wahrgenommen und erlebt werden.

Nach Eder (2011) werden folgende Komponenten als Ausdruck eines positiven Lernklimas angesehen:

- ein durch Wertschätzung, Unterstützung, Fürsorglichkeit und Gerechtigkeit geprägter kooperativer Umgang der Lehrkräfte mit den Schülern
- ein von Vermittlungsqualität, Abwechslung, Offenheit, Mitwirkungs- und Selbsttätigkeitsmöglichkeiten geprägter Unterricht
- eine durch Regelklarheit, Aufgabenorientierung und Disziplin geprägte Klassenführung
- positive soziale Beziehungen der Schülerinnen und Schüler untereinander
- kooperative, aktive, eigenständige und partizipative Arbeit der Schülerinnen und Schüler an den Lernaufgaben.

Eine Synopse bisheriger Studien zum Humor zeigt, dass Humor von Lehrkräften einen Einfluss auf die Bewertung ihrer Attraktivität und Unterrichtsgestaltung durch die Schüler hat (Rißland, 2002). Und bei hier positiv beurteilten Lehrkräften arbeiten Klassen motivierter mit – Grund genug, sich mit Humor in der Schule näher zu beschäftigen.

Salzmann benennt in seinem »Ameisenbüchlein oder Anweisung zu einer vernünftigen Erziehung der Erzieher« (1806) als zweite Forderung »Sei immer heiter« (vgl. im Folgenden: Arnhardt, Hofmann & Reinert, 2000, S. 168). Heiter gilt wie humorvoll als Synonym für unernst. »In einer heiteren Stunde ist man unter seinen Zöglingen allmächtig«, so Salzmann. Mit Heiterkeit ist nicht eine scherzhafte Laune gemeint, sondern sie muss auf einer fest begründeten Welt- und Lebensanschauung beruhen. Für Salzmann ist sie eine für Erziehung gedeihliche Grundstimmung.

Als »Humores cardinales« (Hauptsäfte) bezeichnete man in der Antike die vier Körperflüssigkeiten Blut, Schleim, schwarze, gelbe Galle. Der Begriff wird Hippokrates von Kos (5./4. Jh. v. Chr.) zugeschrieben. Der Arzt Galen (2./3. Jh. n. Chr.), ein vorwiegend in Rom tätiger griechischer Arzt, verknüpfte diese Flüssigkeiten mit der Lehre von den vier Temperamenten. Je nach der Dominanz einer der Flüssigkeiten bilde sich das damit verbundene Temperament (sanguinisch, phlegmatisch, melancholisch, cholerisch).

Diese Etymologie des Wortes *Humor* verweist auf das Angeborene, ein relatives stabiles Persönlichkeitsmerkmal. Von körperlichen Säften hat sich ein Bedeutungswandel auf eine konstante Charaktereigenschaft vollzogen. Ende des 16. Jahrhunderts fand der Begriff Zugang zum Begriffsfeld der Komik. Im 18. Jahrhundert erhielt der Begriff *Humor* die positive Konnotation, die er heute noch besitzt, als »Fähigkeit und Bereitschaft, auf bestimmte Dinge heiter und gelassen zu reagieren; gute Laune, fröhliche Stimmung« (Duden, 2020). Damit setzt sich Humor klar von anderen Begriffen wie Witz, Ironie, Satire und Sarkasmus ab. Im Gegensatz zum Deutschen wird in der angloamerikanischen Forschung Humor als Sammelbegriff für alle Konzepte aus dem Bereich des Komischen verwendet.

Im deutschsprachigen Raum hat sich Rißland (2002) in einer Studie mit Humor und seiner Bedeutung für den Lehrerberuf wissenschaftlich auseinandergesetzt. Die folgenden theoretischen Ausführungen sind dieser Studie entnommen.

4.3.1 Komponenten von Humor

Rißland schlägt ein Modell nach Nevo, Aharonson und Klingman (1998) vor, in dem fünf Komponenten humorvollen Erlebens und Verhaltens unterschieden werden. Dies ist deshalb interessant, als sich der Schwerpunkt von Humor im Unterricht klarer eingrenzen lässt.

Tab. 10: Fünf-Komponenten-Modell humorvollen Erlebens und Verhaltens (vgl. Rißland, 2002, S. 24 f.)

Motivationale Komponente	Um Humor einzusetzen, muss die nötige Motivation vorhanden sein: • eine positive Einstellung gegenüber dem Nutzen und Sinn für Humor • ein Bewusstsein der Bedeutung von Humor
Kognitive Komponente	Notwendig ist ein gewisses Repertoire an humorvollen Begriffen sowie ein Wissen über Humortechniken: • Fähigkeit zum Perspektivenwechsel • Fähigkeit, gedankliche Wechsel zu vollziehen • breites Repertoire an humorigen Erinnerungen • Erfahrungen mit Humortechniken wie Wortspielen
Emotionale Komponente	Bei dieser Komponente geht es um die Fähigkeit, die Realität mal zu vergessen: • Fähigkeit, emotionale Wechsel zu vollführen • Fähigkeit, unterschiedliche Emotionen wie Freude oder Ärger mithilfe von Humor auszudrücken • Fähigkeit, über sich selbst zu lachen • Fähigkeit, Humor in stressauslösenden Situationen einzusetzen
Soziale Komponente	Es geht darum zu wissen, in welchen Situationen Humor angemessen ist: • Sensibilität für soziale Normen, Strukturen, Stereotype und Situationen, in denen Humor angemessen oder unangemessen ist • Fähigkeit, Humor in interpersonalen Situationen einzusetzen
Verhaltenskomponente	Humor muss auch wahrgenommen und produziert werden können: • Fähigkeit, Humor zu produzieren und zu verstehen • Tendenz zu lachen, lächeln und Humor zu genießen

Gerade die soziale Komponente ist im Unterricht von Bedeutung. Bei Humor handelt es sich um eine verbale Kommunikationsform, die es auf zweifacher Weise zu beherrschen gilt:

1. Humor seitens der Schüler mag nicht gleich als solcher rüberkommen, doch ist die Intention erkannt, gilt es ihn zu genießen, die Schüler zu ermutigen, ihn weiterhin einzusetzen. Es kann schon mal vorkommen, dass ein gemeinter Humor »danebengeht« und seitens der Lehrperson als Beleidigung etc. gewertet wird. Da gilt ein genaues Hinhören im Sinne der vier Ohren nach Schulz von Thun (▶ Kap. 4.1), bevor man sich verletzt fühlt und inadäquat reagiert.
2. Genauso gilt es umgekehrt: Der Einsatz muss auf adäquate Art und Weise erfolgen, sodass auch die Schüler Gutgemeintes nicht falsch interpretieren, sozusagen in den falschen Hals bekommen.

Doch es muss betont werden, dass Lehrerhumor nur als Breitbandtherapeutikum in einer Klasse wirken kann. Ein Kind, das generell unfähig ist, etwas Heiteres zu spüren, oder auch zu Depressivität neigt, dürfte nur schwerlich bei humorvollen Lehreräußerungen etwas Heiteres spüren.

4.3.2 Funktionen von Humor

Rißland (2002, S. 53) stellt in einer Tabelle Funktionen von Humor im schulischen Bereich zusammen. Dabei stützt sie sich u. a. auf Befunde, wie sie Powell und Anderson bereits 1985 zusammengetragen haben (▶ Tab. 11).

Natürlich muss man auch die negativen Wirkrichtungen von Humor sehen, da diese jedoch nicht zielführend sind, werden sie hier nur benannt. Humor kann herabsetzend, verletzend sein, kann ein Mittel zur Demonstration von Macht sein, kann mangelnde Ernsthaftigkeit dem Anderen gegenüber ausdrücken.

Im Zusammenhang mit Klassenführung muss zweierlei hervorgehoben und betont werden:

1. Zur gezielten Förderung von Lernprozessen ist Humor ein probates Mittel – natürlich kein Allheilmittel. Humor kann zu einem positiven Klassenklima beitragen, das sich wiederum auf erwünschte Leistungseffekte positiv auswirkt.
2. Klassenführung ist stets mitverantwortlich für ein gesundheitsbetontes Arbeiten. Und Humor als ein Baustein von Klassenführung muss als Kompetenz und als Ressource gelten, die bei der Auseinandersetzung mit beruflichen Anforderungen und Belastungen zur Verfügung steht.

Tab. 11: Funktionen von Humor im schulischen Bereich (Rißland, 2002, S. 53)

Lehrperson	• Kommunikationsmittel • Bewältigungsstrategie: Prävention von Burnout, Protektor gegen Stress • schafft größere innere Gelassenheit und Distanzierungsfähigkeit • fördert die Arbeitszufriedenheit und Motivation • generell: positiver Einfluss auf die Gesundheit
Klassenklima	• schafft ein offenes, angstfreies Klima • fördert den Klassenzusammenhalt • Abbau von Spannungen
Kollegium	• Stärkung des Teamgeistes • sorgt für ein offenes Gesprächsklima • fördert die Kommunikation • Abbau von Spannungen • trägt zur Konfliktbewältigung bei • begünstigt die Gleichwertigkeit der Kollegen
Schüler	• erhöht Aufmerksamkeitsleistungen • fördert Lernprozesse • begünstigt Kreativität und divergentes Denken • erhöht die Motivation
Schule	• fördert die Identifikation mit der Schule • macht Schule menschlicher

Aus der Salutogeneseforschung (vgl. Antonovsky, 1997) oder auch Stressforschung (vgl. Lazarus, 1981) ist bekannt, dass Humor hilft, gegenwärtige Probleme als Herausforderung zu sehen und innovative Lösungen dafür zu finden. Humor hilft, die Dinge aus einem anderen Blickwinkel zu sehen.

Im Grunde genommen ist der Vater all dieser Ansätze Freud (1905), für den Humor die höchste Abwehrleistung des Menschen ist. »Den kleinen Humor, den wir etwa selbst in unserem Leben aufbringen, produzieren wir in der Regel auf Kosten des Ärgers, anstatt uns zu ärgern« (1940, S. 264). Natürlich ist es einfach zu sagen, »Sei humorvoll«. Kein Mensch kann aus seiner Haut. Die Begründung hierfür gibt das folgende State-Trait Modell.

State-Trait-Modell

Rißland bezieht sich auf ein Temperamentmodell, das von dispositionellen (trait) und situativen Faktoren (state) ausgeht (▶ Tab. 12).

Nach diesem Modell kann ein hoher Wert an Heiterkeit, gepaart mit einem gewissen Grad an Ernst und Abwesenheit von schlechter Laune als Basistemperament für angepasste, positive Formen humorvollen Erlebens und Verhaltens angesehen werden.

Nach diesem Modell ist jedes Individuum ab und zu in heiterer Stimmung, Individuen unterscheiden sich aber in Bezug auf Schwelle, Häufigkeit, Intensität und Dauer des heiteren Zustandes.

Abschließend lässt sich sagen, dass Humor nicht unbedingt zu den wichtigsten Qualitäten einer guten Lehrkraft gehört, aber »like the proverbial grain of salt, it can definitely improve the quality of any elaborate meal« (Ziv, 1988, S. 14). Da unbestritten Schule ein Ort der Selektion und Allokation ist (vgl. Fend, 2006) und damit auch ein Ort, an dem schon mal das Prüfungsunwesen überhandnimmt und damit auch Prüfungsangst ein Begleiter sein mag, kann Humor als ein Antagonist gesehen werden.

Tab. 12: Temperamentmodell nach Rißland (2002, S. 17)

Dispositionelle Faktoren als Trait	Situative Faktoren als State
Temperamentelle Basis: Heiterkeit, Ernst, Abwesenheit von schlechter Laune	Intern: • Stimmungen (Heiterkeit, Ernst, Abwesenheit von schlechter Laune als Zustand) • Psychische und physische Befindlichkeit Extern: Situation (ernst oder ungezwungen)

5 Regulation

Ein heutiges Verständnis von Erziehung zielt darauf ab, dass die Schüler selbstgesteuert und eigenverantwortlich agieren. Erziehung soll also zur Selbsterziehung führen. Wenn in diesem Zusammenhang dann der Begriff der *Regulation* verwendet wird, um Handlungen, Verhaltensweisen, Haltungen und Einstellungen von jungen Menschen verändern zu wollen, dann liegt der Verdacht der Manipulation von außen auf der Hand. Die Prinzipien des klassischen Verstärkungslernens, die seit dem Behaviorismus viel zitiert werden, hätten dann doch ausgedient. Dies wird an den beiden Begriffen *Bestrafung* und *Einsatz von Verstärkern* deutlich:

1. Der Begriff der Bestrafung habe in der Schule nichts zu suchen.
2. Verstärker führten zu Abhängigkeiten, Kinder würden damit nicht von innen heraus lernen, also intrinsisch motiviert zu handeln.

Tatsächlich verzichteten einige Lehrkräfte, als das Gedankengut der humanistischen Psychologie in das Klassenzimmer Einzug hielt, ganz bewusst auf den Einsatz verhaltenstheoretischer Einsichten.

Im Rahmen der Geschichte lernpsychologisch wirksamer Prinzipien, in deren Folge viele Pro- und Contra-Argumente ausgefochten wurden, werden hier zwei nicht wegzudiskutierende Argumente aufgeführt, die für einen wohl wenig schädlichen Einsatz sprechen (vgl. Goetze, 2010, S. 36):

1. Viele Verhaltensweisen sind gelernt, was bedeutet, dass sie auch wiederum modifiziert, geändert werden können.
2. Bei diesem Lernprozess wird Verhalten durch spezifische Reize ausgelöst. Dieser Befund lenkt den Fokus weg von personalen Merkmalen, die erstmals nicht leicht zugänglich sind, hin auf auslösende Umweltbedingungen, die – falls sie wirken – leichter änderbar sind, um erwünschte Verhaltensweisen bei einer Person auszulösen.

Um Einseitigkeiten zu begegnen, geht es in diesem Kapitel sowohl um Regulation über Verhaltensmaßnahmen (▶ Kap. 5.1) als auch um eine Regulation über Änderung des Denkens (▶ Kap. 5.2).

5.1 Regulation über Verstärkungslernen

In der Pädagogik galt Strafe jahrhundertelang als angemessenes Mittel in der Erziehung des Kindes. Zweifel daran wurden selten geäußert. 1973 wurden in der Bundesrepublik Deutschland körperliche Strafen als Erziehungsmittel in den Schulen verboten. Dennoch bleibt im pädagogischen Kontext die Frage der Bestrafung ein Problem und Dauerthema.

Schon von Skinner wurde der Nachteil gesehen, dass Bestrafen negative Gefühle wie Angst oder Wut auslösen und so das Arbeiten in der Schule nachhaltig beeinträchtigen kann. Aus behavioristischer Sicht wurden viele Aspekte zur Bestrafung experimentell im Labor und auch empirisch in Feldforschungen zusammengetragen. Biehler und Snowman (1990, S. 344) fassen die Grenzen von Bestrafung so zusammen:

1. Milde Bestrafung (wie normalerweise durchgeführt) unterdrückt unerwünschtes Verhalten nicht dauerhaft, im günstigsten Fall nur kurzfristig.
2. Bestraftes Verhalten kann weiterhin gezeigt werden, wenn der Strafende abwesend ist.
3. Bestrafung kann bei einigen Schülern sogar dazu führen, dass unerwünschtes Verhalten ansteigt, und zwar dann, wenn Lehrerbestrafung als Aufmerksamkeit und damit als positiver Verstärker wahrgenommen wird.
4. Bestrafung kann unerwünschte emotionale Nebeneffekte auslösen bis zu Schulangst, Unpünktlichkeit, ja sogar Fernbleiben vom Unterricht.
5. Lehrer zeigen mit Bestrafung ein Modellverhalten, von dem sie nicht wollen, dass es Schüler übernehmen.
6. Effektives Bestrafen muss oft hart und unmittelbar nach einem aufgetretenen unerwünschten Verhalten erfolgen. Doch gegen hartes Bestrafen gibt es gesetzliche und ethische Vorbehalte.

Julius (2014) macht sich Gedanken über die Fälle, in denen Strafen unabdingbar sind. Dann ist darauf zu achten, dass

- »sie oder er [die Schülerin/der Schüler] genau weiß, wofür die Bestrafung erfolgt;
- die Bestrafung nicht zu einem Zeitpunkt erfolgt, zu dem die Schülerin oder der Schüler aufgeregt ist;
- die Schülerin bzw. der Schüler nach der Bestrafung wieder in das Unterrichtsgeschehen integriert wird, ohne dass die Lehrerin oder der Lehrer nochmals auf den Regelverstoß Bezug nimmt;
- das Verhalten bei seinem Beginn und nicht erst bei Beendigung bestraft wird;
- regelkonformes Verhalten systematisch verstärkt wird« (S. 280).

Kauffman (2005, S. 306 f.) schlägt aufgrund eines Reviews des Forschungsstands über Bestrafung folgende Richtlinien im Umgang mit Bestrafung vor:

1. Bestrafung sollte für ernstes Fehlverhalten reserviert sein, das mit einer Beeinträchtigung der sozialen Beziehungen einhergeht.

2. Bestrafung sollte in Verbindung mit einem Verhaltensaufbau und Programmen durchgeführt werden, die positive Konsequenzen für entsprechendes Verhalten betonen.
3. Bestrafung sollte von Personen durchgeführt werden, die warmherzig gegenüber den Tätern sind und wenn diese ein akzeptables Verhalten zeigen.
4. Bestrafung sollte sachlich durchgeführt werden, nicht angstbesetzt, bedrohend oder moralisierend.
5. Bestrafung sollte fair, einheitlich und sofort erfolgen, sie sollte klar vorhersehbar, sofort und nicht aus einer Laune heraus oder zeitlich versetzt erfolgen.
6. Bestrafung sollte verhältnismäßig erfolgen, auf geringes Fehlverhalten sollte eine geringe, auf ernsthafteres Fehlverhalten eine stärkere Bestrafung erfolgen.
7. Bestrafung, wenn möglich, sollte eher eine Einbuße an Privilegien/Belohnungen oder ein Entzug von Aufmerksamkeit beinhalten als aversive Reize.
8. Bestrafung sollte sich auf das Fehlverhalten beziehen und dem Delinquenten die Möglichkeit der Wiedergutmachung einräumen.
9. Bestrafung sollte ausgesetzt werden, wenn ihre Wirkung nicht sofort klar wird. Es ist besser, nicht zu bestrafen als ineffektiv zu bestrafen, da sonst die Toleranz für aversive Konsequenzen wächst.
10. Für alle Beteiligten sollte es klar fixierte Regeln für Bestrafung geben.

5.1.1 Behavioristische Theorie der Verstärkung

Folgende Studie zeigt, wie komplex Verstärkerlernen sein kann (entnommen aus: Schermer, 2018, S. 601–608).

Die Forscher stellen sich die Frage, ob sich das Störverhalten in einer Schulklasse durch Verstärkung von Leistungsverhalten reduzieren lässt. Während in traditionellen Arbeiten zum Verstärkungslernen die Belohnung bei unterrichtlichem Störverhalten direkt nach erwünschtem Verhalten ausgerichtet war, haben Ayllon und Roberts im Jahre 1974 erstmals versucht, mittels operanter Prinzipien das Störverhalten in einer normalen Schulklasse indirekt dadurch zu reduzieren, dass sie das Leistungsverhalten der Schüler verstärkten.

Aus einer 5. Klasse einer öffentlichen Schule mit sehr hohem Ausmaß an Unterrichtsstörungen wurden durch Lehrerurteil die fünf am stärksten störenden Schüler für die Studie ausgewählt. Die interessierenden Variablen wurden folgendermaßen operationalisiert: Störverhalten: (a) nicht am Platz sitzen; (b) Reden während der Stillphasen des Unterrichts; (c) Ausführung von mit Lernen inkompatiblem motorischen Verhalten. Leistungsverhalten: Prozentsatz richtig gelöster Aufgaben in einer täglich im Unterricht über 15 Minuten durchgeführten schriftlichen Leistungsprüfung. Die Intervention erfolgte über den Einsatz generalisierter Verstärker (Token). In Abhängigkeit ihres Ergebnisses in dem täglichen Test konnten die Schüler zwei (bei 80 % korrekten Antworten) oder fünf (bei 100 % richtigen Antworten) Punkte verdienen. Diese konnten in vielfältige täglich bzw. wöchentlich angebotene Back-up-Verstärker (Privilegien, Aktivitäten) umgetauscht werden, welche aufgrund von Verhaltensbeobachtungen und Befragungen ermittelt wurden.

Die Wirkung dieser Maßnahme überprüften die Autoren über eine Verhaltensbeobachtung. Während vor der Intervention der durchschnittliche Anteil an Störverhalten zwischen 40 % und 50 % betrug, reduzierte er sich danach deutlich auf 15 % bzw. unter 5 %. Vor der Intervention wurden 40 % bis 50 % richtige Antworten gegeben, unter Verstärkungsbedingungen geben die Schüler 70 % richtige Antworten.

Versteht man Leistungs- und Störverhalten als weitgehend inkompatibel, handelt es sich bei dieser Studie um eine frühe Anwendung der differenziellen Verstärkung inkompatiblen Verhaltens unter den Bedingungen des unterrichtlichen Routinealltags. Doch blieben die Befunde auf das verstärkte Unterrichtsfach, hier den Leseunterricht, beschränkt und generalisieren nicht auf Unterrichtsfächer ohne implementiertes Token-System.

An Labortieren experimentell gewonnene Erkenntnisse und Gesetzmäßigkeiten über das Lernen wurden systematisch auf menschliches Lernen übertragen und damit auch im Schulkontext verwendet. Ein klares Regelwerk, Lehrerlob und Ignorieren wurden zu Schlagwörtern verhaltenstheoretisch begründeter Klassenführung. Positive und negative Verstärkung, Löschung und Bestrafung, d. h. entweder ein Entzug von etwas Positivem oder Zuführung von etwas Negativem, sind empirisch bewährte Mittel der Steuerung im Klassenzimmer. Die Operationen in Tabelle 13 verdeutlichen das Gemeinte:

Tab. 13: Schema des Verhaltensaufbaus und Verhaltensabbaus (Haag, 2018, S. 64)

Positive Verstärkung	Positiver Reiz folgt auf ein erwünschtes Verhalten.	Verhalten nimmt zu.
Negative Verstärkung	Negativer Reiz wird nach einem erwünschten Verhalten entfernt.	Verhalten nimmt zu.
Indirekte Bestrafung	Positiver Reiz wird nach einem unerwünschten Verhalten entfernt.	Verhalten nimmt ab.
Direkte Bestrafung	Negativer Reiz folgt auf ein unerwünschtes Verhalten.	Verhalten nimmt ab.
Löschung	Pos./neg. Reiz wird nach einem gezeigten Verhalten unterbrochen.	Verhalten nimmt ab.

Verstärkungslernen wurde zu einem zentralen Baustein der pädagogischen Verhaltensmodifikation und damit auch für Steuerungsprozesse im Klassenzimmer. Durch den Einsatz von Verstärkungstechniken können Lehrkräfte das Zielverhalten ganzer Klassen positiv beeinflussen.

Die Grundidee ist, dass ein Hinweisreiz dem Schüler mitteilt, dass bestimmte Verhaltensformen in bestimmten Situationen erwünscht und andere nicht erwünscht sind. Wenn der Schüler das erwünschte Verhalten zeigt, wird es augenblicklich verstärkt, was die Wahrscheinlichkeit des Wiederauftretens des Verhaltens erhöht. Folgt umgekehrt auf ein Verhalten ein negativer Reiz, wird dieses in Zukunft seltener auftreten. Auf den Unterricht gewendet bedeutet dies z. B.: Äußert ein Lehrer auf einen Schülerbeitrag massive Kritik, kann das bewirken, dass die Wahrscheinlichkeit des Schülers sinkt, künftig mitzuarbeiten.

Einteilungsgesichtspunkte

Es gibt verschiedene Einteilungsgesichtspunkte für Verstärker. Für den schulischen Kontext hat sich die Einteilung, die Verstärker nach inhaltlichen Gesichtspunkten zu gliedern, bewährt. Man kann unterscheiden:

- Materielle Verstärker (z. B.: Spielsachen, Süßigkeiten, Punkte/Fleißkärtchen)
- Soziale Verstärker (z. B.: Zuwendung, soziale Aufmerksamkeit wie nonverbal Anlächeln, anerkennendes Nicken oder verbales Loben)
- Aktivitätsverstärker (z. B.: freie Zeit erhalten, eine Geschichte vorgelesen bekommen, Arbeiten am PC, Musik/Video anhören, Spielmaterial mit in die Schule bringen).

Premack-Prinzip

Das Premack-Prinzip wurde von dem US-amerikanischen Psychologen David Premack formuliert (1965). Es ist eine Fortentwicklung der Theorie des Belohnungslernens (Operantes Konditionieren). Premack konnte zeigen, dass Verstärkung nicht unbedingt ein biologisches Bedürfnis (z. B. nach Nahrung) befriedigen muss, sondern dass jedes Verhalten, das spontan häufiger gezeigt wird als ein anderes, dieses verstärken kann. So ist z. B. beim Kind das Spielen eine Verhaltensweise mit hoher spontaner Auftretenshäufigkeit, die deshalb vom Erzieher als Verstärker für eine Verhaltensweise mit niedriger Auftretenshäufigkeit (z. B. Vokabeln lernen) benutzt werden kann.

Das Prinzip ist, dass in einer Baselinephase Verhaltensweisen mit hoher Auftrittswahrscheinlichkeit ermittelt werden müssen, die anschließend als Verstärker für Verhaltensweisen mit niedriger Auftrittswahrscheinlichkeit eingesetzt werden.

Premack führte folgendes Experiment mit Kindergartenkindern durch: Zuerst wurden die Kinder in ihrem freien Tun beobachtet, um Verhaltenshäufigkeiten festzustellen und damit mögliche Verstärker zu identifizieren. Einige Kinder spielten in diesem Zeitraum lieber mit einem Spielautomaten, andere aßen lieber Bonbons. Man teilte sie nach ihren Vorlieben in zwei Gruppen ein. Nachfolgend konnte man in der Spielautomatengruppe das Bonbonessen mit dem Spielen verstärken und in der Bonbongruppe das Spielen mit Bonbons. Man konnte jedoch in keiner Gruppe das wahrscheinlichere Verhalten mit dem weniger wahrscheinlichen verstärken.

Prompting und Fading

Diese beiden Techniken werden deshalb hier aufgeführt, weil sie in einem heute aktivierenden, selbstgesteuerten Unterricht Eingang finden, ohne dass es den Lehrenden wohl bewusst ist.

In konstruktivistischen Lernumgebungen, die u. a. davon ausgehen, dass Lernen ein aktiver Prozess ist (vgl. Gräsel, 1997), sind Lernende nicht allein gelassen, sondern auch hier sind unterschiedliche Unterstützungsangebote vorgesehen. So werden im Cognitive Apprenticeship-Ansatz (Collins, Brown & Newman, 1989) die Lernenden mit folgenden instruktionalen Vorschlägen unterstützt (vgl. Reinmann-Rothmeier & Mandl, 2001, S. 620):

- *Modelling*
  »Beim sog. kognitiven Modellieren macht der Lehrende (oder der Experte) sein Vorgehen zunächst einmal vor und erläutert ausführlich, was er im Einzelnen macht und was er sich dabei denkt. Auf diese Weise werden internal ablaufende kognitive Prozesse für den Lernenden beobachtbar.«
- *Coaching*
  »Nach der Modellierung befasst sich der Lernende selbst mit einem Problem und wird dabei vom Lehrenden betreut und bei Bedarf gezielt unterstützt.«
- *Scaffolding*
  »Kann der Lernende Aufgaben nicht allein bewältigen, hilft ihm der Lehrende durch Tipps und Hinweise.«
- *Fading*
  »Im Verlauf des Lernprozesses gewinnt der Lernende Selbstvertrauen und Kontrolle und kann zunehmend selbstständiger arbeiten; der Lehrende trägt dem Rechnung, indem er seine Hilfestellungen allmählich ausblendet.«
- *Articulation*
  »Immer wieder wird der Lernende im Verlauf des Lernens aufgefordert, Denkprozesse und Problemlösestrategien zu artikulieren.«
- *Reflection*
  »Eine weitere Aufforderung besteht darin, die ablaufenden Prozesse beim Lernen mit anderen zu diskutieren und zu reflektieren. Reflexion bedeutet, dass der Lernende eigene Strategien damit vergleicht, wie andere Lernende oder auch der Experte vorgehen. Durch Artikulieren und Reflektieren erwirbt der Lernende generelle, abstrakte Konzepte, deren Verständnis aber dennoch auf ihrer Anwendung beruht.«
- *Exploration*
  »Das Ausblenden der Unterstützung durch den Lehrenden endet schließlich darin, dass der Lernende zu aktivem Explorieren und damit zu selbstständigen Problemlösungen angeregt wird.«

Die Schritte *Coaching* und *Scaffolding* könnte man auch als *Prompting* (engl: to prompt = auffordern, anregen) bezeichnen: »Unter Prompting versteht man ganz allgemein das Angebot zusätzlicher Verhaltenshilfen, die dem Schüler helfen sollen, sein Verhalten in die erwünschte Richtung zu lenken« (Goetze, 2010, S. 47).

Allgemein sind Promptings beim Lernprozess Hilfen, Zusatzangebote, Zusatzmaterialien, Zusatzinstruktionen oder im Verhaltensaufbau Hinweise, Modellangebote in die erwünschte Richtung. Konkret können bei selbstständig zu lösenden Mathematikaufgaben erstmals die richtige Lösung oder mehrere Lösungswege angeboten werden.

Da das Ziel von Unterricht im selbstständigen Lernen, im Zeigen von angemessenem Verhalten ohne ständiges Mahnen liegt, ist irgendwann im Lern- oder Verhaltensaufbauprozess auch an eine systematische Rücknahme zu denken. Dieses *Fading* (engl: to fade = verblassen, schwinden) sollte schrittweise erfolgen.

5.1.2 Diagnoseinstrumente

> Kevin ist ein aufgeweckter, eigentlich unauffälliger Junge, der die achte Klasse einer Realschule besucht. In der Klasse jedoch, wenn er aufgerufen wird und keine korrekte Antwort weiß, kann er zur Furie werden. Da knallt er schon mal seinen Ranzen an die Wand, pöbelt gegen seine Mitschüler und beschimpft seine Lehrkräfte. Im Einzelgespräch mit den Lehrkräften dagegen wirkt er stets gefasst und sehr »vernünftig«.

Auf der Suche nach Gründen für Kevins Verhalten ist man auf eine zielsichere Diagnose angewiesen. Doch Diagnoseinstrumente zur Erfassung problematischen Sozialverhaltens sind eher Mangelware. Diagnostische Gespräche mit möglichst vielen Beteiligten, eine systematische Verhaltensbeobachtung und eine Verhaltensanalyse sind Diagnoseinstrumente der Wahl.

Frageverhalten in Konfliktgesprächen

Als vornehmlicher Bestandteil diagnostischer Gespräche gilt das Frageverhalten, gerade in Konfliktgesprächen.

Goetze (2010) gibt eine Systematik und einige Beispiele für das Frageverhalten in Konfliktgesprächen (S. 127 f.). Prinzip ist, dass nie Warum-Fragen gestellt werden sollten. Diese würden aufseiten des Schülers lediglich unproduktive Rechtfertigungen auslösen. Denn Warum-Fragen unterstellen, dass der Schüler die Ursachen für sein Fehlverhalten kennt. Im Zentrum soll die Eigenverantwortlichkeit des Kindes und Einsicht in sein Verhalten stehen. Zunächst sollten die Fragen auf die Klärung des Verhaltens führen, dann die Ziele des Kindes zum Fragegenstand haben und schließlich, welche Änderungen das Kind anstrebt.

Verhaltensbezogene Fragen:

- Was tust du?
- Hilft dir dein Verhalten oder schadet es dir?
- Hilft dir dein Verhalten das zu erreichen, was du willst?
- Steht dein Verhalten im Einklang mit unseren Regeln?
- Was könntest du anderes tun?

Zielbezogene Fragen:

- Was möchtest du eigentlich?
- Ist das, was du möchtest, realistisch und erreichbar für dich?
- Was wollen die Anderen von dir (z. B. Mitschüler, Eltern, Lehrkräfte)?
- Wie würde dein Leben aussehen, wenn sich deine Wünsche erfüllen?

Änderungsbezogene Fragen:

- Willst du dein Verhalten wirklich ändern?
- Willst du hart daran arbeiten?
- Willst du, dass ich dir dabei helfe?
- Was willst du tun, um dein Verhalten zu ändern?
- Wie sieht dein Änderungsplan aus?
- Bist du bereit, einen Vertrag mit mir abzuschließen?

Verhaltensanalyse

Kevin aus dem Fallbeispiel wird vom Klassenlehrer an den Schulpsychologen verwiesen mit der Bitte, dieser möge mit Kevin dessen problematisches Sozialverhalten bearbeiten. In einem solchen Fall setzt der Schulpsychologe auf das bei vorliegender Indikation bewährte Verfahren der pädagogischen Verhaltensmodifikation.

Dieses Verfahren setzt eine explizite Diagnostik des Problemverhaltens, eine Verhaltensanalyse voraus. Diese basiert auf den lernpsychologischen Annahmen und Erkenntnissen, dass ein bestimmtes Verhalten (**R**eaktion) von einer mit spezifischen biologisch-physiologischen sowie psychosozialen Eigenschaften ausgestatteten Person (**O**rganismus) unter bestimmten situativen Bedingungen, sog. antezedenten **S**timuli, gezeigt und durch bestimmte Konsequenzen (**C**onsequences) aufrechterhalten wird, sofern es eine regelmäßige Beziehung zwischen den situativen Bedingungen und dem Verhalten sowie zwischen dem Verhalten und den Verhaltenskonsequenzen gibt (**K**ontingenz).

Dieses theoretische Prinzip der Verhaltensanalyse wurde in einer Formel mit dem Akronym S-O-R-K-C bezeichnet (Kanfer, 1973). Einen ausgezeichneten Überblick über das Verfahren gibt Rost (2018). Ausführlich werden mögliche Leitfragen für die einzelnen Elemente der Verhaltensformel aufgezählt.

Stimuluskomponente:

- Wo (d. h. an welchem Ort) tritt das Verhalten auf?
- Wann tritt das unerwünschte Verhalten auf?
- Was ist unmittelbar vorher geschehen?
- Was ist vorher von wem gesagt worden?
- Wo befindet sich der betreffende Schüler, wenn er das Problemverhalten zeigt?
- Wer ist dabei anwesend?
- Bei welchen Sozialformen tritt das Verhalten auf? Wer sitzt in der Nähe?

- Bei welchen Unterrichtsinhalten und in welchen Unterrichtsphasen zeigt sich das Problemverhalten?
- Sind die Verhaltensregeln expliziert worden, d. h. sind sie begründet, klar, sinnvoll und durchschaubar?
- Welche unmittelbaren methodisch-didaktischen Bedingungen und Interaktionen gehen dem Fehlverhalten voraus?
- Welche besonderen (materiellen) Umweltbedingungen stehen mit den Verhaltensschwierigkeiten vermutlich in einem näheren Zusammenhang?
- Welche zeitlich weiter zurückliegenden Faktoren stehen mit dem Fehlverhalten vermutlich in Zusammenhang?

Organismuskomponente:

- Welche körperlichen Beeinträchtigungen/Behinderungen beeinflussen das Verhalten?
- Welche (angeborenen) Persönlichkeitsmerkmale (Temperament und Erziehung, Selbstkonzept, Kontrollüberzeugungen) und welche spezifischen Lernerfahrungen, die zur Ausbildung stabiler und stärker ausgeprägter Reaktionsmuster (Gewohnheiten) geführt haben, sind zu beachten?
- Welche spezifischen Sozialisationsbedingungen und familiären Gegebenheiten stehen mit den Ausgangs- und Zielverhaltensweisen in einem funktionalen Zusammenhang (Eltern und Familie, Erziehungsstil)?
- Reichen Intelligenz und Begabung, Aufmerksamkeit und Konzentration, verfügbares Vorwissen und das Arbeitsverhalten aus, den gestellten Anforderungen zu genügen?
- Welche Kompetenzen und Defizite sind problemrelevant?

Reaktionskomponente:

- Welches verbale Verhalten zeigt der Schüler?
- Welche nicht-verbalen Verhaltensweisen und körperlichen Begleiterscheinungen lassen sich beobachten?
- Handelt es sich bei dem problemrelevanten Verhalten um einen Verhaltensexzess, d. h. tritt es zu häufig auf, ist es zu intensiv, dauert es zu lange?
- Ist das Verhalten durch bestimmte Defizite gekennzeichnet, d. h. tritt es nicht ausreichend häufig, nicht mit der gewünschten Intensität, nicht in der angemessenen Form oder nicht unter den angemessenen sozialen Bedingungen auf (wie bei Schüchternheit, mangelnder Mitarbeit, Überanpassung, Unterwürfigkeit)?
- Gibt es nennenswerte Verhaltensschwankungen in Intensität bzw. Häufigkeit oder einen typischen Verlauf?
- Wie komplex ist das Verhalten? Muss es in einzelne Komponenten aufgegliedert werden?
- Wird bei der Beschreibung des Problems auf Interpretationen verzichtet?
- Werden Verhaltensweisen anstelle von Eigenschaften bestimmt?
- Welches unproblematische Verhalten lässt sich beobachten, welches als Ausgangspunkt für den Aufbau neuer Verhaltensweisen benutzt werden kann?

- Zeigt der Schüler schon alternative Verhaltensweisen, die mit dem Problemverhalten direkt inkompatibel sind, und wie häufig treten diese auf?
- Welche Verhaltensweisen bedürfen der Veränderung, welche sind tolerierbar?

Kontingenzkomponente:
Diese Komponente beschreibt nicht, dass auf ein Verhalten Reaktionen folgen, sondern die Regelhaftigkeit der Verhaltensfolgen, d. h. wie konsequent und wie systematisch sie eintreffen.

Konsequenzkomponente:

- Welche Interaktionspartner (Lehrer, Eltern, Peers) reagieren erkennbar auf das Problemverhalten?
- Wie sehen die Reaktionen der Interaktionspartner aus? Wie verhält sich der Lehrer? Was tun die Mitschüler? Wie reagieren die Eltern?
- Wie wird der Schüler für angemessenes Verhalten verstärkt?
- Wie wird unangemessenes Verhalten bestraft?
- Wird versucht, das unangemessene Verhalten zu ignorieren?
- Wie verhält sich der Schüler, wenn die Verhaltensfolgen eingetreten sind?
- Welche Vorteile (Interaktionsnutzen) hat der Schüler von seinem Verhalten?
- Welche Nachteile (Interaktionsschaden) hat der Schüler von seinem Verhalten?
- Welche Vorteile haben die signifikanten Interaktionspartner vom Problemverhalten des Kindes?
- Welche Nachteile haben die signifikanten Interaktionspartner vom Problemverhalten des Kindes?
- Was wird für das eigene Erleben und im sozialen Kontakt für den Schüler und seine signifikanten Bezugspersonen erreicht bzw. vermieden?
- Welche wichtigen neuen Aspekte (Vorteile und Nachteile) würden sich aus einer Verhaltensmodifikation für Lehrer, Schüler und Mitschüler ergeben?
- Welche Verstärkungsmöglichkeiten (materielle Verstärker, soziale Verstärker, Aktivitätsverstärker) stehen zur Verfügung?
- Welche sind die hauptsächlichen aversiven Stimuli für den Schüler (wovor fürchtet er sich bzw. was tut er nur ungern)?

In Erweiterung dieser klassischen Verhaltensanalyse wird heute von der funktionalen Verhaltensanalyse gesprochen (Goetze, 2010). Man hat erkannt, dass die Funktionen, die einem Verhalten zugrunde liegen, stärker mitbedacht werden müssen. Es geht also darum, genau hinzuschauen, weshalb bspw. ein Problemverhalten gezeigt wird.

Bei einem Schülerfehlverhalten kann es sich handeln um:

- Aufmerksamkeitssuche
- Erlangen von erwünschten Aktivitäten
- Vermeiden einer anstrengenden Arbeit
- Nicht-Mögen einer Aktivität.

Wenn es einer Lehrkraft gelingt, die einem Problemverhalten zugrunde liegenden Funktionen herauszufinden, könnte dies wohl effektiv und wenig aufwändig gelöst werden.

Hillenbrand (2011) weist darauf hin, dass gerade aus didaktischer Perspektive Ansätze der Verhaltensmodifikation kritisch beurteilt werden: »In einer Diskussion brachte Wolfgang Klafki, Nestor der deutschen Didaktik, die Kritik auf den Punkt: ›Ich bin der Meinung, daß ein Konzept, das von vornherein das selbstbestimmungsfähige Subjekt aus seinem Konzept ausklammert – und das tut notwendigerweise die behavioristische Theorie, sonst ist sie nicht mehr das, was ihr Name besagen will – nicht an irgendeiner Stelle plötzlich das Subjekt, das selbstbestimmungsfähige Wesen, wieder hineinmogeln kann.‹ (Klafki in Gudjons et al.,1986, 108)« (S. 137).

Man kann dazu stehen, wie man will. Doch Erfahrungen sprechen jeweils für die Methode. Ein gutes Beispiel hierfür gibt Todt (2008, S. 374). Er befragte 106 Grundschullehrkräfte, wie häufig sie vorgegebene Maßnahmen zur Vorbeugung bzw. zur Beendigung von Unterrichtsstörungen anwenden (Antworten »sehr oft« bzw. »oft«): »Verstärken (z. B. loben, anerkennen) von prosozialem Verhalten« mit 79 % und »Vereinbarung von Verhaltensregeln« mit 77 % stehen ganz oben – Elemente des klassischen Verstärkungslernens! Danach folgen mit 75 % »Ruhezeiten benutzen«, mit 74 % »Unterrichtsstörungen nicht als Angriff auf die eigene Person bewerten«, »Rituale einsetzen« (69 %), »Methodenwechsel« (68 %) und mit 67 % »Möglichst alle Kinder in gleicher Weise fördern (d. h. Leerlauf bei einzelnen Kindern vermeiden)«.

Doch auch die klassische Verhaltensmodifikation hat sich weiterentwickelt und hat das Subjekt nicht hineingemogelt (s. Klafki oben), sondern bewusst mit aufgenommen, wie in Kapitel 5.2 gezeigt wird.

Verhaltensbeobachtung

Die Beantwortung einiger der bei Rost angeführten Fragen zu obiger S-O-R-K-C-Formel sind angemessen nur beantwortbar, wenn sich ein Beobachter, sei es der Lehrer selbst oder ein Schulpsychologe vor Ort in der Klasse sich ein Bild von Kevin macht.

Verhaltensbeobachtung ist das grundlegende Verfahren der empirisch forschenden Sozialwissenschaften und neben psychologischen und pädagogischen Tests eine weitere wertvolle Informationsquelle in der schulpsychologischen Diagnostik. Beispiele sind natürlich auftretende, d. h. nicht künstlich zum Zwecke der Beobachtung hergestellte Lehr-Lern- und Erziehungssituationen, aber auch natürliche Situationen außerhalb von Schule und Ausbildungs- oder Erziehungsinstitutionen, in denen lehr-lern- oder erziehungsrelevantes Verhalten auftreten kann, z. B. auf dem Schulhof oder auf dem Schulweg. Bei der Beobachtung von Lern- und Verhaltensstörungen ist von Bedeutung, wie intensiv und wie häufig ein problematisches Verhalten auftritt, wobei im Sinne der Verhaltensanalyse hier ebenfalls die auslösenden Bedingungen sowie die verhaltensbezogenen Konsequenzen mit zu erfassen sind.

Man unterscheidet drei Arten von Verfahren:

1. *Zeichen-Systeme*
Sie verlangen vom Beobachter lediglich, das Auftreten eines bzw. zum Teil auch mehrerer Ereignisse zu registrieren.
2. *Kategorien-Systeme*
Sie klassifizieren die auftretenden Ereignisse in durch das Beobachtungsschema festgelegte Kategorien.
3. *Schätz-Skalen* (auch »Rating-Verfahren«)
Sie verlangen vom Beobachter eine Beurteilung des Ausprägungsgrades eines beobachteten Verhaltens (z. B. Gestik in einer Diskussion) durch Zuordnung einer Zahl oder einer verbalen Bestimmung (z. B. stark–mittel–schwach).

In der Praxis, bspw. wenn ein Schulpsychologe dem Unterricht beiwohnt, können alle drei Verfahren zum Einsatz kommen. Verhaltensbeobachtung steht und fällt mit der Qualität der eingesetzten Verfahren zur Protokollierung des beobachteten Verhaltens.

Relativ einfach lassen sich auch sog. Vorformen systematischer Verhaltensbeobachtung einsetzen. Hierher gehört bspw. eine minutenweise freie Beobachtung. In einer ersten Spalte werden die Minuten festgehalten, in einer zweiten steht das Verhalten der Lehrkraft, in einer dritten das darauf folgende Verhalten des Schülers:

Tab. 14: Minutenweise freies Beobachtungsverfahren

Minute	Verhalten der Lehrkraft	Verhalten eines bestimmten Schülers
21	steht an der Tafel	schaut zur Lehrkraft
24	schreibt an die Tafel	spielt mit Filzstiften
26	ruft andere Schüler auf	schwätzt mit Nachbarn

In den 1980er Jahren gab es mehrere wissenschaftlich erprobte Beobachtungssysteme, die in der Folge nicht mehr weiter publiziert wurden. Als Beispiel für ein aktuelles, auch verfügbares Beobachtungssystem wird hier das BASYS vorgestellt:

Beobachtungssystem zur Analyse aggressiven Verhaltens in schulischen Settings (BASYS; Wettstein, 2008)

BASYS ist ein Verfahren zur systematischen Beobachtung von aggressivem Verhalten, das bei Schülern im Alter von 9 bis 16 Jahren in Sonder-, Förder- und Regelschulen einsetzbar ist. BASYS kann von Lehrpersonen, Psychologen, Erziehungsberatern und Schulsozialarbeitern eingesetzt werden. Es können problematische Person-Umwelt-Beziehungen im Klassenkontext differenziert erfasst und Interventionsschritte abgeleitet werden. Mit BASYS-L und BASYS-F enthält das Verfahren eine Version für Lehrkräfte und eine erweiterte Version für Fremdbeobachter.

BASYS-L wird in teilnehmender Beobachtung während des Unterrichts von der Lehrkraft selbst verwendet und erfasst fünf Formen aggressiven Schülerverhaltens sowie eine Form von oppositionellem Verhalten. Es wird zwischen reaktiven und proaktiven Formen aggressiven Verhaltens unterschieden.

BASYS-F richtet sich an Fachkräfte wie Schulpsychologen, welche in nicht teilnehmender Beobachtung zusätzlich das methodisch-didaktische Setting, die Funktion des Verhaltens und die Reaktion der Lehrkraft auf die störende Schülerhandlung erfassen. Die Überschneidung zwischen der Fremdbeobachter- und der Lehrerversion erlaubt die Überprüfung der Objektivität. Der Austausch zwischen Psychologen und Lehrkräften im diagnostischen Prozess bietet zugleich einen niederschwelligen Einstieg für Interventionsmaßnahmen und die Entwicklung eines störungspräventiven Unterrichts. Die Erhebung erfolgt mittels systematischer Verhaltensbeobachtung während 45 Minuten.

Auch bei diesem Beobachtungsverfahren sind eine intensive theoretische Auseinandersetzung mit den Kategorien des zu beobachtenden Verhaltens und die Einübung der Kodierung eine unbedingte Voraussetzung.

5.1.3 Exkurs: Verhaltensverträge

Hier wird eine bewährte Intervention vorgestellt, die man in der Medizin als »Breitbandtherapeutikum« bezeichnen würde (vgl. Bellingrath, 2014).

Verhaltensverträge sind sinnvoll, um entweder ein erwünschtes Verhalten zu erzielen oder ein unerwünschtes Verhalten zu verringern. Verhaltensverträge basieren auf Konditionierungsvorgängen, wie sie die behavioristisch orientierte Lernpsychologie herausarbeiten konnte. Ein solcher Vertrag besteht aus folgenden zehn einfach gehaltenen Regeln (Bellingrath, 2014, S. 474):

1. Die Belohnung innerhalb des Vertrags sollte sofort erfolgen.
2. Erste Verträge sollten für kleine Schritte sorgen und sie belohnen.
3. Belohne häufig mit kleinen Beträgen.
4. Der Vertrag sollte eher Leistung als Gehorsam fordern und sie belohnen.
5. Belohne die Leistung nach der Durchführung.
6. Der Vertrag muss fair sein.
7. Die Vertragsbedingungen müssen klar sein.
8. Der Vertrag muss ehrlich sein.
9. Der Vertrag muss positiv sein.
10. Der Vertragsabschluss muss als Methode systematisch angewendet werden.

Als folgender Problemfall steht an, dass Hausaufgaben nicht erledigt werden.

Peter schiebt das Erledigen seiner nachmittäglichen Hausaufgaben vor sich her, in seinen Augen kommt meistens »Wichtigeres« dazwischen. Wenn seine Eltern um 17 Uhr nach Hause kommen und gemeinsam zu Abend essen wollen, muss Peter meistens gestehen, dass er mit seinen Hausaufgaben immer noch nicht fertig ist. Der Klassenleiter, an den sich die Eltern wenden, schlägt folgendes Vorgehen vor:

Es wird ein Lernvertrag zwischen den Eltern und Peter abgeschlossen. Ziel des Vertrags ist, die tägliche Hausaufgabendurchführung an ein klares und überschaubares Regelwerk zu binden; Felix soll sein Hausaufgabenverhalten besser in den Griff bekommen.

Der Vertrag sieht so aus:

Lernvertrag

Spätestens 1 Stunde nach dem Heimkommen beginne ich mit den Hausaufgaben an meinem häuslichen Arbeitsplatz.
  Ich lege zu Beginn fest, womit ich anfange. Dabei schätze ich ein, wie lange ich für jedes Fach brauche.
  Während meiner festen Lernzeiten lasse ich mich von niemandem stören. Ich sage diese Zeiten auch meinen Freunden, so dass diese mich während dieser Zeit nicht anrufen.
  Ich werde zusätzlich täglich 10 Minuten in meinem Problemfach Englisch Vokabeln wiederholen.
  Wenn ich diesen Vertrag zwei Wochen durchhalte, belohne ich mich mit einem Kinobesuch (oder Schwimmbadbesuch oder Einkaufsbummel) mit Freunden.

Datum   Unterschrift

Dabei sind folgende Fragen im Vorfeld zu entscheiden:

- Welches Zielverhalten wird angestrebt? (Die Hausaufgaben werden regelmäßig vor dem Abendessen erledigt.)
- Welche Belohnungen werden in Aussicht gestellt, welche werden für Tauschverstärker vergeben? Wofür können sie eingetauscht werden? (Für zwei Wochen, also 10 Tage erledigte Hausaufgaben gibt es einen Kinobesuch.)
- Wie lange soll der Vertrag laufen?
- Welche Personen sind mitinvolviert? (Die Bezugsperson, die eher zu Hause ist.)

Verhaltensverträge sind bei unterschiedlichen Verhaltensweisen wirksam; Einschränkungen gelten nur bei verzögertem Entwicklungsstand (sehr junge Kinder) und kognitiv-verbaler Kompetenz (geistig behinderte oder autistische Kinder und Jugendliche). Anwendungsbereiche sind beispielsweise folgende:

- Angst vor der Klasse zu sprechen, mündlich geprüft zu werden
- Angst vor jeglicher Art von Prüfungen
- geringe Selbstwirksamkeitseinschätzung hinsichtlich schulischer Leistungen
- Schulschwänzen, Verweigerung der Mitarbeit, fehlende Hausaufgaben
- Unaufmerksamkeit, Ablenkbarkeit
- Lernstörungen wie mangelnde Lesekompetenz, geringe Lesemotivation, Beeinträchtigung grundlegender Rechenfertigkeiten.

5.2 Regulation über Einsicht

5.2.1 Selbstverstärkung: Klassisches Experiment von Bandura

Grundlage der Theorie ist eine Reihe von Experimenten um die Forschergruppe von Albert Bandura. Mithilfe der folgenden viel zitierten, bekannt gewordenen Studie versucht Bandura, eine Antwort auf die Frage zu geben, inwieweit die an einem Modell beobachteten Konsequenzbedingungen in unterschiedlichem Ausmaß den Erwerb und die Ausführung eines Verhaltens beeinflussen (Bandura, 1965).

An der Untersuchung nahmen 33 Jungen und 33 Mädchen im Alter von 42–71 Monaten teil. Alle Kinder sahen einzeln einen fünfminütigen Film, in dem ein erwachsener Mann (»Rocky«) gegenüber einer lebensgroßen Puppe (»Bobo«) aggressive Verhaltensweisen ausführte. Rocky trat und schlug die Puppe, kickte sie durch den Raum, hob sie hoch und schlug sie mit einem Holzhammer auf den Kopf, bewarf sie mit Gummibällen und kommentierte seine Aktionen mit verschiedenen Äußerungen, z. B. »Fly away« oder bei jedem Treffer mit »Bang«. Das Ende des Films wurde systematisch variiert. Jeweils 11 Mädchen und 11 Jungen sahen folgenden Ausgang:

- Rocky wurde belohnt: Das Modell wurde durch einen weiteren Erwachsenen für seine Aggressionen gegenüber der Puppe Bobo gelobt (»strong champion«), danach bekam Rocky Limonade und Süßigkeiten.
- Rocky wurde bestraft: In diesem Ausgang rügte der Erwachsene das Modell »Rocky« für sein Verhalten, indem er bedrohlich den Finger schüttelte und sein Verhalten verbal missbilligte (»I won't tolerate it«).
- Keine Konsequenzen: Der Film endete, ohne dass Rocky Konsequenzen erfuhr.

Unmittelbar nach der Präsentation des Films wurden die Kinder im Einzelversuch von der Versuchsleiterin in den Experimentalraum gebracht. In diesem lagen eine Bobo-Puppe, Bälle, Holzhammer, Autos, Plastiktiere, ein eingeräumtes Puppenhaus. Die Versuchsleiterin verließ den Raum, die Kinder wurden über eine Einwegscheibe beobachtet. Das Ergebnis: Wenn Rocky im Film bestraft worden war, zeigten die Kinder eine niedrige Rate spontan ausgeführten aggressiven Verhaltens – keine Unterschiede zeigten sich jedoch zwischen den Kindern, die das konsequenzenlose Ende gesehen hatten und denen, die die Verstärkung des Modells Rocky beobachtet hatten.

Das Ausmaß des Verhaltenserwerbs sollte festgestellt werden, indem die Versuchsleiterin den Raum betrat und Saft sowie Sticker versprach, wenn das Kind das Gesehene nachspielte (»Show me what Rocky did in the TV programm«). Hier zeigten alle Kinder das gesehene Verhalten; das Ausmaß des Verhaltenserwerbs lag bei allen drei Gruppen über demjenigen der Verhaltensausführung.

Bandura schloss daraus, dass alle Kinder das Vorbildverhalten erlernten, doch je nach Folgen unterschiedlich zeigten. So unterschied er beim Lernen eine Aneignungs- und eine Ausführungsphase. Dabei hängt es von der Motivation ab, ob ein

Verhalten überhaupt beachtet und imitiert wird. Diese hängt mit der Verstärkung des Verhaltens zusammen. Dabei lassen sich vier Arten der Verstärkung unterscheiden:

- Externe Verstärkung: Das Verhalten wird belohnt oder dadurch wird einer Bestrafung entgangen.
- Stellvertretende Verstärkung: Das Modell wurde für sein Verhalten belohnt. Die beobachtende Person nimmt dies wahr.
- Direkte Selbstverstärkung: Die beobachtende Person belohnt sich selbst.
- Stellvertretende Selbstverstärkung: Das Modell belohnt sich selbst für sein Verhalten. Die beobachtende Person nimmt dies wahr.

Im obigen Fall wird auf die Selbstverstärkung hingewiesen. Die Kinder in Banduras Experiment zeigten das gefragte Verhalten, wenn ihnen Belohnung in Form von Saft versprochen wurde. Auch in der Klassensituation kann ein erwünschtes Verhalten von den Kindern gezeigt werden, wenn dieses Verhalten den Kindern selbst sinnvoll erscheint. Die in Aussicht gestellte Belohnung könnte z. B. hier sein, dass man mehr vom Stoff mitbekommt, wenn man im Unterricht mitmacht, dass man von Lehrern oder Eltern gelobt wird, dass man sich selbst gut fühlt, wenn man ein/e pflichttreue/r Schüler/in ist… Und welche Lehrkraft träumt nicht davon, im Klassenzimmer nicht als »Wauwau« auftreten zu müssen, sondern von Schülerinnen und Schülern, die selbst in der Lage sind, ihr Verhalten zu kontrollieren?

Hierzu schreibt Herbart 1804:

> Machen, dass der Zögling sich selbst finde, als wählend das Gute, als verwerfend das Böse: dies oder nichts ist Charakterbildung! Diese Erhebung zur selbstbewussten Persönlichkeit soll ohne Zweifel im Gemüte des Zöglings selbst vorgehen und durch dessen eigene Tätigkeit vollzogen werden; es wäre Unsinn, wenn der Erzieher das eigentliche Wesen der Kraft dazu erschaffen und in die Seele eines anderen hineinflößen wolle (S. 49).

Psychologische Strömungen, die sich hiermit auseinandergesetzt haben, sind sowohl im Behaviorismus (▶ Kap. 5.2.1) als auch in der Humanistischen Psychologie (▶ Kap. 5.2.2) zu finden.

5.2.2 Kognitive Verhaltensmodifikation

In der Geschichte der Verhaltensmodifikation lassen sich unter dem Dach einer kognitiven Verhaltensmodifikation viele Ansätze subsumieren, deren gemeinsames Anliegen es ist, Verhaltensveränderungen über eine Veränderung des Denkens herbeizuführen.

Selbstkontrolle

Der Begriff der *Selbstkontrolle* geht auf Skinner (1953) zurück. Dieser Begriff beinhaltet drei Schritte (vgl. im Folgenden Rost und Buch, 2018):

- Schritt 1: *Selbst-Überwachung*
  Dies meint die Aufmerksamkeitszentrierung auf eigenes Verhalten.
- Schritt 2: *Selbst-Bewertung*
  Diese bewertet, inwieweit die gesetzten Ziele erreicht wurden.
- Schritt 3: *Selbst-Bekräftigung*
  Diese erfolgt, sobald man mit seinem Verhaltensfortschritt zufrieden ist. Dies kann durch eigene positive Gedanken oder auch durch eine explizite Selbst-Verstärkung mittels klassischer Verstärker geschehen.

Mit dem Begriff der *Selbstkontrolle* war Skinner Wegbereiter des selbstgesteuerten Lernens. Selbstkontrolle wurde im Zuge der kognitiven Lernpsychologie weg vom Verhalten auch auf das Lernen ausgeweitet, man spricht heute vom selbstgesteuerten Lernen. Dabei ist der Begriff des selbstgesteuerten Lernens keineswegs einheitlich definiert. Die Termini *selbstständiges Lernen, selbstkontrolliertes Lernen, selbstreguliertes Lernen, selbstorganisiertes Lernen, autodidaktisches Lernen* oder *autonomes Lernen* werden im alltäglichen Sprachgebrauch zumeist synonym verwendet. Die Gemeinsamkeit all dieser Begriffe besteht darin, dass sie darauf abzielen, sich von Termini wie Fremdkontrolle, Fremdorganisation, Fremdsteuerung oder Ähnlichem abzugrenzen.

Als wesentliche Gemeinsamkeiten kann man festhalten, dass es sich um eine Form des Lernens handelt, bei der Lernende eigenständig den eigenen Lernbedarf feststellen, sich selbst motivieren, das Lernen steuern, kontrollieren, überwachen und bewerten. Ein solches Vorgehen sieht Lohmann (2009) gerade bei der Gruppe passiv unkooperativer Schüler als zielführend. Darunter versteht er Schüler, die kein Vertrauen haben, die unmotiviert, überfordert, resigniert, nicht ins Klassengeschehen involviert sind und die kein Zutrauen in die eigene Leistungsfähigkeit haben. Solche Verhaltensweisen resultieren einerseits aus der Interaktion im Klassenzimmer (z. B. aus Schülersicht langweiliger Unterricht, gestörte Lehrer-Schüler-Beziehung, Rolle eines Schülers als Klassenclown), andererseits können die Ursachen auch an Faktoren einer Schülerpersönlichkeit gebunden sein (z. B. mangelnde Impulskontrolle, fehlende Leistungsbereitschaft, übersteigertes Bedürfnis nach Aufmerksamkeit von Mitschülern).

Selbstinstruktion

Mit dem Begriff der Selbstkontrolle war Skinner auch Wegbereiter der kognitiven Verhaltenstherapie. In Deutschland besonders bekannt geworden ist Meichenbaum (1977). In seinem Trainingskonzept wird Selbstinstruktion zu einem Schlüsselbegriff. Er entwickelte das Selbstinstruktionstraining ursprünglich für verhaltensauffällige (hyperkinetische) Kinder und geht von der Annahme aus, dass der Problematik ein kognitives Defizit zugrunde liegt. Er sieht die Lösung im Lernen eines inneren Monologs zur Planung und Regulation von Verhalten. Ziel des Trainings ist es, zu einer angemessenen Selbststrukturierung zu finden, um Aufgaben und Anforderungen besser zu bewältigen. Ziel ist es, im Klienten eine Haltung zu entwickeln, aus der heraus es gilt, reflexiv zu handeln und Impulsivität zu reduzieren, der

Volksmund würde sagen: »Erst denken, dann reden bzw. handeln«. Der Schüler soll Kompetenzen erlernen, die er in kritischen Situationen anwenden kann. Somit geht es darum, im Vorfeld das Zeigen von Verhaltensstörungen zu verhindern.

Selbstattribution

Zeitgleich zu Meichenbaum fragt Bandura (1977) in einer seitdem viel beachteten Forschungsarbeit, inwieweit eine Person überhaupt erwartet, ein bestimmtes zielführendes Verhalten ausführen zu können. Diese Erwartung nennt Bandura Selbstwirksamkeitserwartung. Sie ist in der Motivationspsychologie zu einem entscheidenden Konzept für die Leistungsentwicklung von Schülern geworden. Bekannt geworden ist das Vier-Felder-Schema der Ursachenzuschreibungen nach Weiner (1986; ▸ Tab. 15).

Tab. 15: Wahrgenommene Ursachen für Erfolg und Misserfolg (eigene Darstellung in Anlehnung an Weiner, 1986, S. 551)

	internal	external
stabil	Fähigkeit	Aufgabenschwierigkeit
variabel	Anstrengung	Zufall

Hier wird auf ein Konzept hingewiesen, die Theorie der Subjektiven Imperative (Wagner, Barz, Maier-Störmer & Uttendorfer-Marek, 1984). Da das Forscherteam sowohl Lehrer als auch Schüler in ihre Untersuchung miteinbezog, lassen sich hieraus sowohl für Lehrer als auch vermittelt über Lehrer für Schüler Maßnahmen ableiten.

Auf die Frage, welche Handlungsstrategien Lehrer und Schüler im Unterricht einsetzen, zeigte die Auswertung, dass sich ca. ein Drittel der Denkprozesse im Unterricht um unlösbare Konflikte drehen. Die Theorie der Subjektiven Imperative entstand aus dem Versuch, diese Denkprozesse zu analysieren. Unter Imperativen verstehen die Autoren Befehle des Bewusstseins an sich selbst, d. h. Kognitionen mit dem Charakter eines subjektiv verbindlichen »Muss« bzw. »Darf nicht« (komprimierte Zusammenfassung in: Haag, Hauffstengel & Dann, 2001). Dabei stellten sie fest, dass gleichzeitig mit diesen Imperativen zwangsläufig die Vorstellung ihres Gegenteils aufgerufen wird. Diese Paradoxie ist psychologisch so zu verstehen, dass im Moment des Sich-Selbst-Befehlens der Gedanke, dass das, was nicht sein darf, doch geschehen könnte, zugleich im Bewusstsein präsent ist.

Ganz konkret:
Lehrer: »Ich muss zu meinen Schülern ›streng‹ sein, damit sie etwas lernen.« vs. »Ich darf nicht ›streng‹ sein, damit es ihnen gut geht.« oder: »Mir geht es bei der Gruppenarbeit zu laut zu.« vs. »Ich bin froh, dass meine Schüler so engagiert arbeiten.«

Schüler: »Ich will heute im Unterricht aufpassen.« vs. »Mit meinem besten Kumpel herumzualbern macht Spaß.« oder: »Ich muss in der Prüfung alles wissen.« vs. »Ich habe sicher wieder Lücken.«

Wenn sich diese Diskrepanz zwischen Ist-Wert und Imperativ als unauflöslich zeigt, sprechen die Autoren von einem Imperativverletzungskonflikt. Und dieser hat Auswirkungen auf der emotionalen Ebene, wie dies bei den typischen Merkmalen eines Imperativverletzungskonflikts deutlich wird:

- *Die Gedanken drehen sich im Kreis*, ohne einen Ausweg finden zu können – zumindest solange sich die Situation bzw. die subjektive Einschätzung der Situation nicht ändert und solange das Individuum an seinen Imperativen als Imperativen festhält;
- das Individuum gerät in Erregung, diese Erregung kann als *Angst*, als *Ärger* und *Aggression* oder auch als Depression erlebt werden;
- das Individuum fühlt sich unter *Streß*;
- das Individuum hat in diesem Moment das Gefühl der *Ausweglosigkeit*;
- diese Ausweglosigkeit beruht darauf, daß es in der Tat momentan *keine Lösung* dieses Konflikts gibt, solange das Individuum am Imperativ als Imperativ festhält (Wagner u. a., 1984, S. 28).

Maßnahmen – Selbstkontrolle/Selbstinstruktion für Lehrkräfte

Der erste Schritt, den eigenen Handlungsspielraum zu durchbrechen, wird darin gesehen, automatisierte Handlungen vorerst zu unterbrechen. In schwierigen Situationen erfolgen häufig Überreaktionen durch zu schnelles Handeln.

Folgendes Praxisbeispiel soll das Gesagte verdeutlichen (aus Humpert und Dann, 2012, S. 121 ff.):

> Montag 3. Stunde, die Klasse ist mit Stillarbeit beschäftigt. Der Lehrer sitzt an seinem Pult. Klaus und Peter unterhalten sich leise. Plötzlich wird das Gespräch der beiden lauter, es scheint Meinungsverschiedenheiten zu geben. Der Lehrer mahnt vom Pult aus: »Klaus und Peter, ihr seid zu laut.« Doch die Ermahnung bringt nichts, im Gegenteil, zwischen beiden kommt es zu Schubsereien. Der Lehrer hakt nach: »Was soll denn das, Klaus?« Klaus sagt laut: »Peter hat zu mir gesagt, dass es ein Fehler meines Vaters war, mich zu zeugen.« Darauf spontan der Lehrer: »Na ja, vielleicht war es ja wirklich ein Fehler, dich zu zeugen.« Die Klasse bricht in schallendes Gelächter aus. Klaus muss sich so Einiges von seinen Mitschülern anhören. Klaus an den Lehrer gerichtet: »Wie können Sie nur so etwas zu mir sagen?« Der Lehrer kommt in Rechtfertigungsdruck: »Nun sei mal nicht so empfindlich, das war doch nicht so gemeint.« Klaus ist beleidigt, er schmollt vor sich hin und beteiligt sich nicht mehr am Unterricht. (Anmerkung: Der Lehrer sagte anschließend tatsächlich, dass, da der Jugendjargon heutzutage ziemlich derb ist, er nicht dachte, dass Klaus es sich zum einen so zu Herzen nehmen und zum anderen die Klasse so drauf springen würde.)

Für die Vermeidung von Überreaktionen und vorschnellen falschen oder zu heftigen Reaktionen wäre wie in vorliegendem Fall ein innerliches Anhalten notwendig. Dazu eignen sich folgende Techniken (vgl. Humpert & Dann, 2001):

Gedankliche Handlungsunterbrechung: Beispiele sind innere Sätze wie: »Jetzt erstmal nachdenken«, »Das bringt mich nicht aus der Ruhe«, »Erst denken, dann handeln«, »Ich werde jetzt ganz langsam sprechen«. Damit solche Gedankenstopper auch im richtigen Augenblick abrufbar sind, mag es sinnvoll sein, sie auf eine Karte zu schreiben und regelmäßig anzuschauen, bis sie in »Fleisch und Blut« übergegangen sind.

Ausgesprochene Handlungsunterbrechung: Um den Einschnitt beim Handeln noch wirksamer werden zu lassen, mag es sinnvoll sein, den Gedankenstopper auch auszusprechen. Dazu eignen sich Sätze, die gleichzeitig einen gewissen Aufforderungscharakter für die Schüler haben, wie »Moment mal!« Ein sprachlicher Gedankenstopper hat den Vorteil, dass man negative Selbstaussagen relativ leicht erkennt und diese dann in positive Sätze umformulieren kann.

Zwischenhandlungen: Sinnvoll ist auch das Einschieben bestimmter Zwischenhandlungen. Dadurch ist auch Zeit gewonnen, in der alternative Gedanken möglich sind. Folgende Möglichkeiten stehen im Klassenzimmer zur Verfügung:

- zwei Schritte zurücktreten
- ans Fenster gehen
- das Fenster öffnen
- einen Gegenstand auf das Pult legen
- mehrmals kräftig durchatmen.

Freilich dürfen solche Zwischenhandlungen seitens der Schüler nicht als stereotypes Verhaltensmuster verstanden werden. Wenn bspw. ein Lehrer in schwierigen Situationen erstmal seine Brille putzt, dann fällt dies den Schülern auf, sie interpretieren diese Lehrerhandlung als Hilflosigkeit und sie wäre dann für die Problemlösung kontraproduktiv.

Für Schüler: Der Schüler beobachtet sich selbst und hält auf Kontrollkarten fest, ob er sich an klar getroffene Vereinbarungen gehalten hat bzw. inwieweit er sie verletzt hat. Dabei sollten auf den Karten klare Verhaltensanordnungen festgehalten sein, wie: »Heute bin ich während des Unterrichts auf meinem Platz geblieben«, »Die ganze Woche habe ich meinen Banknachbarn nicht belästigt«. Ein solches Vorgehen ist auch ein erster Weg in Richtung der eigenen Impulskontrolle:

> »Unter Impulskontrolle versteht man in der Psychologie die bewusste und erwünschte Kontrolle der eigenen Gefühle und Affekte. Eine Störung der Impulskontrolle ist dadurch definiert, dass ein Mensch unter einem unangenehmen Spannungszustand leidet und diesen mit impulsivem Verhalten aufzulösen versucht, wobei sich die Handlungen meist unmotiviert wiederholen und nicht vollständig willentlich kontrolliert werde können. Meist wird das impulsive Verhalten zwanghaft und automatisiert ausgeführt, sodass es sich bei einer Impulskontrollstörung auch um eine Volitionsstörung handelt und die Beherrschung des jeweiligen impulsiven Verhaltens unmöglich ist« (Stangl, 2018).

Diese Definition hier anzuführen ist deshalb sinnvoll, weil Fehlverhalten von Schülern voreilig der Inkompetenz des Lehrers angelastet werden kann, nach dem Motto »er hat halt die Klasse, den Schüler nicht im Griff«. Eine über drei Jahre andauernde Längsschnittuntersuchung von Todt und Busch (1997) konnte zeigen,

> »daß allgemeine schulische Rahmenbedingungen wie das Klassenklima, das allgemeine Wohlbefinden, Unterrichtsinteresse oder die Unterrichtsgestaltung durch die Lehrer, aber auch die Schulleistungen – wenn überhaupt – nur einen geringen Einfluß auf aggressives Verhalten in der Schule haben. Wesentlich wichtiger im Hinblick auf die Anregungsbedingungen aggressiven Verhaltens scheint die individuelle Reaktionsbereitschaft (Reizbarkeit, Spaß am Risiko) zu sein, so daß die Vermittlung von Fähigkeiten der Impulskontrolle als Interventionsmaßnahme zu empfehlen ist« (Neubauer, 2017, S. 427).

Freilich wäre es vermessen zu glauben, ein im Klassenverband initiiertes Selbstkontrollverfahren sei hier die Lösung. Zur Verbesserung von Selbst- und Impulskontrolle sind folgende zwei Zugangswege zielführend:

1. Ein idealer Ansprechpartner ist der schulpsychologische Dienst. Nach einer Individualbetreuung könnten Anregungen von hier dann sehr wohl wieder in den Unterricht in der Verantwortung des einzelnen Lehrers zurückgemeldet und möglicherweise mit Einführung von Kontrollkarten aufgegriffen werden.
2. Mittlerweile liegen eine Reihe schulbasierter Präventionsprogramme für Kinder und Jugendlicher aller Schularten vor (vgl. Petermann & Lohbeck, 2017), bei denen die Verbesserung von Selbstkontrolle und Selbststeuerung als Verbesserung sozialer Kompetenzen ein fester Bestandteil sind.

Gegen Imperativverletzungskonflikte: Für Lehrkräfte kommt es darauf an, sich solche Konflikte einzugestehen und festzustellen, wie sie damit umgehen. Dies lässt sich am besten durch konkrete Beobachtungen des eigenen Handelns beantworten, damit Selbsttäuschungen ans Licht kommen können. Hier könnte es eine Hilfe sein, einen Kollegen zu bitten, den Unterricht mal zu besuchen und zu beobachten. Anschließend kommt es darauf an, die eigenen pädagogischen Ziele zu klären. Bei diesem Klärungsprozess dürften Gespräche mit Kollegen sehr hilfreich sein. Auf diese Art und Weise könnte die Lehrkraft allmählich zu einem Standpunkt kommen, wie sie mit grundlegenden Konflikten umgehen will.

5.2.3 Psychotherapeutische Schulen

Das Aufkommen der psychotherapeutischen Schulen seit Mitte des letzten Jahrhunderts gerade in Amerika führte zu vielen theoretischen Erkenntnissen, die zunächst in der klinischen Einzelfallforschung generiert wurden, nicht ursprünglich im Kontext von Schule. Hier werden stellvertretend zwei prominente Richtungen aufgeführt, die sich in der Lehrerausbildung auf psychotherapeutischer Basis engagierten.

Individualpsychologie

Dreikurs (1897–1972) traf in Wien auf Alfred Adler und war beeindruckt, wie dieser die Erfahrungen aus Psychiatrie und Psychotherapie für die Erziehung nutzbar machte. Inspiriert von Alfred Adler gründete er nach seiner Emigration das Alfred Adler Institute in Chicago und setzte in den USA die Wiener Tradition der Verbindung von Neurosenprophylaxe und Lehrerausbildung fort. Er fand Zugang zu Ärzten, Psychiatern und Lehrern und gründete Kinder- und Elternberatungsstellen (im Folgenden: Dreikurs, Grunwald & Pepper, 2007).

Die Erziehungsphilosophie von Dreikurs basiert auf Adlers teleologischem Modell, nach dem die treibende Kraft hinter jeder menschlichen Handlung ein Ziel ist. Und wichtigstes Ziel für Menschen als soziale Wesen ist, einen Platz in der Gesellschaft zu finden. Zu störendem, unerwünschtem Verhalten kommt es dann, wenn ein Kind nicht die richtigen Vorstellungen darüber entwickelt hat, wie es seinen Platz finden kann. Dreikurs geht von vier falsch gewählten Zielen aus:

- Aufmerksamkeit erlangen
- Macht, Überlegenheit erlangen
- Rache, Vergeltung üben
- Unfähigkeit zur Schau stellen.

Dreikurs, Grunwald & Pepper (S. 23) führen die vier Ziele unerwünschten Verhaltens, eine Beschreibung des kindlichen Verhaltens und die Reaktionen des Lehrers auf das Verhalten auf. Exemplarisch wird hier das Ziel »Aufmerksamkeit erlangen« dargestellt.

Das Verhalten des Kindes lässt sich so beschreiben: »Das Kind ist lästig, gibt an, ist faul, stellt andere in seinen Dienst, beschäftigt den Lehrer; denkt: »Ich hab nur dann meinen Platz, wenn man mich beachtet«, weint, ist charmant, ist übermäßig bemüht, zu gefallen, ist übermäßig empfindlich« (ebd.).

Die Reaktion des Lehrers: »Der Lehrer gibt übermäßige Aufmerksamkeit, ermahnt häufig, redet gut zu, fühlt sich belästigt, zeigt Mitleid; denkt: ›Das Kind nimmt zu viel meiner Zeit in Anspruch‹, fühlt Unwillen« (ebd.).

Nun geht es den Autoren darum, durch geschicktes Fragen dem Kind sein Ziel bewusst zu machen. Es geht nicht um eine Anklage, nach dem Muster »Du tust dies nur, um Aufmerksamkeit zu erhalten«. Die einleitende Frageform »Könnte es sein, dass du möchtest, dass ...«? soll signalisieren, dass nur das Kind um die richtige Antwort weiß. Exemplarisch werden hier mögliche Fragen für das Ziel »Aufmerksamkeit erlangen wollen« mitgeteilt (S. 32):

Könnte es sein, dass du möchtest, dass

- ich mich mit dir beschäftige?
- ich mehr für dich tue?
- ich dich mehr beachte?
- ich dir mehr helfe?
- ich komme und bei dir bleibe?
- ich etwas Besonderes für dich tue?
- die ganze Gruppe (Klasse) sich mit dir beschäftigt?
- du im Mittelpunkt der Gruppe stehst?

Natürliche und logische Konsequenzen

Darauf aufbauend schlagen die Autoren verschiedene Möglichkeiten vor, störendes Verhalten mit den vier Zielen zu korrigieren. Eine zentrale Maßnahme stellen für

Dreikurs natürliche und logische Folgen dar. Da eine Gesellschaft ohne Grundregeln nicht funktionieren kann, müssen diese auch vom Kind gelernt und befolgt werden.

Anstelle von Druck oder Belohnung, so sein Credo, gehe es für den Erzieher darum, die natürlichen und logischen Folgen für ein Fehlverhalten zu entdecken, die jedes Kind akzeptieren könne. Wenn ein Kind beispielsweise zu ungestüm mit seinem Spielzeug umgeht und es kaputt macht, heißt die natürliche Folge, dass es mit dem Spielzeug nicht mehr spielen kann, da es dieses ja selbst zerlegt hat. Wenn ein Schüler beispielsweise eine Wand im Klassenzimmer vollschmiert, heißt die logische Folge, mitzuhelfen, dass diese Wand wieder sauber wird. Ein sorgfältiger Umgang mit diesen »Strafinstrumenten« kann intrinsische Motivation, Selbstkontrolle und persönliche Verantwortung wachsen lassen.

Bei diesem Vorgehen geht es um einen engen Begriff von Klassenführung im Umgang mit Störenfrieden, die durch Anwendung gruppendynamischer und psychologischer Methoden wieder in die Klassenordnung eingegliedert werden können. Dabei steht im Fokus die Verhaltensänderung eines Schülers, nicht seine Person.

Humanistische Psychologie

Carl Rogers (1902–1987), der Mitbegründer der Humanistischen Psychologie, der die klientenzentrierte Gesprächstherapie entwickelte, propagiert ein »Lernen in Freiheit« (Rogers, 1984): Anstelle von Lenkung und direkter Führung oder auch Belehrung geht es ihm um einen Umgang, der gekennzeichnet ist durch Wertschätzung, Einfühlung, nicht wertendes Verstehen.

Thomas Gordon (1918–2002), der ebenfalls zu den Pionieren der Humanistischen Psychologie gehört, übertrug die Philosophie von Rogers auf das Vorbeugen und Lösen von Konflikten. Weltweit bekannt geworden ist er durch seine »Familienkonferenz« (1989; im Original: »Parent Effectiveness Training« 1970). 1974 entwickelte er ein »Teacher Effectiveness Training« (deutsch: »Lehrer-Schüler-Konferenz« 1977).

Der Ansatz der Lehrer-Schüler-Konferenz von Gordon (1977) ist einer der bekanntesten zum Lösen von Konflikten. Dieser Ansatz basiert auf Menschenbildannahmen der Humanistischen Psychologie. Da ursprünglich therapeutische Konzepte nicht ohne weiteres auf pädagogische Settings wie den Klassenunterricht übertragbar sind, wird hier nach der unterrichtlichen Umsetzung gefragt. Elementare Aspekte werden im Folgenden thematisiert.

Die Gedanken der Familienkonferenz hat Gordon in seiner Lehrer-Schüler-Konferenz auf die Schule übertragen. Aktives Zuhören und Ich-Botschaften werden hier vorgestellt, weil sie in Klassenführung gewinnbringend eingebracht werden können: Es geht um das Bemühen, dass Lehrer und Schüler ihre eigenen Bedürfnisse zum Ausdruck bringen und dann versuchen, die Bedürfnisse der anderen Seite zu verstehen.

Aktives Zuhören

Aktives Zuhören zielt darauf ab, dem anderen das Gefühl zu vermitteln, angenommen zu werden:

»Das Sicheinstimmen auf subtile verbale oder nicht verbale Hinweise, die Schüler senden, wenn sie Ihrem Unterricht Widerstand entgegensetzen, wird das Klassenklima auflockern, die Leistungen verbessern und das Lernen bereichern. Schüler haben es dann nicht mehr nötig, ihre Probleme nur außerhalb des Klassenzimmers zu artikulieren« (Gordon, 1977, S. 90).

Aktives Zuhören beschreibt die Fähigkeit, Meinungen und Gefühle von Gruppenmitgliedern zu reflektieren. Ein wichtiges Element dabei ist es, Gesagtes mit eigenen Worten zu wiederholen. »Aktives Zuhören ist ein wesentliches Element, den Unterricht besser zu gestalten und das Klassenzimmer in einen Ort der freundschaftlichen Auseinandersetzung zu verwandeln« (Gordon, 1977, S. 102).

Ich-Botschaften

Wenn Lehrkräfte sehr direktiv auf Schüleräußerungen eingehen, dann ist dies auch dem Umstand geschuldet, dass Unterrichten als ein Handeln unter Druck zu sehen ist, wie es Wahl (1991) einmal formulierte. Gordon (1977, S. 50 ff.) spricht bei unbedachten Lehreräußerungen von Straßensperren, wohinter auch versteckte Botschaften stecken können. Gordon teilt diese in zwölf Kategorien ein, die die Tendenz haben, weiterführende Gespräche zu blockieren. Nach Gordon haben nur wenige Lehrer andere Reaktionsmöglichkeiten gelernt, da sie als junge Menschen von ihren eigenen Eltern und Lehrern auf dieselbe Weise angesprochen wurden.

Folgende fünf Lehrerreaktionen teilen Nicht-Annahme mit, wenn ein Schüler Schwierigkeiten hat, eine Aufgabe zu bewältigen (im Folgenden alle Kategorien wörtliche Wiedergabe S. 51 ff.):

1. *Befehlen, kommandieren, anordnen*. Beispiel: »Hör auf zu jammern und sieh zu, daß du mit deiner Arbeit fertig wirst.«
2. *Warnen, drohen*. Beispiel: »Reiß dich lieber zusammen, wenn du erwartest, in dieser Klasse eine gute Zensur zu bekommen.«
3. *Moralisieren, predigen, mit »müßtest« und »solltest« argumentieren*. Beispiel: »Du weißt, du mußt lernen, wenn du in die Schule kommst. Deine persönlichen Probleme solltest du lieber zu Hause lassen, wo sie hingehören.«
4. *Raten, Lösungen oder Vorschläge anbieten*. Beispiel: »Es ist gut für dich, wenn du dir einen besseren Zeitplan machst. Dann kannst du alle deine Arbeiten erledigen.«
5. *Belehren, Vorträge halten, mit logischen Argumenten kommen*. Beispiel: »Wir wollen doch den Tatsachen ins Auge sehen. Erinnere dich lieber daran, daß du nur noch 34 Schultage hast, um deine Arbeit abzuschließen.«

Die nächsten drei Kategorien teilen Beurteilung, Herabsetzung und Bewertung mit:

6. *Verurteilen, kritisieren, widersprechen, beschuldigen*. Beispiel: »Entweder bist du ganz einfach faul oder du bist ein großer Bumelant.«
7. *Beschimpfen, Klischees verwenden, etikettieren*. Beispiel: »Du benimmst dich wie ein Schulanfänger und nicht wie jemand, der bald in die Oberschule kommt.«
8. *Interpretieren, analysieren, diagnostizieren*. Beispiel: »Du versuchst einfach, dich um deine Aufgabe zu drücken.«

Bei den beiden nächsten Arten handelt es sich um Versuche der Lehrer, einen Schüler aufzumuntern, das Problem verschwinden zu lassen oder zu leugnen, dass er überhaupt ein echtes Problem hat:

9. *Loben, zustimmen, positive Bewertungen geben.* Beispiel: »Eigentlich bis du doch ein ganz tüchtiger junger Mann. Ich bin sicher, du wirst irgendwie dahinterkommen, wie es gemacht wird.«
10. *Beruhigen, mitfühlen, trösten, unterstützen.* Beispiel: »Du bist nicht der einzige, dem es so ergangen ist. Bei schweren Aufgaben habe ich das auch erlebt. Nebenbei bemerkt, wenn du erstmal angefangen hast, wird es dir nicht mehr schwer vorkommen.«

Bei der Kategorie elf geht es um Fragen. Sie werden gerade dann am häufigsten verwendet, wenn Lehrer das Gefühl haben, mehr Fakten zu benötigen für ihr Vorhaben, das Problem des Schülers zu lösen, indem sie ihre eigenen besten Lösungen beisteuern, anstatt dem Schüler zu helfen, sein Problem selbst zu lösen:

11. *Fragen, sondieren, verhören, ins Kreuzverhör nehmen.* Beispiel: »Glaubst du, diese Aufgabe war zu schwer?« »Wieviel Zeit hast du daran gewandt?« »Warum hast du so lange gewartet, bevor du um Hilfe gebeten hast?« »Wie viele Stunden hast du daran gearbeitet?«

Botschaften der Kategorie 12 benutzt der Lehrer, um das Thema zu wechseln, den Schüler auf andere Gedanken zu bringen oder um sich überhaupt nicht mit dem Schüler beschäftigen zu müssen:

12. *Zurückziehen, ablenken, sarkastisch sein, aufheitern, zerstreuen.* Beispiel: »Na komm, laß uns über was Angenehmeres reden.« »Jetzt ist nicht der Augenblick dafür.« »Wir wollen zu unserem Unterrichtsthema zurückkehren.« »Da scheint heute Morgen aber einer mit dem falschen Bein aufgestanden zu sein.«

Ich-Botschaften sind sachliche Aussagen, durch welche der Sprecher dem Angesprochenen etwas über sich selbst mitteilt, sie bestehen aus folgenden drei Bestandteilen:

- Beschreiben eines beobachteten Problemverhaltens: z. B. »Du bist zu spät zum Unterricht gekommen.«
- Benennen der konkreten Auswirkungen des Verhaltens: z. B. »Ich muss meinen Unterricht unterbrechen und warten, bis du so weit bist.«
- Äußerung eines Gefühls: z. B. »Ich bin frustriert, wenn ich wegen dir mit meinem Stoff nicht weiterkomme.«

5.3 Kommunikation und Regulation

Ein wichtiges Ziel im Unterricht sollte eine gute Kommunikation zwischen Lehrkräften, Schülerinnen und Schülern sein. Eine gelingende Kommunikation findet auf der Beziehungsebene statt und führt meistens dazu, dass auch Probleme auf der Sachebene leichter gelöst werden können. Kommunikation im Unterricht ist eine gute Voraussetzung dafür, dass Lerndisziplin (Regulation) erst ermöglicht wird. Umgekehrt kann eine gut funktionierende Regulation, bei der sich Lerndisziplin leicht einstellen mag, eine günstige Voraussetzung dafür sein, dass Kommunikationsprozesse zwischen allen Beteiligten angebahnt werden können.

In diesem Kapitel werden drei für eine Lehrkraft besonders relevante Aspekte, die Kommunikation und Regulation betreffen, angesprochen.

5.3.1 Action Steps nach Marzano (2003)

Mit folgenden »Action Steps« gelingt Marzano (2003) eine Brücke zwischen gelingender Regulation und Kommunikation:

(1) Setze spezifische Techniken ein, um einen angemessenen Grad an Dominanz in der Klasse zu etablieren.

- Der Lehrer soll ein festes, bestimmendes Verhalten zeigen, das sich allerdings von einem passiven und aggressiven Verhalten unterscheidet. Dazu schlägt er vor:
  – Klare Körpersprache
    Darunter versteht er Augenkontakt, aufrechte Körperhaltung, den entsprechenden Schüler fixieren, ohne ihm bedrohlich nahe zu kommen, Kongruenz zwischen Mimik und Botschaft.
  – Angemessener Tonfall
    Hier geht es um eine klare und überlegte Sprache, einen Tonfall etwas über dem Klassenlevel, kein Anzeichen von Emotion in der Stimme.
  – Nicht nachlassen, bis das unangebrachte Verhalten verschwindet
    Dies bedeutet, unangemessenes Verhalten nicht zu ignorieren; sich nicht ablenken zu lassen von einem Schüler, der leugnet, argumentiert etc.; auf berechtigte Argumente zu hören.
- Klare Lernziele etablieren, und zwar gleich zu Beginn einer Lerneinheit.
- Feedback vorsehen für das Erreichen dieser Lernziele; kontinuierlich und systematisch diese Ziele aufgreifen; summatives Feedback vorsehen.

(2) Setze bestimmte Verhaltensweisen ein, die einen angemessenen Grad an Kooperation kommunizieren.

- Flexible Lernziele vorsehen
  Dazu gehört auch, dass die Schüler sich selbst zu Beginn einer Lerneinheit eigene Lernziele setzen dürfen. Es gibt ihnen das Gefühl, mitreden zu dürfen.

- Ein persönliches Interesse an den Schülern zeigen
  Hierzu bieten sich folgende Möglichkeiten an:
  - Vor und nach dem Unterricht mit den Schülern über ihre Interessen sprechen
  - Schüler außerhalb der Schule ansprechen
  - Sich jeden Tag außerhalb des Unterrichts, z. B. in der Pause, mit einer Gruppe von Schülern unterhalten
  - Auf wichtige Ereignisse von Schülern eingehen (Sportereignisse, Theater, kirchliches Leben ...)
  - Leistungen innerhalb und außerhalb der Schule honorieren
  - Beim Betreten des Klassenzimmers jeden einzelnen Schüler mit Namen begrüßen
- Gleiches und positives Verhalten zeigen
  - Mit allen Schülern Augenkontakt pflegen, im ganzen Klassenzimmer präsent sein
  - Bei allen Schülern im Klassenzimmer vorbeigehen
  - Wenn ein Schüler einen Einfall hat, diesen explizit auf ihn beziehen
  - Darauf achten, dass alle Schüler sich am Gespräch beteiligen können
  - Eine gewisse Zeit abwarten, so dass auch schwächere Schüler die Chance haben, sich am Gespräch zu beteiligen
- Auf inkorrekte Antworten angemessen reagieren
  - Richtige Antworten betonen und bei falschen auf evtl. gute Aspekte hinweisen
  - Schüler ermutigen, sich mit ihren Nachbarn auszutauschen
  - Eine Frage erneut formulieren und gebührend Zeit zum Antworten geben
  - Eine Frage anders formulieren
  - Hinweise oder Schlüsselwörter angeben
  - Eselsbrücken angeben
  - Notfalls respektieren, dass der Schüler mal nichts weiß.

(3)   Berücksichtige die Bedürfnisse unterschiedlicher Schüler.

Eine zentrale Variable im produktiven Umgang mit Störungen ist für Marzano der Begriff der »emotional objectivity«. Darunter versteht er eine gewisse psychologische Distanz gegenüber den Schülern. Das widerspricht auf den ersten Blick der Bedeutung des Lehrer-Schüler-Verhältnisses, die er diesem im Umgang mit Störungen beimisst. Doch *emotional objectivity* bedeutet nicht Reserviertheit oder Unnahbarkeit, sondern bei unerwünschtem Verhalten nicht gleich emotional gefangen zu sein, erstmals sich nicht aufregen oder sich verletzt zu fühlen. Temperamentsausbrüche sind beispielsweise eine gute Basis, um Regeln einzuführen oder Disziplinarmaßnahmen auszusprechen. Dazu gibt er folgenden »action step«:

(4)   Benutze spezifische Techniken, um eine gewisse »emotional objectivity« im Umgang mit Schülern zu pflegen.

Zorn oder Frustration sind keine sinnvollen Begleiter im Durchsetzen negativer Konsequenzen. Um diese zu kontrollieren, können folgende Techniken hilfreich sein:

- Nach Gründen suchen
  Meist hat Fehlverhalten auf Schülerseite wenig mit dem Lehrer zu tun, die Gründe mögen ganz woanders liegen. Wenn man sich dessen bewusst ist, kann man souveräner damit umgehen und dem Schüler gegenüber auf der persönlichen Ebene nicht nachtragend sein. In der Psychotherapie wurde der Terminus des »Reframing« eingeführt: Durch Umdeutung wird einer Situation oder einem Geschehen eine andere Bedeutung oder ein anderer Sinn zugewiesen, und zwar indem man versucht, die Situation in einem anderen Kontext (oder »Rahmen«) zu sehen. Einen verhaltensauffälligen Schüler mit privaten Problemen in seinem Elternhaus mag man, wenn man darum weiß, eher als erzieherische Herausforderung denn als persönliche Bedrohung wahrnehmen.
- Die eigenen Gedanken wahrnehmen
  Hier geht es darum, gegenüber sog. schwierigen Schülern die eigenen Einstellungen zu überdenken. Eine negative Einstellung erschwert ganz sicher, eine positive Beziehung gegenüber solchen Schülern aufzunehmen. Dabei kann es helfen, bevor man an einem neuen Tag in eine Klasse kommt, an die Schüler zu denken, mit denen es zu Problemen kommen könnte. Dabei stellt man sich vor, inwieweit sich diese Schüler auch positiv engagieren könnten. Wenn man diesen Schülern dann begegnet, sollte man sich an diese positiven Gedanken erinnern – auch eine Art Reframing.
- Sich um sich selbst kümmern
  Hierzu können Entspannungs-, Atemübungen positiv beitragen. Auch Humor kann helfen (▶ Kap. 4.3).

5.3.2 Klassenvertrag zwischen einem Schüler und dem Lehrer samt der Klasse

In Anlehnung an einen Fall, der bei Kiel u. a. (2011, S. 91 ff.) geschildert wird, wird hier ein Klassenvertrag als kommunikatives Regelwerk vorgeschlagen. Ein Schüler fällt im Unterricht durch Störungen und Provokationen auf. Dazu kommen das Verschwindenlassen von Mitteilungen an die Eltern, fehlendes Schulmaterial und Probleme bei der Hausaufgabenbearbeitung.

Ausgehend von einer systemischen Sicht auf Schulprobleme, sind in vorliegendem Fall folgende Einflussfaktoren denkbar:

- Schüler: Schul- und Leistungsangst, Konzentrationsfähigkeit, evtl. ADHS, Identitätskrise, Suche nach Aufmerksamkeit, Aggressivität
- Familie: schwierige familiäre Situation und Struktur (Spannungen, innerfamiliäre Beziehungen), [Kind] als »Sorgenkind«, Leistungserwartungen, Überforderung
- Schule: Übertritts-Situation, Notendruck, Position [des Schülers] in der Klasse, Lehrer-Schüler-Beziehung (z. B. Attribution > Vergleich mit Geschwistern), Kooperation mit Elternhaus, Eltern von Mitschülern
- Umwelt: Reizüberflutung (ADHS?), Bewegungsmangel, Bildungspolitik (z. B. Selektion), unsichere Zukunftsperspektive (Kiel u. a., 2011, S. 98 f.).

Zur systematischen Aufklärung der Situation des Schülers muss die Lehrkraft um die in der Schule vorhandenen Stützsysteme wie Beratungslehrkraft oder Schulpsychologe wissen.

Der Lehrer möchte den »Fall« nicht bilateral mit dem Schüler behandeln, sondern wählt das Klassengespräch, in dessen Rahmen ein Vertrag zwischen dem Lehrer, der Klasse und dem Schüler geschlossen wurde.

Vertrag zwischen dem Schüler und der Lehrerin sowie der Klasse

1. Ich achte auf meine Hefte und Bücher.
2. Während des Unterrichts bleibe ich auf meinem Platz.
3. Im Unterricht störe ich niemanden beim Lernen und lasse meine Mitschüler ausreden.
4. Ich löse Konflikte mit Worten.
5. Ich achte meine Mitschüler und gehe freundlich mit ihnen um.

Nur wenn ich diese Regeln einhalte, darf ich beim nächsten Ausflug am … mitgehen.

Ort und Datum   Unterschrift des Schülers

Das Autorenteam Kiel u. a. fragt, inwieweit das Klassengespräch ein sinnvoller Lösungsansatz für das Problem mit dem Schüler sein kann. Das Team beurteilt die Maßnahmen des Lehrers folgendermaßen (S. 102):

- Zu hinterfragen ist, ob ein gemeinsames Klassengespräch über einen Schüler, bei dem der Betreffende anwesend ist, angemessen ist (Gefahr: ›alle gegen einen‹). Einzelgespräche, ggf. unter Hinzuziehen von schulpsychologischem Fachpersonal, vor dem Klassengespräch wären hier vermutlich effektiver. Zudem erscheint die Anwendung des Klassengesprächs ohne Hinführung der Klasse zu abrupt (Interventionsstrategien sollten langsam eingeführt und regelmäßig angewendet werden und nicht im akuten Fall erstmalig zum Einsatz kommen).
- Auf einer anderen Ebene ist zu fragen, ob die ›Sonderrolle‹ des Schülers […] angemessen ist.
- Das Vorgehen der Lehrkraft hätte mit den Eltern des Schülers abgesprochen werden müssen. Insgesamt sollte vielschichtigen Problemen auf verschiedenen Ebenen begegnet werden (nicht nur auf Ebene der Klasse, auch individuell beim Schüler, bei den Eltern, bei der Schule usw.).
- Zumindest kurzfristig zeigen sich positive Effekte in Bezug auf das Verhalten des Schülers […].
- Der Vertrag ist positiv formuliert und die Erfüllung bietet einen Anreiz (Teilnahme an einer Klassenfahrt).

5.3.3 Elterngespräche

Generell stellt die Durchführung von Elterngesprächen eine große Herausforderung dar. Im schulischen Kontext kann es leicht zu Konflikten zwischen Eltern und Schule kommen. Die unterschiedlichen Perspektiven und Bedürfnisse von Eltern und

Schule in nicht selten emotionsgeladenen Situationen stehen einer konstruktiven Lösung manchmal im Weg. Dabei wird wissenschaftlich, schulpraktisch und bildungspolitisch die Erziehungs- und Bildungspartnerschaft zwischen Eltern und Lehrkraft betont (Busse u. a., 2019).

> »Eltern und Lehrkraft sollen, so die Grundidee, gemeinsam die Lernentwicklung des einzelnen Kindes unterstützen. Indem der faktisch gegebene gemeinsame Erziehungs- und Bildungsauftrag als ›Partnerschaft‹ konzeptionell bestimmt wird, ergeben sich Folgerungen für die Gestaltung des Kontakts zwischen Lehrkraft und Eltern. Die Idee der Partnerschaft konstituiert eine symmetrische, kooperative Beziehung in geteilter Verantwortung. Im Wesentlichen und zuallererst wird diese partnerschaftliche Beziehungsdefinition in Elterngesprächen hergestellt und sichtbar« (Schnebel, 2019, S. 84).

Feedback als Element der Kooperation (vgl. im Folgenden: Schnebel, 2019)

Akzeptanz und Empathie können durch Feedback zum Ausdruck gebracht werden. Feedback, das äußert, was ich vom Gegenüber verstanden habe, zeigt Akzeptanz und Wertschätzung. Indem vom Gegenüber Feedback erbeten wird, drücke ich zugleich Wertschätzung für seine Sichtweise aus und schaffe die Voraussetzung für empathisches Verstehen.

Feedback zu geben und zu erhalten als Bestandteil der Gesprächsführung erhöht die Chance, sich wechselseitig zu verstehen, und dient der Verständnissicherung. Eine gelingende Kooperation verlangt schließlich, dass die Beteiligten das Gespräch mit dem Gefühl verlassen, tragfähige nächste Schritte vereinbart zu haben.

Das Ziel eines gelingenden Eltern-Lehrkraft-Gesprächs besteht darin,

> auf einer vertrauensvollen Basis ein geteiltes Situationsverständnis zu entwickeln, Lösungen anzustoßen, Zuständigkeiten zu klären und Eltern zu ermöglichen, ihre Verantwortung für die Problemlösung wahrzunehmen. Dadurch soll eine Zusammenarbeit entstehen, welche gemeinsame Wege einer positiven Lernentwicklung des Kindes oder des/der Jugendlichen ermöglicht. Feedback bietet Möglichkeiten, auf nicht urteilende und machtfreie Art eigene Perspektiven zu klären, die Perspektiven der/des Gegenüber/s kennen zu lernen und dadurch zu mehr Klarheit und Verständigung im Gespräch zu kommen (Schnebel, 2019, S. 84).

Schnebel (2019, S. 85) gibt Impulse zur Unterstützung konstruktiven Feedbacks:

- Können Sie mir bitte schildern, wie Sie die Situation wahrnehmen?
- Mich interessiert Ihre Sichtweise.
- Im Augenblick höre ich von Ihnen eher Forderungen (Abwehr, Unverständnis o. ä.). Können Sie versuchen, mir zu erläutern, wie Sie sich die zukünftige Situation vorstellen und was Sie dazu beitragen können?
- Vielleicht erläutern Sie mir kurz in Ihren Worten, was aus dem bisher Gesagten bei Ihnen angekommen ist.
- Was ist Ihnen wichtig?
- Welches Gefühl hat dieser Vorschlag bei Ihnen ausgelöst?

Kiel u. a. (2011, S. 101) zeigen verschiedene Möglichkeiten der Kommunikation seitens der Lehrkraft, die sich nach dem Grad der Aktivität bzw. der Lenkung des Gesprächs unterscheiden lassen.

- Nonverbales Zuhören: Gestik und Mimik (z. B. Kopfnicken, Lächeln, ›zugewandte Körperhaltung‹) signalisieren Aufmerksamkeit bzw. die Bereitschaft zum Zuhören, geringe Aktivität/Lenkung
- Umschreibendes Zuhören (Paraphrasieren): Wiedergabe des Gesagten mit eigenen Worten, so kann auch ein gemeinsames Verständnis sichergestellt werden
- Aktives Zuhören: Formulieren von Fragen, die dem Gesprächspartner helfen, seine Sicht darzulegen (›Sie meinen …?‹, ›Sie haben das Gefühl, dass …?‹)
- Offene W-Fragen: Geben dem Gesprächspartner die Möglichkeit zu reflektieren und letztlich gemeinsam zu Lösungen zu kommen; hier besteht auch die Möglichkeit, bewusst die oben genannten Ebenen anzusprechen und so z. B. die Appellebene offenzulegen (›Wie sehen Sie …?‹, ›Was wäre …?‹)
- Vorschläge, Ratschläge, Anweisungen: klare Aussagen über weiteres Vorgehen, stärkste Form der Lenkung eines Gesprächs.

6 Disziplin und Unterrichtsstörungen

Dass eine Lehrkraft die sozialen, motivationalen und disziplinären Bedingungen für die Akzeptanz ihres Lehrangebots in der Klasse täglich und stündlich immer erst herstellen muss, bevor sie mit dem Unterricht beginnen kann, ist sicher ein maßgeblicher Belastungsfaktor im Lehrerberuf. Lehrkräfte haben im Durchschnitt 15 erzieherische Konfliktsituationen pro Unterrichtsstunde zu meistern. Es ist schwer zu beurteilen, ob Disziplinprobleme heute zugenommen haben oder ob sogar Lehrkräfte heute dünnhäutiger geworden sind. Tatsache ist, dass es in Schule schon immer Disziplinprobleme gegeben hat, wie folgende lateinische Floskel zeigt: »sub virga degere« – »unter der Rute leben«, die im Mittelalter als Metapher für »in die Schule gehen« stand. Undiszipliniertes Verhalten, Fehler und schlechte Leistungen wurden im Mittelalter in den Klosterschulen zumeist »sub virga«, also unter der Rute »gelöst«.

Disziplin war lange ein Standardbegriff in pädagogischen Wörterbüchern. Disziplin, Autorität und Gehorsam waren unbestrittene Werte, so verlangte es der Zeitgeist vor und unmittelbar nach dem Zweiten Weltkrieg. Noch 1968 gab Hermann Röhrs einen 465 Seiten umfassenden Band zum Thema »Die Disziplin in ihrem Verhältnis zu Lohn und Strafe« heraus. Nach 1968 verschwand der Begriff weitgehend aus der deutschsprachigen Pädagogik.

Bezüglich des Begriffs *Disziplin* (von lat. *disciplina*) wird eine weite und enge Bedeutung unterschieden. Im weiteren Sinn bedeutet Disziplin *Lehre, Unterweisung, Bildung, Fach* und im engeren Sinn *Gehorsam, Zucht*. Im ursprünglichen Sinn bedeutet Disziplin also jenes Verhalten, das Schüler sich aneignen bzw. erlernen müssen, um lernen zu können. Disziplinierte Schüler haben demnach die erste Stufe des Lernens erklommen: Sie akzeptieren ihre Rolle als *discipulus* (lat. für *Schüler*) und erfüllen so die erste Voraussetzung für Lernen. Disziplin ist also eine Grundvoraussetzung zum Lernen und gewährleistet, dass Lernprozesse ablaufen können. Disziplin bedeutet somit nicht eine kritiklose Unterordnung, sondern

- die Herstellung einer guten Arbeitsatmosphäre
- die Eigenverantwortung der einzelnen Schüler.

6.1 Exkurs: Autorität

Reden über Autorität schwankt zwischen Affirmation und Kritik, Idealisierung und Verteufelung, Beschwörung und Verwerfung, Restauration und Verabschiedung. »Seine Bedeutung changiert je nach Kontext zwischen Bejahung und Nötigung, Unvermeidbarkeit und Unmöglichkeit« (Wimmer, 2009, S. 98). Aufgrund fortgeschrittener Individualisierung erscheinen heutige Autoritätsansprüche als unzulässige Eingriffe in die individuelle Freiheit. Nach Wimmer scheint Autorität eine besondere Form der Gewalt zu sein, das Verhältnis zwischen Autorität und Freiheit erscheint als ein unverträglicher Gegensatz.

Autorität und Erziehung scheinen ein Problempaar geworden zu sein. Doch dieses Problem ist kein modernes, es thematisierte schon Kant mit seinen berühmten Worten: »Eines der größten Probleme der Erziehung ist, wie man die Unterwerfung unter den gesetzlichen Zwang mit der Fähigkeit, sich seiner Freiheit zu bedienen, vereinigen könne. Denn Zwang ist nötig! Wie kultiviere ich die Freiheit bei dem Zwange?« (Kant, 1785/1978, S. 711).

Das Grundproblem, wenn man über Autorität spricht, bleibt das Verhältnis zur Gewalt. Denn sowohl die Legitimität von Autorität als auch die freiwillige Unterordnung basieren auf etwas wie Opfer oder Verzicht, man könnte auch von einer unkenntlich gewordenen Gewalt sprechen (vgl. Wimmer, 2009, S. 114).

Begrifflichkeit

Auctoritas = Ansehen, Einfluss, den jemand »durch Staatswürden und Ämter, Geburt und Rang, durch seine anerkannte persönliche Bedeutung ausübt« (Menge, 1959, S. 104).

Die Römer trennten *potestas* von *auctoritas*. Während ersterer Begriff allein die mit einem bestimmten Amt verbundenen Befugnisse meint (»Amtsgewalt«), meint *auctoritas* die informelle Macht, die nicht an ein Amt gebunden war (aber selbstverständlich mit ihm einhergehen konnte), sondern an Ansehen, Reichtum und Klientel. Sie wirkte als regulierende Entscheidungsgrundlage, wo keine formellen Vorschriften wirkten.

Diese Unterscheidung beinhaltet der heutige Autoritätsbegriff nicht. Autorität beruht auf einem Anerkennungsverhältnis, wobei diese Akzeptanz unterschiedliche Hintergründe haben kann (vgl. Schäfer und Thompson, 2009, S. 8 ff.). Zu nennen sind:

- die Amtsautorität, die mit der Ausübung eines Amtes verknüpft und damit institutionell gebunden ist. Diese Autorität entspricht dem römischen Begriff der *potestas*.
- die Sachautorität, die auf einer fachlichen Ausbildung und auf eigenen praktischen Erfahrungen beruht. Der Beruf des Arztes fällt typischerweise in diese Begrifflichkeit.
- die Autorität, die auf persönlicher Überzeugungskraft beruht. Hier spricht man auch vom Charisma. Hier sind der Vorbildcharakter und die Wertrepräsentanz der Autorität am stärksten ausgeprägt.

Freilich müssen sich diese drei Autoritäten nicht gegenseitig ausschließen. In den Augen von Organisationsmitgliedern werden Amt und Person stets zusammengedacht:

> »Im Bild der Autorität sind die Elemente der Amtsinhaberschaft, ihres fachlichen Könnens und der besonderen Qualitäten ihrer Person von vornherein verschmolzen und werden in den normalen Interaktionsroutinen gerade nicht separiert« (Paris, 2009, S. 43).

Die Autoren Sofsky und Paris (1994) analysieren aus soziologischer Sicht die Struktur von Autorität, sie unterscheiden neun Merkmale, damit ein Autoritätsverhältnis besteht und aufrechterhalten werden kann. Hier beziehe ich mich auf eine Zusammenstellung von Reichenbach (2011, S. 156 ff.):

1. Autorität wird zugeschrieben. Somit ist Autorität keine Eigenschaft, sondern sie stellt eine Beziehung dar. Und diese Zuschreibung einer Person stellt für sie eine Quelle der Macht dar. Dieses »symbolische Kapital« kann genutzt, aber auch wieder verspielt werden.
2. Autorität ist eine figurative Konstruktion. Indem eine Person als Autorität anerkannt wird, werden gleichzeitig andere Personen als Nicht-Autoritäten mitbestimmt.
3. Autorität beruht auf Anerkennung. Wo sie abgefordert werden muss, ist sie bereits brüchig. Wer über die »waffenlose Macht« der Autorität verfügt, kann auf den Einsatz grober Machtmittel, Drohungen oder Sanktionen normalerweise verzichten.
4. Die Anerkennung der Autorität impliziert die Anerkennung der Werte, die eine Autorität vertritt.
5. Autoritäten sind Persönlichkeiten. Dabei ist die Aura der Autorität mehr als die Wirkung einer Person, ihr Status verdankt sich einer objektiven oder objektivierten Instanz.
6. Das Bild der Autorität bezieht sich auf die gesamte Person. Der Zuschreibung von Autorität wohnt eine »Generalisierungstendenz« inne, d. h. die Anerkennung der Überlegenheit wird auf möglichst viele Gebiete verallgemeinert.
7. Autorität wird »von unten« zugeschrieben. Doch damit sind Autoritätsbeziehungen reziproke Geschehen: Mit der Selbstunterordnung verbindet der Autoritätsgläubige auch Forderungen und Anforderungen an die Autorität.
8. Autoritätsverhältnisse sind Inszenierungen. Die Selbstinszenierung »von unten« beginnt mit dem Eingeständnis der Unterlegenheit. Die Selbstdarstellung der Autorität beruht darauf, dass sie die ihr entgegengebrachte Wertschätzung anerkennen muss.
9. Autoritäten übernehmen Ordnungsfunktionen. Autorität schafft Ordnung durch Unterordnung.

Heutige »Krise der Autorität«

Gerade der Bezug auf Bejahung und Akzeptanz verweist auf den heutigen Begriff der »Krise der Autorität«. Wissen und Erkenntnisse sind heute nicht mehr durch eine jenseitige Schöpfungsordnung begründet. Die moderne Wissenschaft, die ein Wissen bereitstellt, das sich ständiger Überholbarkeit ausgesetzt sieht (vgl. Poppers Diktum »Lasst Hypothesen sterben«), bietet keine Anhaltspunkte, das dem menschlichen Leben, und damit auch dem der nachwachsenden Generation, eindeutige Orientierungen bietet. Bourdieu spricht von gesellschaftlichen Machtverhältnissen, die durch ihre Einsetzung bestätigt werden, ohne dass ihre Legitimität thematisiert würde.

Dies wird beim Schreiben dieser Zeilen deutlich. Im Frühjahr 2019 beginnen die Schülerinnen und Schüler europaweit freitags statt in die Schule auf die Straße zu gehen, um für eine bessere Umweltpolitik zu demonstrieren. »Was wollt ihr Alten uns in der Schule festhalten, wenn es um unsere Zukunft geht, die ihr uns verweigern wollt?«, so könnte man die Krise der staatlichen Schul-Autorität von Jugendseite aus beschreiben.

Man kann also festhalten, dass Autorität, die auf Amt und Sache basiert, eine »unsichere und fragile Ressource [ist], die jederzeit entzogen werden kann« (Paris, 2009, S. 40).

Ein Missverständnis, das die heutige »Krise« der Autorität mit heraufbeschwört, ist, dass zu schnell mit Autorität der Einsatz von Gewaltmitteln mitgedacht wird – körperliche Gewalt bspw., die heute in der Erziehung keinen Platz mehr hat. Dies hängt damit zusammen, dass Autorität immer mit dem Anspruch des Gehorsams auftritt – und der wird allzu schnell wiederum bei Übertreten oder zur Einhaltung mit »machtvollen« Mitteln in Verbindung gebracht. Und Autorität, wie obige Merkmale zeigen, schließt den Gebrauch jeglichen Zwanges aus, »und wo Gewalt gebraucht wird, um Gehorsam zu erzwingen, hat Autorität immer schon versagt«, wie Reichenbach (2011, S. 159) Hannah Arendt zitiert.

Reichenbach wählt mit der Überschrift »Autorität anerkennen, individuelle Freiheit schützen« (S. 159) m. E. eine gute Kompromissformel im heutigen Umgang mit Autorität. Dabei bezieht er sich auf Krüger (1953). Wenngleich das ganze Leben von Autoritätsverhältnissen durchzogen ist, von der Staatsautorität bis zur Elternautorität oder der von Lehrkräften, so besteht ein Mittel zur Vereinigung der autonomen Freiheit mit der unvermeidlichen Autorität darin, dass sich der Mensch davon innerlich zurückzieht: »Der autonome Mensch sei aber skeptisch gegenüber der Autorität. Wenn Autoritäten zwar auch nicht umgangen werden könnten, so ›verinnerliche‹ sie doch der autonome Mensch nicht, sondern macht sie vielmehr zu etwas ›Äußerlichem‹« (aus: Reichenbach, 2011, S. 160).

Pädagogische Autorität

Für die pädagogische Autorität sind drei Gesichtspunkte hervorzuheben:

1. Der Einsatz der pädagogischen Autorität ist auf ihre Abschaffung hin angelegt. Der Sinn der Führung besteht darin, dass der Adressat zunehmend Verantwortung für sich und sein Handeln übernimmt.
2. Erziehung wird zu einem Prozess, da die geforderte Distanzierung von sozialen Abhängigkeitsverhältnissen nicht von sich aus gelingt.
3. Die Autorität des Erwachsenen, die auf Vernunft beruht, bricht sich an der Andersheit der kindlichen Rationalität.

Als Meilenstein in der geisteswissenschaftlichen Tradition zum Thema gilt Kerschensteiners Publikation aus dem Jahre 1924 »Autorität und Freiheit als Bildungsgrundsätze«. Darin heißt es: »Autorität ist Geltung eines Wertträgers, die entweder auf eigenem Bedürfnis oder auf Anordnung und Sitte der Gemeinschaft beruht, und der jeder einzelne sich freiwillig oder gezwungen unterwirft« (S. 28). Beim Merkmal der Unterwerfung lassen sich die Autoritäten eines inneren von einem äußeren Gehorsam unterscheiden. Die Autoritäten des äußeren Gehorsams zeigen sich als Machtinhaber; dies können Personen, Institutionen, Sitten und Gebräuche sein. Zu den Autoritäten des inneren Gehorsams gehören konkrete Personen, darunter versteht er »Urheber großer Schöpfungen« (S. 29).

Für Kerschensteiner ist Autorität ein unentbehrliches Erziehungs- oder Bildungsprinzip. Dabei hat sie drei Funktionen:

1. Sie wirkt durch Hinführung zu den Wertträgern, der Umgebung, den Personen,
2. durch Vorbilder,
3. durch ihre Macht.

Dabei sieht er drei Gefahren des autoritären Erziehungsprinzips:

1. die Gefahr der Nivellierung der Individualitäten
2. die Gefahr des Unselbstständigwerdens im Denken, Wollen und Handeln
3. die Gefahr der Versteinerung der Wertverwirklichung in Gütern. Darunter versteht er die »allmähliche Erstarrung seiner [gemeint ist: das Gemeinschaftsleben] Kultur« (S. 62).

Sehr ausführlich setzt er sich mit dem Verhältnis zwischen Freiheit und Autorität auseinander. Während Freiheit für ihn Selbstbestimmung bedeutet, meint Autorität Fremdbestimmung. Doch im Unterricht geht es um ein Autoritäts- und Freiheitsprinzip. Dazu unterscheidet er zwei Wege des Lernens, die zueinander komplementär stehen, ein suggeriert autoritatives und ein frei gewolltes experimentelles Lernen.

Das autoritative Lernen ist ein Wissens- oder Fertigkeitserwerb durch Mitteilung auf mündlichem oder schriftlichem Weg. Kritische Prüfung des Mitgeteilten ist nicht möglich. Experimentelles Lernen meint einen Wissenserwerb und eine Fertigkeitsbildung in eigener frei gewollter Arbeit. Und dieses Lernen setzt autoritativ Gelerntes voraus, dieses kann nicht umgangen werden: »Es ist schon eine Täuschung, wenn man glaubt, die Schüler könnten die Naturgesetze in eigener freier Arbeit ohne Anweisungen entdecken« (S. 93). Dem kundigen Leser wird klar, dass mit diesen Ausführungen Kerschensteiner die Arbeitsschulbewegung begründet: »Arbeitsschule ist die Schule, die dem experimentellen Lernen so viel Platz einräumt, als es ein sinngemäßes Bildungsverfahren erlaubt« (S. 98).

Schließlich folgert er: »Alle Bildung ist letzten Endes Selbstbildung, das heißt Selbstbestimmung aus der in uns erwachten Sollstufe der sittlichen Freiheit« (S. 100).

Wenn es ihm in der Erziehung letztendlich um das Prinzip der Freiheit geht, die sich in der sittlich autonomen Persönlichkeit zeigt, so hält er dennoch fest, »daß am

Eingang aller Selbstbestimmung die Fremdbestimmung steht, daß also das Autoritätsprinzip im Bildungsverfahren vorangeht« (S. 102).

Caselmann (1963) merkt an, dass »eine unübersehbare Zahl von Schriften über das Problem der Autorität in der Erziehung erschienen [ist]« (S. 449). Dabei wird die innere von der äußeren Autorität unterschieden. Unter der äußeren wird eine institutionelle oder dominative Autorität verstanden, »die mit Zwang und Gewalt arbeitet« (S. 449). Unter der inneren versteht er eine Autorität, die »vom Betroffenen innerlich anerkannt wird« (S. 449). Innere Autorität ist nötig zum Lernen und zur Entwicklung:

> »Wir brauchen aber Autorität nicht nur als Förderungsmittel zum Lernen, sondern ganz einfach, damit die Kinder und Jugendlichen, die bei ihrer schwach entwickelten Urteilsfähigkeit noch keine Entscheidungen fällen können, sich wohl fühlen; sie brauchen Führung und Geleit, um das für gesunde Entwicklung notwendige Gefühl der Geborgenheit, der Nestwärme, haben zu können« (S. 451).

Im Folgenden führt Caselmann näher aus, was er nun unter innerer Autorität versteht:

> »Wissen und Können sind unerläßlich, geben aber keineswegs den Ausschlag. Kontaktfähigkeit und liebevolles Sich-Einfühlen in die Schüler sind ebenso wichtig wie kräftige Vitalität, strenge, fordernde Konsequenz wie elastische Großzügigkeit, unerbittlicher sittlicher Ernst und fröhlicher Humor, der über die eigenen Unzulänglichkeiten wie über die der Schüler lächeln kann. Eine starke Persönlichkeit versteht es eben, zahlreiche polare Spannungen in sich zu vereinigen und auszugleichen« (S. 454).

Bleibt noch anzumerken: »Daß Gerechtigkeit eine Urtugend des Lehrers, unerläßlich ist, braucht kaum betont zu werden« (S. 454).

Schreckenberg (1982) verweist auf ein Urteil des Bundesverfassungsgerichts Karlsruhe vom März 1982, aus dem hervorgeht, dass die urteilenden Richter allein in der Person des Lehrers eine beeinflussende Autorität sehen. Anlass war eine Plakette mit der Aufschrift »Atomkraft? Nein danke!« am Revers eines Lehrers während seiner Tätigkeit in der Schule. Die Plakette entfalte eine werbende Wirkung für eine bestimmte Gruppe, so ihre Begründung. Und eine solche Wirkung stehe dem Erziehungsauftrag der Schule entgegen, die Schülerinnen und Schüler zur Selbstständigkeit zu erziehen, so die weiteren Ausführungen. Schreckenberg bilanziert: »Von der Person des Lehrers wird Entscheidendes bei den Schülern bewirkt – oft oder sogar meist unreflektiertes Ergebnis der Persönlichkeitswirkung des Lehrers« (S. 23).

Erinnert sei hier an den Beutelsbacher Konsens, der Bestandteil eines Berufsethos all derer wurde, die politische Bildung betreiben, ganz gleich, ob sie es im staatlichen Auftrag oder als private Träger tun. Die drei Grundprinzipien lauten (Wehling, 1977, S. 178):

1. Überwältigungsverbot
2. Was in Wissenschaft und Politik kontrovers ist, muss auch im Unterricht kontrovers erscheinen.
3. Der Schüler muss in die Lage versetzt werden, eine politische Situation und seine Interessenlage zu analysieren sowie nach Mitteln und Wegen zu suchen, die vorgefundene politische Lage im Sinne seiner Interessen zu beeinflussen.

Eine Lehrkraft hat Amtsautorität, verliehen durch das Akzeptieren der Funktionen, die der Schule zukommen. Schule hat eine Qualifikations- und Selektionsfunktion und so wird einer Lehrkraft die Definitionsmacht übertragen, die sie in der alltäglichen Benotungs- und Bewertungspraxis ausübt.

Eine Lehrkraft hat Sachautorität, nachgewiesen über Prüfungen, die sie zur Ausübung des Lehrberufs befähigen. Dazu muss die didaktische Fähigkeit kommen, das Fachwissen auch »rüberzubringen«. Keine Lehrkraft kann im Getriebe Unterricht langfristig »überleben«, wenn ihr nicht seitens der Schülerinnen und Schüler eine gewisse Achtung entgegengebracht wird.

Die hier einer Lehrkraft zugesprochenen Formen der Autorität sind bei näherem Hinsehen allerdings fragil:

1. Die Amtsautorität leidet unter einem Imageverlust, wie er der Schule insgesamt gerade widerfährt. Schule hat an gesellschaftlichem Ansehen verloren. Der Staat scheint nicht in der Lage, eine zufriedenstellende Personalkapazität zu erreichen; ob es acht oder neun Jahre bis zum Abitur sein sollen, scheint beliebig zu sein, um nur zwei Punkte zu nennen, die Schule heute fragwürdig erscheinen lassen.
2. Die Sinnhaftigkeit schulischen Lernens wird zunehmend hinterfragt, wie auch Schulwissen für den Arbeitsmarkt zusehends in Frage gestellt wird. Buchwissen kann mit einem heute medial vermittelten Wissen nicht mehr mithalten. »Die Schule erscheint nicht mehr als kulturell selbstverständlicher Raum der gültigen Bildungsgüter und Wissensbestände, sondern als hergestellter und umstrittener Raum« (Helsper, 2009, S. 67). Lehrkräfte repräsentieren demnach nicht mehr monopolartiges Wissen.

Helsper u. a. (2007) fassen zusammen:

> Diese schulische symbolische Ordnung war eingebettet in einen übergreifenden gesellschaftlichen Deutungshorizont, von dem sie kulturell zehren und ihre Selbstverständlichkeit und Verbindlichkeit entlehnen konnte. Diese Aura der Schule als einer einzigartigen Bildungsstätte erodiert (S. 41).

»Nimmt man nun beide Entwicklungen – die tiefgreifende Fragmentierung der Amtsautorität bei gleichzeitiger Relativierung des angebotenen Sachwissens – zusammen, so steht der Lehrer weithin auf verlorenem Posten« (Paris, 2009, S. 55). Daraus folgert Paris, dass der Schlüssel für einen gelingenden Unterricht vor allem in der Persönlichkeit einer Lehrkraft liegt. Sie soll den Ansehensverlust von Schule und Wissen durch ihre Persönlichkeit ausgleichen. Führung wird damit Sache der Lehrerpersönlichkeit. So entstehen neue Autoritäten.

Wenn es also in der Schule keinen amtlichen oder sachlichen Grund mehr gibt, aus dem Autorität abgeleitet werden kann, andererseits aber durchaus die anerkannte und geachtete Lehrperson, dann, so folgert Wimmer (2009), verbirgt Autorität »ein Geheimnis oder ein Rätsel, dem sie ihre Wirksamkeit verdankt« (S. 92).

Vielleicht lässt sich das Rätsel mit folgender Definition entschlüsseln: »Die Autorität des Lehrers besteht in der Anerkennung seiner pädagogischen Kompetenz, d. h. seiner Fähigkeit zu unterrichten und zu erziehen« (Rekus & Mikhail, 2013,

S. 25). Freilich, die Abhängigkeit von den Schülerinnen und Schülern bleibt, nur sie können einer Lehrkraft Autorität zusprechen.

Ballauff (1962) spricht in seiner Diskussion des Autoritätsprinzips in der Erziehung von der Einweisung der Unmündigen durch die Mündigen in Einsicht und Wissen. Eine solche Einweisung zum »Tor zur Menschlichkeit« ist für ihn dialogische Hilfe – diese Hilfe als Autorität ist damit Hilfe zur Selbsthilfe. Sie ist »transitorisch, immer übergehend in nicht-autoritäre Umgangsformen« (Löwisch, 1969, S. 48). Löwisch spricht von einer »Haltungsautorität« und meint damit das »Wissen um die Aufgabe, das Rechte tun zu sollen« (S. 49).

6.2 Exemplarische Fallbearbeitung

Kiel u. a. (2011) legen ein fallbasiertes Arbeitsbuch vor, in dem sie herausfordernde Situationen in Schule und Unterricht behandeln. Aus den zentralen Aufgabenbereichen des Lehrerberufs werden exemplarisch problematische wie auch gelungene Fälle und Ereignisse kommentiert und mit Lösungsvorschlägen aufbereitet. Dabei werden die Fälle Schritt für Schritt beleuchtet und gleichsam zerlegt. Es geht nicht darum, ein Patentrezept an die Hand zu geben, das in einem anders gelagerten Fall möglicherweise nicht zielführend ist, sondern darum, Möglichkeitsräume aufzuzeigen, die auch auf ähnliche Fälle zutreffen.

Lehrkräfte neigen dazu, wahrgenommene Probleme/Störungen (vor)schnell zu interpretieren und zu bewerten und das Phänomen nicht einfach für sich selbst stehen zu lassen. Grund dafür ist nicht etwa Ignoranz, sondern das Bestreben, den Unterrichtsfluss nicht unnötig zu unterbrechen. Dabei kann es zu Fehlinterpretationen und Missverständnissen mit Schülern kommen. Wenn beispielsweise ein Schüler sich ständig mit seinem Nachbarn beschäftigt, ihn anspricht, stört, ja laut wird, wird die Lehrkraft dem Schüler möglicherweise nicht gerecht, indem sie ihn mit einer Bemerkung wie »Jetzt reicht es mir aber« zurechtweist. Möglicherweise wurde der Schüler bereits seit einiger Zeit von seinem Nachbarn provoziert und wusste nicht, wie er sich anders wehren kann.

Deshalb wird in diesem Fallbuch bei der Bearbeitung der geschilderten Ausgangssituation zwischen folgenden vier Ebenen unterschieden: 1) Identifizieren, 2) Interpretieren, 3) Bewerten und 4) Handlungs- und Möglichkeitsräume. Im Folgenden werden diese Ebenen anhand eines störenden Schülers in der Klasse durchgegangen:

1. Identifizieren

Zunächst wird das Problem identifiziert: Hier geht es darum, genau zu identifizieren, wer was wie wo macht. Es geht erst einmal nicht darum, wie sich die Lehrkraft bei einer Schülerstörung fühlt, sondern ganz konkret darum, mit welchen Schwierigkeiten sie konfrontiert wird.

2. Interpretieren

Nun folgt die Interpretation des gezeigten Lehrerverhaltens. Hier geht es um das Warum, Wozu. Diese Fragen betreffen einerseits die Gründe, die zeitlich einem Phänomen liegen können, andererseits die Absichten, aus denen ein Schüler stört, beispielsweise einfach nur, um den Lehrer zu provozieren.

Hierzu kann ein Diagnosebogen nützlich sein, wie ihn Rainer Winkel (2009) zur Analyse von Unterrichtsstörungen erarbeitet hat (S. 96 f.). Er erlaubt einen differenzierten Blick auf Formen von Störungen, auf die Frage, wer oder was gestört wird, auf Störungsrichtungen, -folgen und mögliche Ursachen. Mit solch einer differenzierten Betrachtung können monokausale Erklärungen vermieden werden, die dem komplexen Gefüge »Unterricht« nicht gerecht werden.

> **Diagnosebogen nach Winkel (2009)**
>
> a) Mögliche Formen von Unterrichtsstörungen
> - Disziplinstörungen
> - Provokationen und Aggressionen
> - Akustische und visuelle Störungen, allgemeine Unruhe, Konzentrationsstörungen
> - Störungen aus dem Außenbereich des Unterrichts
> - Lernverweigerung und Passivität
> - Demotivationen
> - Neurotisch bedingte Störungen
>
> b) Auf welcher Ebene wird die Unterrichtsstörung als solche definiert?
> - Ausschließlich vom Lehrer?
> - Ausschließlich von den Schülern?
> - Vom beeinträchtigten Lehr- und Lernprozess her?
>
> c) Lassen sich Störungsrichtungen ausmachen?
> - Schüler – Schüler
> - Schüler – Lehrer
> - Lehrer – Schüler
> - Lehrer – Lehrer
> - Objekt – Schüler
> - Schüler – Objekt
> - Objekt – Objekt
> - Lehrer – Objekt
> - Norm – Schüler
> - Schüler – Norm
> - Norm – Lehrer
> - Lehrer – Norm
>
> d) Lassen sich Störungsfolgen ausmachen?
> Beispiele: kurze Stockung, längere Unterbrechung, Blockade, allgemeine Verstimmung, Einfluss auf Lehrinhalte, Lehrmethoden oder Kommunikation in der Klasse

e) Wo liegen mögliche Ursachen?
- Eher im schulisch-unterrichtsbezogenen Kontext?
  - Lehrerzentrierter Verbalunterricht
  - Angstbesetzter Schulalltag
  - Geheime Lehrplanstrategien
  - Fehlendes Interesse für Lehrinhalte
  - Schulorganisatorische Probleme
  - Fehlende Möglichkeiten des Abreagierens
  - Weitere Ursachen
- Eher im psychisch-sozialen Kontext?
  - Beim Schüler
  - Beim Lehrer
  - In der Lehrer-Schüler-Interaktion
  - Im familiären Hintergrund
  - In der Peergroup
  - In der medialen Reizüberflutung
- Weitere Ursachen

Auch ein Blick in theoretische Grundlagen kann hilfreich sein, unter deren Berücksichtigung das Verhalten der Schüler interpretiert werden soll.

Die Reaktanztheorie basiert auf der Annahme, dass der Mensch grundlegend motiviert ist, seine Freiheit – hier im Sinne seiner Handlungsspielräume – zu erhalten. Mit Reaktanz wird oppositionelles Verhalten beschrieben, welches entsteht, wenn der Mensch eine Einschränkung seiner Wahlfreiheit erlebt und das Ziel hat, diese Freiheit wiederherzustellen.

Die Ausprägung der Reaktanz ist stärker:

- je mehr Freiheiten bedroht sind,
- je wichtiger die bedrohte Freiheit dem Individuum ist,
- je stärker die Freiheitsbedrohung ist.

Wenn also von vielen Handlungsoptionen nur eine wegfällt, ist die Reaktanz geringer, als wenn z. B. durch Verbote alle Möglichkeiten bis auf eine einzige eliminiert werden. Deshalb haben Verhaltensvorschriften ein besonders hohes Potenzial an Reaktanz – einem Schüler z. B. mittels Verboten ein bestimmtes Verhalten vorzuschreiben bedeutet letztlich nichts anderes, als ihm die anderen möglichen Handlungsoptionen zu nehmen. Häufig kommt es zu einer »Aufwertung der eliminierten Alternative«, d. h. gerade das, was verboten ist, übt einen hohen Reiz aus.

Typische Reaktionen als Ausprägung der Reaktanz sind Trotzreaktionen (bewusste Zuwiderhandlungen) oder das übersteigerte Ausführen von Anweisungen (z. B. wenn ein Schüler auf die Anweisung, sich ordentlich hinzusetzen, übertrieben aufrecht sitzt und die Hände auf den Tisch legt) ebenso wie allgemeine Verstimmung oder gar Aggression (Kiel u. a., 2001, S. 85).

> **Empfohlene Literatur zum Weiterlesen über dieses Thema:**
>
> Dickenberger, D. (1985): Reaktanz in der Erziehung. In: Bildung und Erziehung, 38, S. 441–453.
> Witte, E. H. (1994): Lehrbuch Sozialpsychologie. Weinheim.

3. Bewerten

Erst jetzt in einem dritten Schritt wird eine Bewertung vorgenommen: Hier geht es um positive oder negative Urteile gemäß einem definierten Bewertungsmaßstab.

4. Handlungs- und Möglichkeitsräume

Hier geht es darum, Möglichkeitsräume, also ein Handeln in Alternativen zu entwickeln. Im Falle eines störenden Schülers ist folgender dreifacher Schritt denkbar:
1. Als Hintergrundwissen wird die Theorie »Freiheit in Grenzen« (Schneewind & Böhmert, 2008) angeboten (vgl. S. 83 ff.). Es wird gefragt, welche Handlungsoptionen die Lehrkraft vor dem Hintergrund dieser Theorie hat (S. 89):

Es geht darum, den Schülern sowohl hohe Wertschätzung entgegenzubringen und Eigenständigkeit zuzulassen als auch klare Grenzen zu ziehen.

- Hohe Wertschätzung: Einzelgespräch außerhalb des Unterrichts, kooperative Strategien etc.
- Hohes Maß an Fordern und Grenzensetzen: gegebenenfalls Tadel, Androhung von Konsequenzen, Hinweis auf Regeln etc.
- Hohes Maß am Gewähren von Eigenständigkeit: selbstgesteuertes Lernen ermöglichen, demokratische Klassenführung etc.

2. Es wird nach einer wirksamen Intervention gefragt. Dabei werden zwei Arten von Strategien angeboten (S. 89 f.):

Lehrerzentrierte Strategien bei akuten Vorfällen, jeweils in Abhängigkeit von der Schwere der Störung, zum Beispiel durch:

- Nonverbale Signale
- Bewusstes Ignorieren
- Direkte Aufforderung an Schüler, das unerwünschte Verhalten nicht zu zeigen
- Tadeln, Androhung von Strafe
- Hinweis auf Regeln
- Sitzordnung ändern
- Klasse oder einzelne Schüler nach möglichen Lösungen fragen
- Arbeiten mit Anreizen
- Einzelgespräch außerhalb des Unterrichts

Kooperative Strategien (im Vordergrund stehen kollektive, also die Klasse betreffende Probleme und kollektiv ausgerichtete Strategien der Problemlösung):

- Konfliktlösungsgespräche (bilateral)
- Kooperative Verhaltensänderung (u. a. den Konflikt zum Thema eines Klassengesprächs machen)

- Konstruktives Konfliktgespräch nach Gordon (Lehrer-Schüler-Konferenz)
- Elterngespräch über den Konflikt
- Gegebenenfalls Schulpsychologen/Schulsozialarbeit hinzuziehen

3. Es geht darum, wie man als Lehrer bzw. als Kollegium oder Schulgemeinschaft präventiv vorbeugen kann (S. 90):

Lehrer:

- Grundsätze des Klassenmanagements beachten, z. B. breite Aktivierung, Vorbereitung von Unterrichtsabläufen, Unterrichtsfluss herstellen, Abwechslung
- Regeln gemeinsam festlegen
- Meta-Kommunikation bei starken Störungen

Schule/Kollegium:

- Regeln, Schulvertrag, Schulklima, Schulentwicklung

6.3 Sensibilisierung für das Thema Disziplin

Folgende Aufstellung von Keller (2014, S. 32) zeigt die ganze Problematik dieses Punktes:

In Deutschland gibt es ca. 45.000 Schulen. Wöchentlich erteilen dort ca. 794.000 Lehrkräfte 15,7 Millionen Unterrichtsstunden. Im Jahr sind das 597 Millionen Unterrichtsstunden. Eine Unterrichtsstunde besteht im Durchschnitt zu 65 % aus Lehr- und Lerntätigkeiten, die restlichen 35 % werden darauf verwendet, für Disziplin und Ruhe zu sorgen. Somit sind 209 Millionen Unterrichtsstunden ineffektiv, folgert Keller: »Wenn man davon ausgeht, dass eine Unterrichtsstunde 95 Euro kostet, beläuft sich der unterrichtliche Qualitätsverlust auf 19,9 Milliarden Euro pro Schuljahr« (S. 32).

Disziplin ist offenbar ein Thema im Unterricht, und zwar ein Angstthema. Das ist nicht verwunderlich: Disziplin zu haben oder keine Disziplin zu haben gehört zu den Gütesiegeln der Arbeit eines Lehrers (Drews, 2002, S. 102 ff.). Ein Lehrer, der mit dem Etikett behaftet ist, er habe keine Disziplin in seinem Unterricht, die Klasse tanze ihm auf der Nase herum, »wird bestimmt nicht zu den Glücklichen seines Berufsstandes gehören« (S. 103).

> Ganze Generationen von Pädagogen waren damit beschäftigt herauszufinden, wie man denn zu einer erträglichen Disziplin im Unterricht gelangen könnte. Fast noch mehr Aufmerksamkeit aber fand das Problem der Sanktionen, der Strafen, die Schüler erfahren sollten, wenn sie gegen die herrschende bzw. gewünschte Disziplin verstoßen hatten (Drews, 2002, S. 102).

Rutschky publizierte 1977 unter dem Titel »Schwarze Pädagogik« einen Band zu Einstellungen und Erziehungspraktiken des 18./19. und Anfang des 20. Jahrhunderts. Diese Dokumentensammlung galt in ihrer Zeit in den 70er/80er Jahren des letzten Jahrhunderts als Beitrag zur Verteidigung der antiautoritären Erziehungsbewegung. Drews konstatiert: »Jedenfalls gehört vieles, was mit Disziplin bzw. Disziplinierung von Schülern im Zusammenhang steht, nicht unbedingt zu den ruhmvollsten Kapiteln der Pädagogik« (S. 102). Drews fragt, ob die körperlichen Züchtigungen, von denen berichtet wird, »Ausrutscher« waren oder Zeichen von pädagogischer Ohnmacht. Und sie fragt weiter: »Und was ist mit dem Schlüsselbund, der gegenwärtig noch durch manche Klasse fliegt?« (S. 102).

»Ein ›Disziplinproblem‹ gab es damals nicht. Stattdessen gab es ›Selbstdisziplin‹« (Schirlbauer, 1996, S. 47) – so beschreibt Schirlbauer seine Gymnasialzeit der 60er Jahre des letzten Jahrhunderts. Er fährt fort: »Selbstdisziplinierung gehörte damals weitgehend zum ›Normalitätsverständnis‹ von Leben und Arbeit. Sie war sogar ›positiv‹ besetzt. Das Moment des Selbstzwanges wurde ausgeglichen durch Akte der Selbstaufwertung. In das Durchhalten mischte sich der Stolz« (S. 47), so zitiert Schirlbauer Ziehe (1991). Nach Ziehe war die frühere Schule subjektiv eher erträglich, und zwar deshalb, weil autoritäre Strenge, Undurchsichtigkeit des Lehrstoffes, Selbstzwang tief verankerte Bestandteile von als »normal« Empfundenem waren. Schule war, wie sie war, ein verkleinertes Abbild des damaligen autoritativ gesellschaftlichen Lebens.

Was generell zwischen Schule und Disziplin nicht glückt, ist der Situation geschuldet, dass Schule nicht freiwillig geschieht, die Zustimmung der Schüler muss stets neu erkämpft werden. Thiemann (1985) merkt hierzu an, dass sich im Lauf der Schulgeschichte allein der Repressionsmechanismus geändert hat. »Die Instrumentarien der direkten Gewalt, welche die Schule zur Befriedung der Zöglinge zur Verfügung stellte, werden sozusagen versachlicht und transformieren sich in Apparate und Regelsysteme« (S. 62).

Disziplin ist immer janusköpfig zu betrachten: Disziplinprobleme gehen erst einmal von den Schülern aus, die Handhabung durch den Lehrer. Nicht nur der Lehrer will seine »Klasse im Griff« haben, auch die Schüler wünschen sich Lehrer, die »durchgreifen«. Das Problem wird offenbar so behandelt: Hier gibt es die Problemverursacher, da die Problemlöser. Doch bei dieser Sichtweise muss die Frage offenbleiben, wo die Verantwortung der Schüler bleibt, die Hilfe soll ja vom Lehrer kommen. Die nächste Frage tut sich auf: Sind nicht eher die Lehrer den Schülern hilflos ausgeliefert als umgekehrt? Von Ohnmacht und Hilflosigkeit der Lehrer wird gesprochen, nicht nur von den Lehrern, sondern von allen Beteiligten, wie Dünser (2012) sie in ihrem Untertitel benennt: »Die Ohnmacht der Schüler, Lehrer, Eltern und Schulpolitik«.

Von Amts wegen hat der Lehrer nach Meyer (1999, S. 51) eine pädagogische, soziale, juristische und physische Macht über seine Schüler:

- Er kann auf die institutionelle Macht der Institution Schule zurückgreifen.
- Er kann belohnen, bestrafen, zensieren und selektieren.
- Er kann zum Identifikationsobjekt für seine Schüler werden.

Wenn es um das Thema Disziplin in der Schule geht, muss es also für den Lehrer darum gehen, die Würde des Schülers zu achten, doch auch die eigene nicht aufs Spiel zu setzen.

Folgende Tabelle 16 zeigt eine Auswahl der im Schulunterricht am häufigsten auftretenden Disziplinprobleme und Störungen:

Tab. 16: Systematik auftretender Disziplinprobleme im Unterricht (eigene Zusammenstellung in Anlehnung an Humpert & Dann, 2001, S. 191 f. und Keller, 2014)

Disziplinprobleme	Ausprägungen
Verbale Unruhe	• Schwätzen und Privatgespräche • Vorlaute Kommentare • Zwischenrufe ohne Meldung
Motorische Unruhe	• Verlassen des Sitzplatzes • Geräusche mit Gegenständen • Werfen von Gegenständen
Passives Verhalten	• Geistige Abwesenheit • Fehlende Bereitschaft zur Mitarbeit • Unterrichtsfremde Tätigkeiten
Zwischenmenschliche Konflikte	• Beleidigungen, Beschimpfungen • Respektloses Verhalten gegenüber der Lehrkraft
Ernsthaftes Fehlverhalten	• Aggressivität, Bedrohungen • Mutwillige Beschädigung von Eigentum
Weitere Probleme	• Unpünktlichkeit • Vergessen von Arbeitsmaterialien • Benutzung von Handys

Seitz (1991) erstellte nach den Angaben von 233 Hauptschullehrkräften zu 1133 unterrichtlichen Problemsituationen folgendes Klassifikationssystem:

- Verbale Störungen (Kommentare zu Lehreräußerungen, Schwätzen, allgemeine Unruhe etc.)
- Nonverbale Störungen (Spielen mit Gegenständen, Werfen, Raufen etc.)
- Präsituative Aktivitäten (Unpünktlichkeit)
- Verletzung moralischer Normen (Unterschleif)
- Passivität, Desinteresse, Opposition, Angst.

6.4 Sensibilisierung für das Thema Unterrichtsstörungen

Anpassungsgestört – aggressiv – deviant – dissozial – emotional gestört – entartet – entwicklungsauffällig – entwicklungsgehemmt – entwicklungsgestört – erziehungshilfebedürftig – erziehungsschwierig – fehlentwickelt – führungsresistent – gefühlsgestört – gemeinschaftsschädigend – gemeinschaftsschwierig – integrationsbehindert – milieugeschädigt – moralisch schwachsinnig – neurotisch – persönlichkeitsgestört – psychopathisch – schwererziehbar – sozial fehlangepasst – sozial auffällig – unangepasst – verhaltensauffällig – verhaltensbeeinträchtigt – verhaltensbehindert – verhaltensgestört – verhaltensoriginell – verhaltensproblematisch – verwahrlost – verwildert (Wettstein & Scherzinger 2019, S. 21).

6.4 Sensibilisierung für das Thema Unterrichtsstörungen

In alphabetischer Reihenfolge werden hier von den Autoren Störungsbegriffe aufgeführt, denen gemeinsam ist, dass die Störung aus einer individuumzentrierten Perspektive auf Schülerseite benannt ist. So definieren Ortner und Ortner (2000): »Auf das Verhalten eines Schülers bezogen betreffen Störungen des Unterrichts alle Aktionen und Reaktionen, mit denen dieser sich bewusst über schulische Normen und Regeln hinwegsetzt. Das Störverhalten richtet sich dabei gegen den Lehrer, die Mitschüler oder gegen den Unterrichtsverlauf« (S. 200).

Neben dieser Akzentuierung auf der Schülerseite definiert Rainer Winkel eine Unterrichtsstörung als eine Störung des Lehr-Lern-Prozesses. Nach der kommunikativen Didaktik, die Winkel in den 70er Jahren des letzten Jahrhunderts entscheidend weiterentwickelt hat, werden Lehr-Lern- Prozesse als ein sozialer Prozess verstanden: »Eine Unterrichtsstörung liegt dann vor, wenn das Lehren und Lernen stockt, aufhört, pervertiert, unerträglich oder inhuman wird (Winkel, 2005, S. 29).

Diese Auffassung ist kompatibel mit dem im deutschsprachigen Raum weit verbreiteten Angebot-Nutzungs-Modell von Helmke (2003). Unterricht wird hier verstanden als ein Angebot, das noch keine Wirkungen per se garantiert, sondern diese sind abhängig davon, ob überhaupt und wie die Schüler es nutzen.

Diese einseitige Festlegung von Störungen oder interaktionistische Sichtweise hat natürlich Auswirkungen auf Maßnahmen, die von der Lehrkraft ausgehen. Für eine nicht einseitige Fixierung auf Schülerseite von Störungen sprechen auch die vorliegenden sozialpsychologischen Befunde, die belegen, dass Lehrkräfte und Schüler Störungen unterschiedlich verorten (vgl. im Folgenden zusammenfassend Wettstein und Scherzinger, 2019, S. 43). Die Schüler sehen die Ursache von Störungen vor allem in problematischen Lehrer-Schüler-Beziehungen und in der Unterrichtsgestaltung. Dabei ist ihnen nicht bewusst, dass sie gemäß dem Angebots-Nutzungs-Modell durch ihr Nutzungsverhalten des Unterrichtsangebotes eine Mitverantwortung für einen gelingenden Unterricht haben. Umgekehrt liegen aus Sicht der Lehrkräfte die Ursachen von Störungen in Merkmalen einzelner Schüler und damit zusammenhängend in ungünstigen Gruppenprozessen zwischen den Lernenden und in sozial- und leistungsbedingt heterogenen Klassenzusammensetzungen oder der Klassengröße. Freilich hinterfragen einige Lehrkräfte auch ihre eigene Rolle bei der Entstehung von Unterrichtsstörungen durchaus kritisch.

Mit folgendem Beispiel möchte ich für diesen Punkt sensibilisieren:

Eigentlich sind wir mittlerweile sehr aufgeklärt, was den Umgang mit Regelverstößen angeht. Natürlich wissen wir heute, dass jeder Regelverstoß Konsequenzen haben muss, wir wissen, »das lass ich dem Schüler nicht durchgehen« – eigentlich. Denn was geschieht wirklich, wenn sich ein Schüler nicht an die Regeln hält?

Grüner, Hilt und Tilp (2015) geben ein eindrucksvolles Beispiel. Sie gehen von folgender Situation aus. Eine Konsequenz bei Verletzung der Hausaugabenregel lautet: Nicht gemachte Hausaufgaben zeige ich am nächsten Tag unaufgefordert in doppelter Ausführung vor. Und wenn nicht? Die Autoren setzen das Szenario fort:

> Nachsitzen > Schüler kommt nicht zum Nachsitzen > Noch mehr Nachsitzen > Schüler kommt immer noch nicht > Androhung des zeitweiligen Ausschlusses vom Unterricht > Schüler: ›Blablabla!‹ > Nervige Diskussion in der Klassenkonferenz über Verhältnismäßigkeit. Trotzdem zeitweiliger Schulausschluss. > Schüler: ›Wow! Geil! Schulfrei!‹ > Immer

noch keine Hausaufgaben > Noch mehr Schulausschluss > Schüler: ›Wow! Geil! Ich hab mehr Schulfrei als alle anderen. Ich bin der King!‹ > Androhung des Ausschlusses aus der Schule > Schüler: ›Blablabla!‹ > Ewiges Hin und Her. Schulleiter möchte ›weiße Weste‹ behalten. Was denken denn die Kollegen. Es wird alles schlimmer. Alle sind genervt. > Kein Schulausschluss > Schüler: ›Seht ihr, man muss nur die Nerven behalten.‹ > Mitschüler: ›Geil, ich mach‹ auch keine Hausaufgaben!‹ (S. 44)

Was also harmlos begann, so die Autoren weiter, endet mit einem Desaster:

> Die Auseinandersetzung mit dem Schüler führt zu zahlreichen Unterrichtsstörungen. Die Schüler beobachten, dass der Regelverstoß keine Kosten verursacht, sondern die Konsequenzen sogar als Belohnung erlebt werden. ... Die Lehrer werden zunehmend gereizt. Die Klasse auch. Der ›Funke‹ springt auf andere Klassen über. Es gibt die altbekannten und zeitraubenden Diskussionen im Kollegium. Das Klima verschlechtert sich. Mittlerweile haben viele Lehrer mehr Energie in diese Art der Konsequenz investiert als für die Organisation einer guten Hausaufgabenbetreuung ... (S. 45).

Soweit zu dem Thema Regelverstoß und Konsequenzen!

Strategien

Bei der Bewältigung von Störungen lassen sich funktionale von dysfunktionalen Strategien unterscheiden. Funktionale Strategien haben sich im Umgang mit belastenden Situationen bewährt, sie sind geeignet, um Probleme langfristig zu lösen. Dabei ist zu unterscheiden, ob ein Problem grundsätzlich für einen Lehrer veränderbar ist oder ob es weitgehend außerhalb seines Einflusses steht. Dysfunktionale Strategie dagegen sind ungünstige psychische Bewältigungsversuche, die nicht zielführend sind. Wettstein und Scherzinger fassen diese Bewältigungsstrategien in einer Tabelle zusammen (2019, S. 88; ▶ Tab. 17):

Tab. 17: Unterschiedliche Strategien bei der Bewältigung von Störungen (Wettstein & Scherzinger, 2019, S. 88)

Funktionale Strategien	Dysfunktionale Strategien
Problem durch Lehrperson veränderbar	Rückzug, Resignation oder Vermeidung
• Aktiv nach einer Lösung suchen • Aufsuchen sozialer Unterstützung	• Störungen ignorieren • Störungen verleugnen • Ständig grübeln, aber nichts tun • Resignation • Soziale Abkapselung • Innere Distanzierung
Problem durch Lehrperson kaum veränderbar	Pathologisierung und aggressive Strategien
• Aufsuchen sozialer Erlebensinhalte • Die Situation in einem neuen Licht sehen • Sich mit der Situation abfinden	• Pathologisierung von Schülerinnen und Schülern • Steuerungsbezogene Kommunikation/Steuerungsmonologe • Autorität durch Gewalt ersetzen

6.5 Umgang mit Disziplin und Unterrichtsstörungen

Zu dem Thema Umgang mit Störungen/Konflikten liegen zahllose wissenschaftliche Abhandlungen sowie eine umfangreiche Ratgeberliteratur vor. Dabei wird deutlich, wie unterschiedlich man sich Wissen aneignen kann, das idealerweise zu einem Handlungswissen werden soll. Die Frage bleibt, wie man sich dieses Handlungswissen aneignen kann.

Der Charme von rezeptartigen Abhandlungen liegt auf der Hand, wer wünscht sich nicht schnelle Lösungen für ein Problem. Tatsächlich ist bei der Literatur zum Classroom Management beobachtbar, dass sehr schnell Tipps im Umgang mit Störenfrieden gegeben werden – nach dem Motto »Man nehme …, und das Problem ist gelöst«.

Keller (2014) spricht eigens vom »Disziplinmanagement in der Schulklasse« (S. 8). Darunter versteht er dreierlei:

1. Es geht um die Fähigkeit, Unterrichtsstörungen differenziert wahrzunehmen.
2. Es geht um die Befähigung zum angemessenen Reagieren in Störungssituationen.
3. Die Lehrkräfte müssen wissen, wie durch systematische Prävention Unterrichtsstörungen wirksam vorgebeugt werden kann.

Welche Wege sind also denkbar?

6.5.1 Überlegungen, welche Art von Literatur »hilft«

Fallarbeit

Neben der Vermittlung von theoretischem Wissen geht es in der Lehrerausbildung darum, Studierende auf die Komplexität ihrer zukünftigen Lehrtätigkeit vorzubereiten (Doyle, 2006). Hierzu gibt es nicht den Königsweg, sondern potentielle Möglichkeiten sind auf ihre Tauglichkeit hin zu überprüfen. Die Fallarbeit ist eine didaktische Möglichkeit. In der internationalen und nationalen akademischen Ausbildung sowie in der beruflichen Aus- und Weiterbildung spielen fallbasierte Ansätze eine bedeutende Rolle – vor allem in den Bereichen, in denen komplexe Probleme auftreten und es keine rezeptartige Lösung gibt (vgl. im Folgenden Haag, 2019). Hierzu gehört auch die Schule. Bekannt geworden ist ja das Schlagwort »Technologiedefizit der Erziehung« von Luhmann und Schorr (1982). Hiermit verweisen sie auf die nicht zu überwindende Problematik einer fehlenden linearen Kausalität zwischen der Absicht einer erziehenden Person und der tatsächlich auftretenden Wirkung beim zu Erziehenden. Fallarbeit, Fallrekonstruktion, Fallstudie, Fallanalyse, Fallmethode, Einzelfallprojekt, Fallgeschichte und Kasuistik werden teils synonym, teils in deutlicher Abgrenzung voneinander verwendet (Lüsebrink & Grimminger, 2004). Beispielsweise differenzieren Kolbe und Combe (2004), dass Fallarbeit auf Lösungen eines Praxisproblems zielt, während eine Fallstudie eher auf wissenschaftliche Erkenntnis zielt. Ein Blick in die Literatur zeigt, dass heute unter fallorientierten Methoden eine Vielzahl an Ansätzen erfasst werden, bei denen unter bestimmten methodischen Vorgehensweisen gelernt, untersucht, reflektiert und geforscht wird.

Die Fallstudie als didaktisches Instrument hat in der juristischen Ausbildung eine ihrer historischen Wurzeln. In den 1870er Jahren etablierte ein Rechtsprofessor an der Harvard Law School in Boston eine fallbasierte Didaktik. Diese Methode wurde von den dortigen Fakultäten für Medizin und Wirtschaftswissenschaften übernommen. Die zu Beginn des 20. Jahrhunderts für angehende Wirtschaftsfachleute entwickelte Case Study Method wird in der Fachliteratur als »Harvard Methode« bezeichnet (vgl. Steiner, 2014). Während fallorientierte Methoden in der Ausbildung in der Rechtswissenschaft und Medizin mittlerweile zum Normalfall gehören – wobei häufig mit einem »Fall« der sog. »Störfall« assoziiert wird –, sind diese für die Ausbildung zum Lehrerberuf nicht systematisch entwickelt und eingeführt. Eine eingehende Thematisierung in erziehungswissenschaftlichen Studien im deutschsprachigen Raum erfolgte erst seit den 70er Jahren des letzten Jahrhunderts. Seit Mitte der 90er Jahre erst hat sich die Erkenntnis durchgesetzt, Fallarbeit in der Lehrerbildung systematisch auch auf den empirischen Prüfstand zu stellen (Lundeberg, Levin & Harrington, 1999).

Jede Art und Weise von Fallbearbeitung lässt sich durch eine wechselseitige Bezugnahme zwischen den konkreten Sachverhalten eines Falles auf der einen und etwas Allgemeinem auf der anderen Seite kennzeichnen. Das entscheidende Moment, an dem sich der professionelle Charakter einer Fallbearbeitung erkennen und entwickeln lässt, besteht in der Art und Weise, *wie* auf etwas Allgemeines Bezug genommen wird und von welcher Art dieses Allgemeine ist, das gewissermaßen den Fall besser erklärbar und verstehbar macht. Das Allgemeine weist über den Einzelfall hinaus und macht ihn erst verständlich. Diese Dichotomie zwischen dem Allgemeinen und dem Besonderen zieht sich wie ein roter Faden durch die Literatur über pädagogische Kasuistik. »Vom Einzelfall als Gegenstand eines Lern- oder Forschungsprozesses und dessen Interpretation werden Erkenntnisse erwartet, die über ihn hinausreichen« (Steiner, 2004, S. 23). Dieses Problem ist der Pädagogik nicht neu, Steiner verweist auf den Begriff des Exemplarischen. Ursprünglich von Wagenschein in der Physik-Didaktik entwickelt, wurde er bei Klafki zu einem Kernbegriff seiner bildungstheoretischen Didaktik. In einer seiner fünf Grundfragen der Didaktischen Analyse geht es um die exemplarische Bedeutung von Unterrichtsinhalten, an denen sich allgemeine Sachverhalte, Gesetzmäßigkeiten und Strukturen erarbeiten lassen (vgl. Klafki, 1963).

Ein hohes Potential wird in der motivierenden Funktion von Fällen gesehen. Sie sind in der Regel realitätsnah. Dadurch können sich Lernende gut hineinversetzen und so auch an ihre bisherigen eigenen Erfahrungen anknüpfen. Man spricht hier von authentischem Lernen. Dies meint eine Orientierung auf die Lebenswelt.

Kolbe und Combe (2004) mahnen zur Vorsicht, nicht voreilig mit in den Chor euphorischer Stimmen einzustimmen:

- Packende Fälle laufen Gefahr, theoriefern bearbeitet zu werden, d. h. ohne Theoretisierung kommt es zu keiner Korrektur oder Weiterbildung bestehender Theorien. Dem im Fall aufblitzenden Neuen müssen im Rahmen des vorhandenen Wissens Begriffe gegeben werden.

- Fälle laufen Gefahr, als Präskripte gelesen zu werden. Sie sagen nicht, wie man's macht, sie bieten ein Denken in Alternativen. Fälle machen »Wegbahnungen« (Flitner, 1974, S. 136) sichtbar.

Einig sind sich alle Autoren eher darin, dass die Arbeit mit Fällen dazu dient, ein reflexives Verhältnis zu den eigenen Handlungsgrundlagen aufzubauen, dass also pädagogisches Handeln reflexiver gestaltet werden kann. Doch Radtke (1996) argumentiert vorsichtig: Die Einübung von Reflexivität wird »die Virtuosität des Professionellen bei der nachträglichen Deutung« steigern, aber nicht die seines Handelns (S. 254). Andererseits wiederum gilt: »We know that reflection is an important component of learning« (Kolodner, Owensby & Guzdial 2004, S. 833).

Lehrertrainings

Fälle also ja, doch umfassendere Trainings, auch zeitlicher Art, sind als Alternative/Ergänzung mit in Betracht zu ziehen, wenn es um den Aufbau eines Handlungsrepertoires im Umgang mit Unterrichtsstörungen geht. Denn der Weg vom Wissen zum Handeln ist bekanntlich weit (Wahl, 1991).

Wir wissen heute viel über erfolgreiches Unterrichten. Wir wissen heute auch, dass erfolgreiche Klassenführung weitgehend erlernbar ist und weniger von Persönlichkeitsmerkmalen als vielmehr von unterrichtsbezogenen Kompetenzen abhängig ist. Mut macht auch folgende Studie:

Borg und Ascione (1982) untersuchten in einem Kontrollgruppendesign anhand von 34 Elementarlehrern, inwieweit Klassenführungstechniken erlernbar sind. Im Vergleich zur Kontrollgruppe verbesserte die Experimentalgruppe ihre Techniken, und ihr verbessertes Handeln wirkte sich auch bei den Schülern derart aus, dass sie weniger Störverhalten zeigten und ihr Lernverhalten zunahm. Ein wegweisendes Ergebnis dieser Interventionsstudie und ähnlich angelegter Lehrertrainings ist, dass solche Handlungsänderungen auf Lehrerseite relativ schnell beobachtbar waren, in einem Fall reichte ein zweimal halbtägiger Workshop aus (Marzano, 2003, S. 11). Wir reden hier also nicht von den Zeiträumen, wie sie sonst auf dem Weg zum Experten angegeben werden. Gruber (2014) konstatiert, dass der Expertise-Erwerb »einen langen Zeitraum, meist von zehn oder mehr Jahren« umfasst (S. 541).

Allgemein kann man sagen, dass Lehrertrainings längerfristig angelegt und mehr Zeit und Engagement voraussetzen als die Lektüre von Praxisbüchern. Zugleich bieten sie aber eine effiziente Möglichkeit zur Verbesserung des Unterrichts, indem unterrichtsrelevante Kompetenzen von Lehrern gestärkt werden. Die Zeitschrift für Pädagogik (Heft 2/2002) hat Lehrertrainings ein Schwerpunktheft gewidmet (vgl. auch Helmke, 2003, S. 231 f.).

Heute liegt eine Vielzahl an Lehrertrainings mit unterschiedlichen Trainingszielen vor. Insgesamt lassen sich folgende Traditionen von Trainingsverfahren für die Lehrerausbildung unterscheiden (vgl. Havers & Toeppel, 2002):

1. *Lehrertrainings in der Tradition von Rogers und Tausch*
   Hier geht es um eine Veränderung dominanter Verhaltensweisen in Richtung auf einen sozialintegrativen Erziehungsstil. Tausch selbst distanzierte sich bereits

Anfang der 1980er Jahre von den üblichen Trainingsmodellen. Lehrertrainings standen für ihn nicht für Emanzipation und Selbstbestimmung, sondern für Gängelung und Fremdbestimmung.

2. *Lehrertrainings in der Tradition des Microteaching*
Die entscheidende Idee des Microteaching ist, dass sich das Unterrichten in eine Reihe relativ klar definierter didaktischer und kommunikativer Einzelfertigkeiten zerlegen lässt, die gezielt geübt werden können. Diese können sowohl allgemeiner Art sein, wie z. B. die Fähigkeit sich klar auszudrücken, oder sie können sehr unterrichtsbezogen sein, wie z. B. eine Stundeneröffnung oder Informationsvermittlung mithilfe von Powerpoint bzw. Tafelzeichnung zu planen.

3. *Lehrertrainings in der Tradition der Verhaltensmodifikation*
Hier sollen Strategien und Verhaltensweisen gelernt werden, die Lehrer zum Umgang mit schwierigen Schülern befähigen. Hier geht es meist um Lerntechniken, die der behavioristischen Lernpsychologie entlehnt sind, wie z. B. der Verstärkung.

4. *Lehrertrainings in der Tradition der Kognitionspsychologie*
Die bisherigen Ansätze gingen davon aus, dass es Aufgabe eines Trainings ist, pädagogische Handlungsfelder vorzustellen, weil sie bei den Trainingsteilnehmern nicht oder nicht in ausreichendem Maß vorhanden sind. Hier nun geht man davon aus, dass die Trainingsteilnehmer bereits über umfangreiche Kenntnisse, pädagogische Überzeugungen und erzieherische Fertigkeiten verfügen, die ihr pädagogisches Handeln beeinflussen. Dann und Mitarbeiter sprachen hier von handlungsleitenden Kognitionen. Aus ihren Forschungsergebnissen ergab sich die Erkenntnis, wie wichtig Alltagstheorien oder Subjektive Theorien für das Lehrerhandeln sind, sowie die Forderung, diese für die Lehrerausbildung stärker als bisher zu beachten.

6.5.2 Präventive Maßnahmen und Interventionen – best practice

»Best practice«-Beispielen kann man nicht absprechen, dass sie ein reiches Repertoire an Handlungsmöglichkeiten eröffnen. Genau darum geht es in diesem Buch, das kein Fallbuch oder Trainingsbuch sein kann.

Best practice 1: Studien- und Übungsbuch (Becker, 1997)

Becker (1997) legt ein Studien- und Übungsbuch vor, das mittlerweile in der 11. Auflage erschienen ist, als Klassiker gilt und folgende Ziele verfolgt:

- Erhöhung der Konfliktfähigkeit, der Konflikttoleranz oder der Fähigkeit, mit und in Konflikten zu leben ...
- Verbesserung der Konfliktbeilegungsfähigkeit, d. h. der Fähigkeit, Konflikte genauer wahrzunehmen, sie realistischer einzuschätzen, die Ursachen zu ergründen und Handlungsfolgen zu konzipieren, die einen Beitrag zur Konfliktlösung leisten können (S. 14).

Unter Konflikten werden berufsfeldbezogene Auseinandersetzungen, Belastungen und/oder Schwierigkeiten verstanden, die die betroffenen Personen emotional, kognitiv und/oder physisch beeinträchtigen.

Die Studien- und Übungsunterlagen gliedern sich in 25 Problemkreise, die gleich gegliedert sind in Vorüberlegungen, Analysebeispiel, Konfliktbeschreibungen und Handlungsmöglichkeiten. Man könnte von einem semi-fallbasierten Vorgehen sprechen.

Exemplarisch wird aus dem Problemkreis 7.2 Provokationen und Problembeschreibungen hier ein Beispiel zusammengefasst. So kann sich der Leser ein Bild machen, inwieweit dieses Vorgehen für ihn interessant sein könnte, um sich weiter in das Buch zu vertiefen (vgl. S. 73 ff.):

Ein Schüler einer zehnten Jahrgangsstufe packt vor den Augen des Lehrers und der Mitschüler sein Brot aus, legt einen Apfel, eine Tomate und ein hartgekochtes Ei daneben, zückt noch einen Salzstreuer und beginnt zu frühstücken.

Als Erstverhalten wird vorgeschlagen: Sie ignorieren das Verhalten des Schülers, erst mal, um sich Handlungsaufschub zu verschaffen. Folgende Handlungsmöglichkeiten werden vorgeschlagen, ihre Prüfung wird mitangegeben (▶ Tab. 18):

Tab. 18: Provozierendes Schülerverhalten: Handlungsmöglichkeiten und Prüfung (Quelle: Becker, 1997, S. 73; © 2006 Beltz Verlag in der Verlagsgruppe Beltz · Weinheim Basel)

Handlungsmöglichkeiten	Prüfung
1. Den Schüler rauswerfen	Überreaktion
2. Eine allgemeine Esspause einlegen	Dazu liegt keine Notwendigkeit vor
3. Ihn bitten, das Essen zu unterlassen	Typisches Lehrerverhalten
4. Ihm verbieten, weiterzuessen	Sie weisen sich als humorlos aus
5. Ihn fragen, ob er etwas abgeben kann	Damit wäre ein Lacherfolg gesichert
6. An seine Vernunft appellieren	Wenig erfolgversprechend
7. Ihm »guten Appetit« wünschen	Nicht besonders einfallsreich
8. Sein Verhalten weiterhin ignorieren	Geht nicht, weil die ganze Klasse abgelenkt ist
9. Das Ereignis mit der ganzen Klasse diskutieren	Überreaktion
10. Ihm das Essen wegnehmen	Überreaktion, damit würden Sie den Konflikt verschärfen
11. Ihm verbieten, weiterzuessen und eine Begründung für das Verbot abgeben	Typisches Lehrerverhalten
12. Ihn auffordern, das Essen auf die Pause zu verschieben	Sofern Ihnen nichts Besseres einfällt

Tab. 18: Provozierendes Schülerverhalten: Handlungsmöglichkeiten und Prüfung (Quelle: Becker, 1997, S. 73; © 2006 Beltz Verlag in der Verlagsgruppe Beltz · Weinheim Basel) – Fortsetzung

Handlungsmöglichkeiten	Prüfung
13. Nach dem Grund des Verhaltens fragen	Bringt wohl nicht viel, denn die Art, wie er frühstückt, beinhaltet nun mal eine Provokation
14. Die anderen Schüler fragen, ob auch sie hungrig sind, eine Abstimmung vornehmen und bei positivem Abstimmungsergebnis die Pause vorziehen	Könnte in Erwägung gezogen werden
15. Nach der Stunde mit ihm sprechen	Geht nicht, weil die ganze Klasse abgelenkt ist

Folgende Handlungsfolge wird vom Autor konzipiert:

Erst ignorieren, dann abstimmen lassen, ob die Pause vorgezogen werden soll. Bei positivem Ergebnis wird in der Pause nachgearbeitet, bei negativem Ergebnis wird der Schüler aufgefordert, sich den Beschluss der Mitschüler zu beugen und das Essen einzustellen.

Best practice 2: Nolting (2012)

Im Umgang mit Unterrichtsstörungen gleichsam als »Breitbandtherapeutikum« orientiere ich mich an der Gliederung von Nolting (2012), der, das darf man mittlerweile sagen, einen »Klassiker« über Unterrichtsstörungen geschrieben hat. Dabei lässt er Kounins Erkenntnisse mit einfließen. Die Studie »Techniken der Klassenführung« von Kounin (1970; deutsch 1976) gilt als Klassiker dieser Forschungsrichtung. Er hat erkannt, dass entsprechende »Techniken« präventiv wirken.

Prävention

Nolting schlägt präventiv vier disziplinrelevante Bereiche des Lehrerverhaltens vor:

1. Breite Aktivierung.
Hier liegt der Akzent auf Unterrichtsführung bzw. Lernmanagement mit dem Ziel der Klassenaktivierung. Die Betonung auf »breite« Aktivierung umfasst eben die Aktivierung möglichst der ganzen Klasse. Bei Einzel-, Partner- oder Gruppenarbeit wird die Aktivierung in die Aufgabe verlagert, d. h. von ihr muss die Instruktion und Motivierung ausgehen.

Aktivierung bedeutet neben didaktisch-methodischer Gestaltung auch das Ausdrucksverhalten wie Stimme, Mimik, Gestik und Bewegung im Raum.

Fragestellen für breite Aktivierung bedeutet:

- Frage stellen
- den Blick wandern lassen
- evtl. Denkpause gewähren
- Aufnehmen von Antworten: Alle mal drannehmen.

Da es für den Schüler sichtbar sein muss, aktiv gewesen zu sein, kommt es auf positive Kommentare an. So muss ein Lehrerlob echt klingen und auch präzise sein. Ebenso sollte es den persönlichen Fortschritt betreffen, was die pädagogische Diagnostik als »Individueller Bezugsnormorientierung« bezeichnet.

Gelungene Beispiele: Die Anforderungen passen zur Leistungsfähigkeit der einzelnen Schüler: Während die eine Hälfte vom Lehrer den Stoff nochmals erklärt bekommt, kann die andere Hälfte der Klasse sich individuell oder in Gruppen mit weiterführendem Lernmaterial vertraut machen. Oder: Die Klasse arbeitet in Gruppen, dabei wendet sich der Lehrer gezielt einer Gruppe zu, um ihr etwas separat zu erklären. Dabei vergisst er nicht, darauf zu achten, dass auch die anderen Gruppen arbeiten.

2. Unterrichtsfluss.
Hier liegt der Akzent auf Vermeidung eigener Unterbrechungen des eigentlichen Unterrichts. Es geht um folgende Aspekte:

- Wartezeiten vermeiden: Rutter, Maughan, Mortimer und Ouston (1980) analysierten in ihrer Londoner Sek-I-Studie »Fünfzehntausend Stunden«, welchen Anteil der Stundenzeit die Lehrer effektiv dem Thema der Stunden widmeten und nicht mit dem Aufbau von Geräten, Verteilen von Materialien, Bewältigen von Unterrichtsstörungen usw. zubrachten. Die echte Lernzeit variierte im Schulvergleich zwischen 65 % und über 85 %. Es geht darum, für einen zügigen Wechsel von einer Aktivität zu einer anderen zu sorgen. Für einen zügigen Wechsel sind auch klare Instruktionen wichtig. Längere Dialoge mit Einzelnen können für den Rest der Klasse bloßes Warten bedeuten.
- Eigene »Störungen« unterlassen: Hier sollten Lehrer aufpassen, dass sie nicht ihren eigenen Unterricht durch deplatzierte Äußerungen »stören«, indem sie beispielsweise auf Unterrichtsstörungen übermäßig ausführlich und ausschweifend reagieren.

Gelungene Beispiele: Obwohl der Lehrer sehr wohl wahrnimmt, wie sehr sich seine Schüler für den Gegenstand interessieren, vermeidet er hier Komplimente, um nicht vom Ziel abzulenken. Oder: Der Lehrer stellt fest, dass seine Zusatzerklärungen zu weit vom eigentlichen Thema abschweifen, und beschließt, diese später einzubringen. Oder: Eine Schülerin, die während der Unterrichtsstunde das Geld für die Lektüre abgeben möchte, wird auf das Stundenende verwiesen.

3. Klare Regeln.
Hier liegt der Akzent auf Erwartungen an das Schülerverhalten, bezogen auf Lernaktivitäten sowie Unterlassung von Störungen. Hierüber hat sich die Forschergruppe

um Evertson (Evertson, Emmer & Worsham, 2006) sehr ausführlich geäußert. Hier ein paar Punkte:

- Regeln planen und Verfahrensweisen klar festlegen.
  Zu Schuljahresbeginn wird klar festgelegt, was in der Klasse erlaubt und verboten ist. Dabei ist bei der Einführung von Regeln zu beachten: so wenig wie möglich, so einsichtig wie möglich, so positiv wie möglich.
- Konsequenzen festlegen.
  Belohnungen und Bestrafungen werden für angemessenes sowie unangemessenes Verhalten eingeführt.
- Unterbindung von unangemessenem Verhalten.
  Schülerfehlverhalten wird sofort und konsistent unterbunden.
- Regeln und Prozeduren unterrichten.
  Neben einem Festlegen von Regeln zu Schuljahresbeginn muss im Laufe des Schuljahres immer wieder darauf hingewiesen werden, notfalls müssen neue hinzutreten.
- Überwachen des Schülerverhaltens.
  Schüleraktivitäten und deren soziale Prozesse werden genau beobachtet, um früh auftauchende Probleme identifizieren zu können und die Wirksamkeit der eigenen Handlungen zu reflektieren.
- Verantwortlichkeit des Schülers.
  Schülern wird ihre Verantwortlichkeit für die Ergebnisse ihrer Arbeiten klargemacht, und sie werden dabei unterstützt, ihre Selbstwirksamkeit zu entwickeln.

4. Präsenz- und Stoppsignale.
Hier liegt der Akzent auf Überwachung des Schülerverhaltens hinsichtlich der Einhaltung der Regeln. Wahl, Weinert und Huber (1984, S. 410 ff.) gehen von sieben Kriterien aus, die bei einer Stoppstrategie zu beachten sind:

- freundlicher Ton
- Anordnung in Form einer Bitte
- frühzeitiges Eingreifen
- definierte Toleranzgrenze
- anfangs häufiges Eingreifen
- Beachtung aller Schüler
- Bekräftigung des erwünschten Zustandes.

Gelungene Beispiele: Während der Instruktion an die ganze Klasse nimmt der Lehrer Augenkontakt mit einem Schüler auf, der gerade Papierknöllchen in einem Röhrchen wegblasen will. Oder: Während eines Klassengesprächs kommt ein Schüler zu spät, der Lehrer bemerkt dies, nickt ihm zu, und sobald die Klasse Gruppenarbeit macht, geht der Lehrer zu diesem Schüler und klärt sein Zuspätkommen.

Intervention

Keller (2014, S. 39 f.) schlägt folgende Fragen vor, die für eine Lehrkraft oder ein Klassenteam hilfreich sein könnten, wenn es darum geht, Ansatzpunkte für wirksame Interventionen zu finden:

1. Wie lässt sich das Störverhalten beschreiben?
2. Wie ist der Schweregrad des Störverhaltens einzuschätzen?
3. In welchen Fächern stört der Schüler?
4. In welcher der Unterrichtsphasen tritt das Störverhalten gehäuft auf?
5. Wie reagiert die Klasse auf das Störverhalten?
6. Welche Störungsursachen können dem Störverhalten zugrunde liegen?
7. Welche verborgene Botschaft könnte das Störverhalten beinhalten?
8. In welchen Situationen ist das Verhalten des Schülers unproblematisch?
9. Wie haben die Lehrpersonen das Störverhalten bisher zu bewältigen versucht? Mit welchem Erfolg?
10. Wie könnte das Störverhalten wirksam verändert werden?

Was aber, wenn die Strategien der Prävention nicht greifen, wenn Störungen auftreten, die sich z. B. durch Blickkontakt oder eine einfache Ermahnung nicht beheben lassen? Nolting schlägt hierfür lehrer- und gruppenzentrierte Strategien vor.

1. Lehrerzentrierte Strategien.
Als Grundmuster für ein lehrerzentriertes Vorgehen mögen in vielen Situationen folgende Reaktionsweisen dienen:

- direkte Bitte oder Aufforderung, etwas zu tun
- Begründungen oder Erläuterungen, die auf Einsicht abzielen
- Fragen nach dem Geschehen
- aktives Zuhören gegenüber den Schülern
- Ich-Botschaften
- humorvolle Reaktionen
- eigene Vorschläge
- Fragen nach Lösungen.

Um ein Problem erstmals als solches zu erkennen, um dann intervenieren zu können, sind folgende Hilfen für die Problemdiagnose hilfreich:

- Beschreibung des Problems (Was genau ist geschehen?)
- Selbstreflexion (Was habe ich als Lehrer dazu beigetragen?)
- Perspektivenwechsel (Wie geht es den Schülern damit?)
- Beobachtung (Was ist mir aufgefallen?)
- Befragung (Was muss ich noch wissen?).

2. Gruppenzentrierte Strategien.
Gruppenzentrierte Strategien sind durch einen kooperativen Gedanken gekennzeichnet. Nicht die Lehrkraft allein handelt, sondern sie versucht gemeinsam mit den Schülern eine Diagnose über den Charakter der Störung zu erstellen, Lösungsvorschläge zu erarbeiten, Lösungsversuche durchzuführen und die Ergebnisse zu bewerten. Hierzu gibt es eine Reihe von Gesprächsstrategiekonzepten, ein Beispiel ist die »Lehrer-Schüler-Konferenz« (Gordon, 1977).

Best practice 3: Eichhorn

Im Folgenden werden Möglichkeiten der Prävention und Intervention aufgezeigt, wie sie in der Ratgeberliteratur zu erfolgreichem Unterrichten immer wieder auftauchen. Beispielhaft wird hier Eichhorns »Classroom-Management« erwähnt (vgl. Eichhorn, 2018a). Demnach gelten als allgemeine Ratschläge von erfahrenen Lehrkräften:

- Unerwünschtes Verhalten ein letztes Mal erlauben
- Nichtbeachten, Leerlaufen-Lassen von Störungen
- Auf Disziplinprobleme möglichst nur mit Nebensätzen reagieren
- Gut formulierte Arbeitsaufträge (sonst: Unruhe)
- Wechsel der Lehrformen
- Direktes Abstellen von Störungen per Befehl
- Einbezug der Eltern bei ernsteren Problemen.

Lehrkräfte könnten sich selbst folgende Fragen stellen:

- Wie steht es mit meiner Beziehung zu den Schülern?
- Ermögliche ich den Schülern Lernerfolge?
- Anerkenne und bestätige ich meine Schüler?
- Achte ich auf Umgangsformen in der Klasse?
- Ist mein Unterricht gut vorbereitet?
- Habe ich ein gewisses Repertoire an Handlungsmöglichkeiten (z. B. situationsangemessenes Reagieren, eine goldene Brücke bauen, humorvoll überlegenes Entschärfen, Ich-Botschaften, Weitergabe des Problems an die Klasse, Einzelgespräch unter vier Augen)?
- Haben wir eine gemeinsame Schul- und Lernkultur für unser Schulhaus?
- Sehe ich in meiner beruflichen Arbeit die Chancen zu persönlichem Wachstum?

Bei grobem Stören im Klassenzimmer von Einzelnen rät Eichhorn (2018b) zu einer sog. »Zwei-Phasen-Intervention«. In Phase 1 geht es darum, im Klassenzimmer kurz, klar und höflich zu intervenieren (S. 128 f.):

1. Ruhig bleiben.
2. Eventuell Nähe zum Schüler herstellen.
3. Deutlich machen, dass das störende Verhalten nicht erwünscht ist.

4. Den Schüler kurz anweisen, was er tun soll.
5. Wenn andere Schüler das Problemverhalten mitbekommen haben, so laut erwähnen, dass es alle hören ›Ich möchte dich später sprechen‹.
6. Sofort weiter unterrichten.
7. Gleichzeitig beobachten, ob der Schüler der Aufforderung Folge leistet.
8. Und wenn ›ja‹, dem Schüler kurz signalisieren, dass man seine Kooperationsbereitschaft bemerkt hat und wertschätzt.
9. Präventiv den Schüler im Auge behalten und immer wieder Nähe zu ihm herstellen, um zu verhindern, dass er sich ein weiteres Mal unangemessen verhält.
10. Aufmerksam auf Schritte des Schülers in die richtige Richtung achten und ihm diese zeitnah und wertschätzend mitteilen.

In Phase 2 sucht der Lehrer das Gespräch mit dem Schüler mit dem Ziel, dem Schüler Entwicklung zu ermöglichen. Dabei ist wichtig:

- Innerlich entspannt sein,
- das Problem klar benennen,
- dem Schüler eine Entwicklungsperspektive anzubieten: ›Lass uns doch überlegen, was du tun kannst, damit das in Zukunft nicht mehr vorkommt‹,
- dem Schüler Unterstützung anbieten,
- sofort nächsten Termin zeitnah vereinbaren,
- den Schüler längerfristig begleiten.

(S. 129)

7 Umgang mit Aggression und Bullying/Mobbing

Aggression wird definiert als zielgerichtetes Verhalten mit Schädigungsabsicht. Jede Handlung, die mit der Absicht ausgeführt wird, eine andere Person zu schädigen oder zu verletzen, die ihrerseits versucht, dieser Schädigung zu entgehen, wird als Aggression bzw. aggressives Verhalten bezeichnet (vgl. Wild & Möller, 2009). Dabei unterscheidet man zwei Formen der Aggression (vgl. Huber, 2016):

Reaktiv:

- ungeplantes Verhalten, häufig nach Zurückweisung und Enttäuschung
- Merkmale: impulsiv, reaktiv, feindselig, affektiv

Proaktiv:

- geplantes Verhalten, das durch den erreichten Erfolg gesteuert wird
- Merkmale: kontrolliert, proaktiv, instrumentell, räuberisch
- Mangel an Reue oder Schuldgefühlen
- Mangel an Empathie
- defizitäre Emotionalität (keine Gefühlsäußerung)
- eine hohe Tendenz zur Delinquenz und hohe Rückfallquote.

Während der Begriff des Bullying in der angelsächsisch geprägten Wissenschaftssprache gängig ist, ist er im deutschsprachigen Raum eher ungewohnt. Ursprung ist das englische Wort »to bully«, das für tyrannisierendes oder einschüchterndes Verhalten steht. Unter Bullying wird ein aggressives Verhalten gefasst, bei dem ein Schüler wiederholt und über einen längeren Zeitraum den schädigenden Handlungen von Mitschülern ausgesetzt ist (Olweus, 2002). Dabei richten sich mehrere Schüler oder manchmal auch eine ganze Klasse gegen eine Person, reden mit dieser nicht mehr, machen sich über das Opfer lustig, grenzen es aus oder greifen es vielleicht sogar körperlich an. Bei diesen konkreten Handlungen gibt es keine wesentlichen Unterschiede zum Mobbing. Unterschiedlich ist hingegen der Kontext: Bullying findet zwischen Schülern statt, Mobbing vorwiegend am Arbeitsplatz, aber auch darüber hinaus, etwa in Familien. Die Bezeichnungen meinen daher letztlich das gleiche Phänomen.

Eine neuere Form des Mobbing stützt sich auf die modernen Kommunikationsmedien: Cyberbullying, »electronic bullying« oder Cybermobbing nutzen E-Mail, Chatrooms und Handys bei der gezielten Schädigung der Opfer. Diese werden schikaniert, verunglimpft, betrogen, verraten oder ausgegrenzt und fühlen sich durch diese

Aktionen mithilfe moderner Informations- und Kommunikationsmittel hilflos, ausgeliefert oder belastet. Die Besonderheit des Cybermobbing liegt darin, dass es eine größere Öffentlichkeit erfährt, Inhalte nur sehr schwer wieder aus dem Netz zu entfernen sind und sich extrem schnell verbreiten können. Dadurch verschwinden Schutzräume vor dem Mobbing, die Täter können auch anonym auftreten.

Durchschnittlich werden in deutschen Schulen zwischen 5 und 11 % der Schüler mindestens einmal pro Woche Opfer von Mobbing. In Grundschulen ist die Häufigkeit größer, die Stabilität der Rolle jedoch geringer. Nach Olweus (2002) gibt es auch Personen, die gleichzeitig Opfer und Täter sind.

Zu den typischen Mobbing-Aktionen gehören:

- Hänseln, Einschüchtern oder Lächerlichmachen des Opfers
- Verweigerung der Zusammenarbeit
- Sich-Abwenden, Wegsetzen oder Bedrohen
- Schubsen, Schlagen oder Stoßen
- Wegnehmen oder Zerstören von Dingen, die dem Opfer gehören
- Verbreiten von Gerüchten und Lügen

Besonders häufig tritt Mobbing im Klassenzimmer auf, wenn keine Lehrkräfte anwesend sind, oder auf den Pausenhöfen.

Den Studien von Olweus (2002) haben wir es zu verdanken, dass wir heute typische Täter- und Opferpersönlichkeiten beschreiben können:

- Täter: Eine neue Sichtweise ergibt, dass aggressives Verhalten nicht als Reaktion auf Provokationen oder als Kompensation von Schwäche angesehen werden darf, nach dem Motto »ach, die armen Täter«. Diese Personen, Bullys genannt, sind weniger ängstlich als andere, sie sind eher selbstsicher, stellen sich als selbstbewusst dar, sind verbal versiert, streben nach Dominanz und sind körperlich stärker als die Opfer. Sie haben eine positive Einstellung zur Aggression. Sie sind durchschnittlich beliebt in der Klasse, ja, sie haben sogar Bewunderer.
- Opfer: Sie sind eher ängstlich und unsicher, bei Mitschülern weniger beliebt, bewerten sich eher negativ und sind körperlich schwächer als die Bullys. Diese suchen sich gezielt Mitschüler als Opfer aus, die in der Klasse eher isoliert und unsicher sind und sich bei Angriffen zurückziehen.

Neben der Täter- und Opferrolle werden noch weitere Rollen unterschieden. So gibt es noch die Assistenten (aktives, am Täter orientiertes Mobbing), Verstärker (Anstacheln des Täters bei Aktionen), Verteidiger (Unterstützung des Opfers) und Außenstehende (Sich-Raushalten).

Ursachen

Aufgrund dieser unterschiedlichen Beschreibungen lässt sich gut erklären, wie Mobbing entsteht, nämlich dann, wenn ein typischer Bully und ein entsprechendes

Opfer mit seinem typischen Profil in einer Klasse sind. Bei ersten kleinen Auseinandersetzungen wird der Bully sein Opfer entdecken und anhaltend schikanieren, vor allem dann, wenn das Opfer sich nicht an Eltern oder Lehrkräfte wendet. Man geht heute davon aus, dass durchschnittlich in jeder Klasse ein bis zwei Kinder Opfer von Mobbing werden (Busch & Todt, 2010).

Im Folgenden werden Ursachenfaktoren für Schüleraggressionen aus Lehrer- und Schülersicht genannt.

Aus Lehrersicht:

- instabile familiäre Verhältnisse
- Provokation durch Mitschüler
- schwierige Entwicklungsphase der betroffenen Schüler
- belastete Beziehung zwischen Lehrkraft und Schüler
- Zusammensetzung der Klasse.

Aus Schülersicht:

- belastete Beziehung zu Mitschülern
- Strafen durch Lehrkräfte
- langweiliger Unterricht
- Gewalt im Fernsehen/Film
- fehlender Spaß an der Schule.

Schaut man sich die Ursachen für störendes und aggressives Verhalten aus der Schülerperspektive an, so fällt auf, dass Schüler teilweise völlig andere Ursachenfaktoren angeben als die Lehrkräfte. Aus der Gegenüberstellung wird deutlich, dass Lehrkräfte Schwierigkeiten eher von sich abweisen, für Schüler ist offenbar die Lehrkraft ein entscheidender Faktor. Lehrkräfte einerseits und Schüler andererseits haben also verschiedene Brillen für die Ursachenerklärungen.

Wild und Möller (2009) weisen auf das Soziale Informationsverarbeitungsmodell (SIP) hin, das sechs Phasen der sozialen Informationsverarbeitung unterscheidet, die Menschen durchlaufen, bevor sie in einer sozialen Situation reagieren. Dabei wird deutlich, dass aggressive Kinder jeweils spezifische Tendenzen zeigen, die aggressives Verhalten wahrscheinlicher machen:

1. Enkodierung der Hinweisreize: dabei klare selektive Wahrnehmung, z. B. anstatt »Jonas nähert sich mir lächelnd mit einem Saftglas, von dem er mich kosten lassen will«, wird dieselbe Situation negativ gedeutet: »Jonas will mir seinen Saft über die Hose kippen«.
2. Interpretation der Hinweisreize: Bei einer aggressiven Voreinstellung wird die erlebte Situation als aggressiv gedeutet. Anstatt »Der arme Jonas ist immer so ungeschickt, das wollte er nicht« wird gefolgert »Jonas hat mir mit Absicht seinen Saft über die Hose gekippt«.
3. Klärung der eigenen Ziele: Das Kind, das den Saft abbekommen hat, verfolgt ein Ziel: »Ich will jetzt mal klarstellen, dass mir keiner ungestraft Saft überkippen darf«.

4. Ein anderes Ziel könnte sein, den armen Jonas zu trösten.
5. Zugang zu Reaktionen: Das Kind geht die ihm bekannten und möglichen Reaktionen durch, bevor es eine auswählt. Aggressiven Kindern fallen als erstes feindselige Reaktionen ein, weil sie entweder in der Vergangenheit damit erfolgreich waren oder gar keine anderen kennen.
6. Entscheidung für eine Reaktion: Für welche Reaktion sich das Kind entscheidet, hängt von seiner Bewertung dieser Reaktion ab: »Ist es in Ordnung, jemanden zu schlagen?« sowie von seiner Ergebniserwartung: »Fühle ich mich in der Lage, die Reaktion erfolgreich durchzuführen«?
7. Ausführung des Verhaltens: Nun wird das gewählte Verhalten ausgeführt. Dies führt zur Bewertung und Reaktionen seitens der Peers, was dann als neue Hinweisreize die Phase 1 einleitet.

7.1 Klassenführung und Gewaltprävention

Bei der Frage, was der Lehrer gegen Gewalt tun kann, sollte man bescheiden bleiben und zunächst unterrichtliche Möglichkeiten in der Prävention sehen. Als gewaltpräventive Maßnahmen sind diejenigen zu betrachten, bei denen es um eine langfristige Entwicklung sozialer und kommunikativer Kompetenzen geht und um die Förderung von Fähigkeiten zur gewaltfreien Konfliktregelung. Gewaltlosigkeit als Erziehungsziel wird erreicht durch die Förderung und Stabilisierung des Selbstwertgefühls und des Vertrauens in andere Personen, durch die Verstärkung prosozialer Einstellungen und Förderung von Kommunikations- und Interaktionskompetenzen (vgl. auch im Folgenden: Schubarth, 2013, S. 101 ff.).

Konkret geht es um die Qualität der Lehrer-Schüler-Beziehung. Als Stichworte genügen hier:

- Fördern eines partnerschaftlichen Erziehungsstils
- Vermeiden von Etikettierungen und Stigmatisierungen
- Fördern einer Kultur der Anerkennung.

Es geht darum, ein Interesse für die Schüler zu zeigen, Ansprechpartner bei ihren Schwierigkeiten und Problemen zu sein und Sensibilität für Konflikte zu zeigen. Weiterhin geht es um das Ermöglichen von sozialem Lernen. Hilfreich sind offene Unterrichtsformen wie Partner-, Gruppen- und Projektunterricht. Schüler sollen lernen, akzeptierend mit Frustrationen umzugehen, mit eigenen Gefühlen und denen anderer, mit Meinungsverschiedenheiten und Konflikten. Ziele können sein: Interessenausgleich, Konsensbildung, migrations- und geschlechtersensible Erziehung.

Ein weiterer Ansatzpunkt ist die Vermittlung eines positiven Selbstkonzeptes. Es geht um die Förderung persönlicher Lernfortschritte sowie Selbstwirksamkeitsüberzeugungen. Zentral ist die Schaffung eines gemeinsamen Grundwerte- und

Normensystems in der Klasse. Es geht um einen Grundkonsens hinsichtlich verbindlicher Verhaltensnormen. Dazu gehören die Thematisierung der Gewaltproblematik im Unterricht sowie Richtlinien für den Umgang mit Übertretungen.

Da Noten nun einmal zur Schule gehören, sollten auch Regeln im Leistungsbereich getroffen werden. Ein Erwartungshorizont für Prüfungswissen und Bewertungskriterien muss transparent gemacht und den Schülern erklärt werden. Das Anforderungsniveau der einzelnen Aufgaben muss mit dem Arbeitsniveau im Unterricht übereinstimmen. Ansonsten bildet sich bei den Lernenden ein Gefühl heraus, dass es sowieso »nicht viel bringt«, im Unterricht mitzuarbeiten, wenn in der Prüfung immer etwas anderes abgefragt wird.

Bei der Planung der Prüfungssituation sind folgende Punkte zu beachten:

- Die Prüfungsdauer ist festzusetzen. Eine Faustregel könnte sein, bei Grundschulkindern nicht länger als 20 Minuten, bei älteren Lernenden ca. 45–60 Minuten anzusetzen.
- Das Arbeitstempo sollte nicht höher sein als im Unterricht.
- Beim Festlegen des Zeitpunktes einer Prüfung ist mit zu bedenken, in welcher Woche die Prüfung stattfinden soll; stehen beispielsweise schon andere Prüfungen an oder geht z. B. eine Sportstunde voraus? In diesem Fall kommen die Schüler wohl abgehetzt, körperlich aufgewühlt in das Klassenzimmer. Somit muss die Lehrkraft zunächst dafür Sorge tragen, dass die Schüler »runterkommen«. Dies kann ihr gelingen, indem sie ein paar Atem- und/oder weitere Entspannungsübungen vorsieht.
- Es ist klar festzulegen und im Vorfeld zu kommunizieren, welche Hilfsmittel zugelassen werden.

In der ganzen Klasse sollte die Stärkung von Kooperationsstrukturen, Verantwortungsbewusstsein und Selbstvertrauen im Vordergrund stehen. Das A und O muss eine enge Zusammenarbeit mit den Eltern sein. Außerunterrichtliche Aktivitäten wie Schullandheimaufenthalte, Klassenfahrten, Wandertage als erlebnisorientierte Initiativen dürfen allein der Erfüllung eines kognitiv orientierten Lehrplans nicht zum Opfer fallen. Für ein gemeinsam verantwortetes Miteinander sind viele Aktivitäten denkbar, hier eine Liste von Möglichkeiten:

- Morgenkreis (z. B. zum gemeinsamen Aufarbeiten von Ereignissen)
- Soziale Helfersysteme, Patenschaften, tutorielle Systeme, soziale Dienste (Verwaltung von Materialien, Büchern, Pflege von Pflanzen)
- Kontaktpflege zu außerschulischen Einrichtungen (Alten-/Pflegeheim, Kindergarten)
- Schulaktivitäten (z. B. Feste, Spiele, Ausstellungen, Aufführungen, Ausgestalten von Schulbereichen)

Nicht zuletzt tragen eine demokratische Interessenvertretung wie ein Klassenrat, regelmäßige Klassenkonferenzen und konkrete Vereinbarungen zwischen Lehrern und Schülern zu einem guten und friedlichen Miteinander bei.

Doch diese Maßnahmen allein reichen nicht aus. Zunehmend wird darauf hingewiesen, dass Lehrkräfte auf klare Grenzsetzung und Regeleinhaltung zu achten hätten. Die Erarbeitung und Einhaltung von Regeln werden als wertbasierte, soziale Vereinbarungen immer bedeutsamer. Dies stellt die Grundlage jeglicher schulischen Gewaltprävention dar.

Grüner und Hilt (2005, S. 71) nennen folgende Erfolgsfaktoren wertschätzender Regeldurchsetzung:

Wer Regeln mit Erfolg durchsetzen will – ohne zu bestrafen –,

1. formuliert Regeln eindeutig und überprüfbar,
2. reagiert sofort bei jeder Regelverletzung,
3. bleibt standhaft,
4. sorgt dafür, dass jede Regelverletzung Konsequenzen hat,
5. verlangt keine Einsicht,
6. arbeitet im Team,
7. verzichtet auf das Wort Strafe,
8. trennt zwischen Person und Verhalten,
9. macht Versöhnungsangebote,
10. reagiert auf positive Veränderungen und
11. schenkt prosozialem Verhalten Aufmerksamkeit.

Huber (2016) zeigt drei grundlegende Wege auf, wie Mobbing beendet werden kann. Ausgewählte Klassenkameraden werden gebeten, zur Lösung des Problems beizutragen, wenn es einem Mitschüler schlecht geht.

1. Hierher gehört der im deutschsprachigen Raum weitverbreitete »No-Blame-Ansatz« (Blum & Beck, 2010). Die Methode umfasst drei Schritte:

- Mit den Mobbing-Betroffenen wird das Gespräch gesucht, um Vertrauen aufzubauen.
- Die Mobbing-Akteure und unterstützende Klassenkameraden werden zu einem Gespräch eingeladen, hier werden Lösungsvorschläge gesammelt.
- Mit den Mobbing-Betroffenen und den Unterstützenden werden Einzelgespräche geführt.

Der Ansatz baut auf folgenden Eckpfeilern auf:

- einer konsequenten Lösungsfokussierung anstelle von Problemorientierung
- dem Zutrauen in die Kompetenzen der Beteiligten, um zu einer Lösung beizutragen
- dem Verzicht auf Schuldzuweisungen und Sanktionen
- dem Glauben an die Wirkung kleiner Schritte
- der Entscheidungsfreiheit aller Beteiligten.

2. Mobbing wird in der Klasse mit dem Ziel thematisiert, die Schüler dafür zu gewinnen, das Mobbing in der eigenen Klasse zu beenden. In der Klasse wird erklärt, wie Mobbing funktioniert, und es wird an die Bereitschaft aller appelliert, dass in der Klasse keine Mobbing-Aktionen mehr stattfinden. Die Schritte lauten also:

- Sensibilisierung für das Thema Mobbing
- die Klasse dafür gewinnen, an einer Veränderung des Umgangs miteinander mitzuwirken.

3. Der Mobbingakteur wird mit seinem Verhalten konfrontiert, mit dem Ziel, dass dieses verändert wird. Die Verhaltensweisen des Mobbing-Akteurs müssen ganz klar benannt werden. Hierfür muss er Verantwortung übernehmen, Empathie für das Opfer entwickeln und eine Verhaltensänderung/Wiedergutmachung anbieten.

7.2 Der Mehrebenenansatz von Dan Olweus

Dan Olweus hat im Bereich des Mobbing weltweit Standards gesetzt, indem er ein Programm entwickelte, das an allen drei am Mobbing beteiligten Ebenen ansetzt: der Schulebene, der Klassenebene und der Individualebene (vgl. im Folgenden: Olweus, 2002). Grundlegend für sein Programm sind

- die Erhebung des Auftretens von Mobbing in der konkreten Schule
- die Etablierung klarer Regeln zur Gewaltvermeidung und zur Bestrafung bei Verstößen gegen diese Regeln und
- die Stärkung der Klassengemeinschaft durch den Einsatz kooperativer Lernformen.

Auf der Individualebene geht es um Täter wie um Opfer. Kindern werden Hilfen an die Hand gegeben, die sich auf eine mögliche Rolle als Opfer beziehen.

Maßnahmen auf der persönlichen Ebene sind:

- ernsthafte Gespräche mit den Gewalttätern und -opfern
- ernsthafte Gespräche mit den Eltern beteiligter Schüler
- Hilfe von »neutralen« Schülern
- Hilfe und Unterstützung von Eltern (z. B. Elternmappe)
- Diskussionsgruppen für Eltern von Gewalttätern und -opfern
- Wiedergutmachung von Schaden (Täter-Opfer-Ausgleich)
- Klassen- und Schulwechsel.

Schüler und Lehrkräfte handeln gemeinsam konkrete Klassenregeln gegen Gewalt aus. Verletzungen solcher über Diskussionen ausgehandelten Regeln sollen zeitnah und direkt negative Konsequenzen zur Folge haben. Kooperative Lernformen sind eine Voraussetzung, damit auch gemeinsame Erfolgserlebnisse möglich sind.

Maßnahmen auf Klassenebene sind:

- Von Lehrkräften und der Klasse gemeinsam entwickelte Regeln des sozialen Zusammenlebens
- Regelmäßige Klassengespräche
- Rollenspiele
- Kooperatives Lernen
- Gemeinsame positive Klassenaktivitäten
- Zusammenarbeit Klassenelternbeirat – Lehrkräfte.

Auf Ebene der Schule geht es um die Schaffung nötiger Rahmenbedingungen. Nach dem Erfassen der konkreten Situation an der Schule sollen an einem pädagogischen Tag die Befunde aufbereitet werden. Hierzu sind auch Experten von außen einzuladen. Es muss um ganz konkrete Maßnahmen gehen, die auch gut überprüfbar sind. So ist eine regelmäßige Pausenhofaufsicht eine Notwendigkeit, um bei Verstößen unmittelbar eingreifen zu können.

Maßnahmen auf Schulebene sind:

- Fragebogenerhebung zum Ist-Zustand an der jeweiligen Schule
- Einrichten eines Pädagogischen Tags, z. B. »Gewalt und Gewaltprävention in unserer Schule«
- Einrichten einer Schulkonferenz, z. B. »Verabschiedung des Schulprogramms Gewaltprävention«
- Verbesserung der Aufsicht während der Pausen
- Konsequentes Eingreifen aller Lehrkräfte bei Regelverstößen
- Verschönerung des Schulhofs, z. B. Begrünung oder Aufstellen von Spielgeräten
- Einrichten eines Kontakttelefons
- Kooperationen zwischen Lehrkräften und Eltern
- Arbeitsgruppen der Elternbeiräte (Klassen- und Schulelternbeiräte).

Evaluationsstudien zeigen, dass durch solche Maßnahmen, also durch einen Konsens über Werte und Regeln, ein Rückgang aggressiven Verhaltens erreicht werden kann. Dabei ist das Engagement der gesamten Schulfamilie gefordert. Regeln, also ausformulierte Verhaltenserwartungen und entsprechende Konsequenzen bei Verstößen, werden auf verschiedenen Ebenen formuliert:

- Auf der schulübergreifenden Ebene werden Regeln via Gesetze und Verordnungen verankert.
- Auf der Schulebene werden Regeln häufig in Hausordnungen formuliert.
- Auf der Klassenebene formulieren Lehrkräfte mit ihren Schülern individuelle Verhaltensregeln.

Regeln setzen also einen konkreten Rahmen für wünschenswertes Verhalten fest und geben den Schülern Orientierung. Dabei sollte die Anzahl der Regeln auf höchstens sechs beschränkt werden. Sie sollten positiv formuliert sein, z. B.: »Wir begegnen uns höflich«, »Wir sind immer pünktlich« oder »Wir arbeiten in ruhiger Lernatmosphäre«.

7.3 Petermann: Training mit aggressiven Kindern und Jugendlichen

Es gibt eine Reihe von Maßnahmen, Verfahren und Trainings, die sich im Umgang mit problematischem Verhalten von Schülerinnen und Schülern als wirksam erwiesen haben. Gemeinsam sind ihnen folgende Elemente/Strategien/Methoden (vgl. Petermann & Koglin, 2013, S. 168):

- Empathietraining: Hier geht es darum, eigene Gefühle und die anderer zu erkennen.
- Impulskontrolle: Hier werden Strategien zur Hemmung spontaner Impulse eingeübt.
- Konfliktlösen: Basisfertigkeiten zum sozialen Verhalten werden eingeübt, wie z. B. sich entschuldigen.
- Strategien zum Umgang mit negativen Emotionen wie Ärger und Wut.
- Einübung von Selbstbeobachtung und Selbstbewertung: Kinder lernen, sich selbst zu beobachten und so das eigene Verhalten zu bewerten.
- Selbstinstruktionstraining: Kinder lernen, durch inneres Sprechen ihre Gefühle zu regulieren und eigenes Verhalten zu steuern.
- Training der sozialen Problemlösefähigkeiten: Kinder lernen, verschiedene Schritte zur Lösung zwischenmenschlicher Konflikte anzuwenden.
- Einüben von Sozialverhalten und Kommunikationsfertigkeiten: Kinder lernen, prosoziales Verhalten sowie verbale und nonverbale Kommunikationsfertigkeiten anzuwenden.
- Training sozialer Perspektivenübernahme: Kinder lernen, Emotionen und Gedanken anderer zu berücksichtigen.
- Ärger-Management-Training: Kinder lernen, eigenen Ärger und eigene Wut wahrzunehmen und damit angemessen umzugehen.

In Deutschland sind seit Jahrzehnten die Trainings mit aggressiven Kindern und Jugendlichen von Petermann und Petermann (2001, 2007) bekannt. Im Rahmen dieses Trainings werden Fremd- und Selbstwahrnehmung geschult, neue Problemsichtweisen vermittelt und neue Reaktionen in Rollenspielen umgesetzt. Gewaltfreie Selbstbehauptung, Einfühlungsvermögen und kooperatives Verhalten werden eingeübt (vgl. im Folgenden: Petermann & Petermann, 2001, 2007).

Es werden drei Interventionsebenen unterschieden:

- Kind: Die Arbeit mit dem Kind gliedert sich in das Einzeltraining und das Gruppentraining. In der aus drei bis vier Kindern bestehenden Kindergruppe wird vor allem über Rollenspiele neues Verhalten eingeübt. Bei eher jüngeren Kindern und Kindern mit eher ausgeprägten Störungen bieten sich eher kürzere Sitzungen von jeweils 50 Minuten an, dafür doppelt so viele.
- Eltern: Die Elternberatung umfasst minimal sechs Treffen.
- Lehrperson: Zu Beginn und gegen Ende wird die Klassenlehrperson über die Arbeit informiert und nach ihren Beobachtungen befragt.

Die Dauer des Trainings erstreckt sich über acht Monate. Im Folgenden wird ein typischer Aufbau und Ablauf eines Trainings mit Kindern skizziert:

- Vorneweg findet in zwei Diagnosesitzungen ein Erstkontakt mit den Eltern statt.
- Es folgt in drei Diagnostiksitzungen ein Erstkontakt mit dem Kind, parallel findet ein erster Kontakt mit der Lehrperson statt.
- Dann erfolgt in vier Sitzungen ein Einzeltraining à 100 Minuten, alternativ in acht Sitzungen ein Einzeltraining à 50 Minuten. Anschließend folgen sechs Sitzungen Gruppentraining à 100 Minuten bzw. alternativ 12 Sitzungen à 50 Minuten. Parallel dazu finden mindestens vier Kontakte im Rahmen der trainingsbegleitenden Eltern- und Familienberatung à 100 Minuten statt, dazu ein zweiter Kontakt mit der Lehrperson (vgl. Petermann & Petermann, 2001, S. 114; 2007, S. 934).

Handlungsmöglichkeiten gegen aggressives Verhalten im Unterricht

Petermann und Lohbeck (2017) führen in einer Tabelle (Tab. 5 auf S. 406) lerntheoretisch basierte Handlungsmöglichkeiten gegen aggressives Verhalten im Unterricht auf. Gerade lerntheoretische Ansätze haben sich für die Prävention von aggressivem Verhalten bei Schülern als besonders effektiv erwiesen. Im Folgenden werden ein paar Beispiele gegeben, wie die Autoren Handlungsmöglichkeiten vorschlagen:

- Verhaltensverträge
  Es wird zusammen mit einzelnen Schülern ein Verhaltensvertrag für einen bestimmten Zeitraum abgeschlossen, der das Zielverhalten (z. B. jemandem helfen), eine Zielkontrolle und Angaben über die Belohnung (z. B. keine Hausaufgaben) oder Bestrafung (z. B. zusätzliche Aufgaben) umfasst.
- Selbstkontrollkarten
  Der Schüler beobachtet sich selbst über einen bestimmten Zeitraum und notiert auf einer Karte, ob er sich der Absprache entsprechend verhalten hat. Selbstkontrollkarten sollten das Ziel klar benennen, z. B. »Ich schaffe es, mich in dieser Woche nicht zu streiten!«

- Wut-Barometer
  An der Tafel wird ein Pfeil mit einer Abstufung von 0 bis 10 aufgezeichnet, nach der die Stimmungslage von Schülern notiert werden soll. Anschließend sollte die Lehrkraft Ideen sammeln lassen, wie negative Gefühle reguliert werden können (z. B. mit jemandem reden).
- Rollenspiel zur Konfliktlösung
  Konflikte werden in einem Rollenspiel nachgespielt und anschließend diskutiert.

7.4 Das Konstanzer Trainingsmodell (KTM)

Das Konstanzer Trainingsmodell (KTM) wurde in den 1980er Jahren entwickelt (vgl. Tennstädt, Krause, Humpert & Dann, 1991), wurde als Kompaktform weiterentwickelt (Humpert & Dann, 2001) und liegt heute in überarbeiteter und erweiterter Auflage vor (Humpert & Dann, 2012). Im Rahmen einer empirischen Untersuchung störenden, aggressiven Verhaltens in Schulen wurde ein Kategoriensystem entwickelt, in das sich umfassend störende Verhaltensweisen von Schülern einordnen lassen. Folgende zehn Kategorien für aggressive (1–8) und störende (9–10) Schülerhandlungen werden unterschieden (vgl. Humpert & Dann, 2001, S. 191 f.):

1. Beschädigung von Sachen
   - Der Schüler zerstört, beschädigt, beschmutzt mit Absicht Gegenstände, macht sie funktionsuntüchtig oder mindert sie im Wert bzw. unternimmt dahingehende Versuche.
   - Beispiele: etwas zerreißen, beschmieren, zerkratzen, aus dem Fenster werfen, Zerstörungsversuche ...
2. Physische Auseinandersetzung
   - Tätlichkeiten von Schülern, die in der Absicht ausgeführt werden (auch Versuche), Mitschüler zu schädigen (Schmerz zufügen oder in unangenehme Lage bringen).
   - Beispiele: schlagen, umwerfen, zwicken, festhalten, bewerfen, Bein stellen ...
3. Besitzergreifen von Sachen
   - Schüler nimmt Mitschüler einen Gegenstand weg (bzw. beansprucht dessen Freiraum) oder unternimmt einen entsprechenden Versuch
   - Beispiele: Arbeitsplättchen der ganzen Gruppe für sich beanspruchen, einen Auftrag des Lehrers an Mitschüler übernehmen, auch: heimlich wegnehmen ...
4. Drohen und Erpressen
   - Schüler stellt Mitschüler Strafe bzw. unangenehme Folgen in Aussicht. Mögliche Auftretensformen: nur negative Ankündigung, Ankündigung und bestimmte Forderungen, offen bleibende Folgen, rein nonverbal (Gebärden)
   - Beispiele: Faust oder einen Gegenstand erheben, »Gib mir ..., sonst kriegst du in der Pause Schläge«, »Wehe, noch einmal!«

5. Verbale Auseinandersetzung
   - Äußerungen des verbalen Angriffs, beispielsweise mit beleidigenden Schimpfwörtern (Schimpftiraden und Beleidigungen). Dies kann auch von intensiver Mimik und Gestik begleitet werden.
   - Beispiele: Schimpfwörter, Zunge herausstrecken, Autofahrergruß, »Ätsch«-Gestik …
6. Ablehnung, Geringschätzung
   - Im Allgemeinen Verhalten ohne Worte, das eine negative Einstellung eines Schülers (einer Gruppe, der Klasse) gegenüber einem Mitschüler ausdrückt.
   - Beispiele: Abrücken, in Gegenwart des Mitschülers Ausdrucksweise des Ekels oder Verachtung, Gruppe lässt durch Zusammenrücken Mitschüler nicht dazu …
7. Verweigerung
   - Auf eine neutrale oder positive Zuwendung eines Mitschülers bzw. Lehrers (Hilfe anbieten oder erbitten) reagiert der Schüler mit »nein« (feindselig, passiv, resignativ).
   - Beispiele: schmollen, mauern, auf Hilflosigkeit beharren, »Machen Sie es doch selbst!«
8. Sonstige aggressive Schülerhandlungen
   Dazu gehören alle Verhaltensweisen von Schülern, die nicht unter die Kategorien 1–7 fallen, aber Aggressionskriterien erfüllen und störend sind, so dass sich der Lehrer zu einer spezifischen Maßnahme genötigt sieht.
9. Auffallende unterrichtsfremde Störungen
   - Visuell und/oder akustisch auffallende, nicht-aggressive Verhaltensweisen des Schülers (vokal, verbal, motorisch), mit denen er ohne Schädigungsabsicht den Unterricht in den Augen des Lehrers behindert, unterbricht oder sogar blockiert.
   - Beispiele: unruhiges Verhalten, auffällige Selbstbeschäftigung, mit dem Nachbarn schwatzen …
10. Auffallende störende Teilnahme am Unterricht
    - Verhaltensweisen des mitarbeitenden Schülers, mit denen er ohne Absicht, aber in auffallender Weise, fahrlässig oder regelverletzend den Unterrichtsablauf in den Augen des Lehrers beeinträchtigt oder sogar unterbricht und blockiert.
    - Beispiele: abwegige Fragen stellen, Gesprächsregeln verletzen, störende Begleithandlungen …

Mithilfe dieses Kategoriensystems kann das Aggressionsverhalten in einer Klasse durch Verhaltensbeobachtung gut mitprotokolliert werden. Eine solche Diagnose kann der Ausgangspunkt einer folgenden Arbeit mit der Klasse sein, wie es im KTM gehandhabt wird.

Auf das KTM wird deshalb näher eingegangen, da dessen Wirksamkeit in einer aufwändigen Studie nachgewiesen worden ist (vgl. Brosig, 2007). Es kann als relativ unkomplizierte und wirksame Unterrichtsmaßnahme eingesetzt werden.

7.4.1 Grundprinzipien des KTM kompakt

Die wichtigsten Grundprinzipien des KTM werden hier zusammenfassend im Überblick dargestellt (vgl. im Folgenden: Dann & Humpert, 2002, S. 222 ff.):

- Arbeit vor Ort an der eigenen Schule und im eigenen Unterricht.
- Individualisierte Selbsthilfe in Kooperation mit einem Kollegen (Tandem-Prinzip) und im größeren Team (geleitete Trainingsgruppe).
- Grundlage des Trainings sind die persönlichen (subjektiven) Theorien der Lehrkraft (es gibt kein Richtig oder Falsch der Handlungen).
- Beobachten und Bewusstmachen von störenden Interaktionsabläufen mithilfe wechselseitiger Unterrichtsbesuche, Auswertungsgespräche und Rekonstruktionen von schwierigen Situationen.
- Wechsel der Perspektive und Auseinandersetzung mit alternativen Sichtweisen und Lösungsmöglichkeiten.
- Subjektive Theorien werden innerhalb der Trainingsbausteine und Trainingselemente mit Expertenwissen aus wissenschaftlichen Theorien und Befunden konfrontiert.
- Anhand konkreter Trainingsübungen werden Handlungsalternativen erprobt.
- Die Lehrperson behält die freie Entscheidung über ihr Handeln in allen Situationen, es werden nur Handlungen vorgeschlagen, aber nie vorgeschrieben.
- Es geht also darum, schon vorhandenes Wissen und bestehende Routinen und Erfahrungen im Umgang mit Unterrichtsstörungen, Aggressionen von Schülern und Konflikten gezielt zu aktivieren, um direkte Anregungen im realen Handlungsfeld konkret weiterzuentwickeln und damit letztendlich ein Umlernen zu ermöglichen.

7.4.2 Die Trainingsbausteine des KTM kompakt

Im KTM kompakt werden fünf Bausteine zur Bearbeitung vorgeschlagen (vgl. im Folgenden Brosig & Haag, 2010).

a) Beobachten und Unterscheiden, Bewerten und Verstehen

Carlsburg und Heyder (2005, S. 237) zeigen an einem Fallbeispiel, was gemeint ist:

»›Dann komm' ich in die Klasse, da schlagen die Schüler sich schon wieder, rennen herum und werfen alles durcheinander. So komme ich herein und fange an zu schimpfen, und es geht trotzdem alles so weiter.‹
Dieses Schülerverhalten kann recht unterschiedliche Ursachen haben:

1. Die Klasse reagiert den Druck, den der vorhergehende Lehrer ausgeübt hat, beim nachfolgenden (Fach-)Lehrer ab.
2. Das anstehende Fach bereitet vielen Schülern keinen Spaß (aufgrund vorausgegangener Erfahrungen oder wegen Desinteresse am Thema).

3. Konflikte, die einzelne Schüler untereinander haben, werden nicht endgültig bereinigt und münden in die nächste Stunde ein, wobei sich der Unruheherd in Form einer Kettenreaktion auf alle Umsitzenden ausbreitet.
4. Der Lehrer hat durch andere Klassen bereits das Image: ›Mit dem lässt sich alles machen.‹ Schüler haben manchmal einfach Lust, den Lehrer zu ärgern, um sich in dieser Weise abzureagieren. Oder die zweite Variante: ›Der ist besonders streng.‹ Schüler versuchen, ihre Grenzen abzustecken.«

Die Handlungen einer Lehrperson sind besonders davon abhängig, wie die Situation im Klassenzimmer von ihr empfunden wird. Es gibt sehr unterschiedliche Wahrnehmungen bei verschiedenen Lehrpersonen. Jede Lehrkraft fasst die Situation im Unterricht etwas anders auf. Was für die eine Lehrkraft eine extreme Störung des Unterrichts bedeutet, ist für eine andere eine humoristische Einlage und umgekehrt. Vor allem kleine Auffälligkeiten im Unterricht wirken sich entscheidend auf das Unterrichtsklima aus. Deshalb ist es wichtig, die eigenen Empfindungen zu überprüfen und eventuell mit der Wahrnehmung des Kollegen im Tandem zu vergleichen. Wenn die Wahrnehmung einer Situation genau überprüft wird, dann führt dies zu einer größeren Handlungssicherheit. Je gegliederter die Wahrnehmung von Situationen ist, desto detaillierter sind auch die im Unterricht eingesetzten Handlungsmöglichkeiten. Vor allem am Anfang des Trainings ist es wichtig, dass man sich Zeit für die Kontrolle der eigenen Wahrnehmung nimmt.

Es ist wichtig herauszufinden, was der Grund für eine Störung ist oder von wem ein Störverhalten ausgeht. Die Lehrkraft sollte keine voreiligen Schlüsse über einen Schüler ziehen und diesen als »Störenfried« bezeichnen, ohne zu wissen, ob das Störverhalten wirklich von diesem Schüler ausgeht oder ob es dafür nicht doch einen anderen Grund gibt. Wichtig ist auch, dass eine definierte Störung zunächst analysiert werden muss, damit der »Schaden behoben werden kann«. Nach Ruth Cohn (1975) gilt hier als Kernsatz die sogenannte »Störungsregel«: »Störungen haben Vorrang«. Aus diesem Grund ist es unbedingt notwendig, sich für die Analyse von Störungen genug Zeit zu nehmen. Diese Störungen, vor allem Beziehungsstörungen, müssen erst bearbeitet werden, bevor man mit dem geregelten Unterricht fortfahren kann. In der Zusammenarbeit mit dem Tandem wird schnell klar, dass viele Situationen als Aggression oder Störung völlig gleich bewertet werden, es aber auch Situationen gibt, in denen man zu unterschiedlichen Definitionen und Kategorien kommt. In der ersten Übung wird ein Katalog von Geschehnissen zusammengestellt, die man im Unterricht als extrem störend erlebt. Beim Vergleich der eigenen Liste mit der des Tandems soll man die Möglichkeit erlangen, die Perspektive des Tandems mit in die eigenen Überlegungen einbeziehen zu können.

Welche störenden Verhaltensweisen als Aggression angesehen werden und welche nicht, das liegt allein bei der jeweiligen Lehrkraft. Aggressionen lassen sich als gewollte Schädigungen oder Schädigungsversuche beschreiben, wobei es Schädigungen physischer und psychischer Art sein können. Was allerdings als Spaß oder Provokation angesehen wird, ist wie ausgeführt immer auch eine Sache der individuellen Perspektive. Mithilfe eines differenzierten Bewertungssystems ist die Lehrperson eher dazu fähig, differenzierte Handlungsalternativen auch bei unterschiedlichem Verhalten von Schüler/innen einzusetzen. Die Lehrperson muss sich dazu aber erst einmal im Klaren über ihr Bewertungssystem sein (vgl. obige 10 Kategorien).

Um die Absichten und Beweggründe aggressiven und störenden Schülerverhaltens besser zu verstehen, empfiehlt sich die systematische Betrachtungsweise. Dabei handelt es sich um eine dynamische Sichtweise, die alle Beteiligten in einem Kreisprozess sieht. Dadurch kann flexibler gehandelt werden, was aber nicht heißt, dass die Lehrkraft schuld am auffälligen Verhalten des Schülers ist, sondern man betrachtet Verflechtungen, mit deren Hilfe man schneller aus eskalierenden Konfliktsituationen herauskommt. Mit dem Perspektivenwechsel kann diese systematische Sichtweise eingenommen werden. Dabei versucht sich die Lehrperson in die Rolle des Opfers oder der/s Störenden hineinzuversetzen und aus dessen Perspektive die Situation zu betrachten. Man kann auch mit den Schülerinnen und Schülern daran arbeiten, dass sie sich besser in die Rolle der Lehrperson hineinversetzen können und die Perspektive für das Handeln der Lehrkraft verstehen lernen. Im Unterricht kann der Perspektivenwechsel auf unterschiedliche Weise vorgenommen werden. Um den Perspektivenwechsel einüben zu können, ist es am besten, die beteiligten Personen zu ihrer Sichtweise zu befragen. Der Perspektivenwechsel muss öfter und längerfristiger geübt werden. Es ist immer leichter, in einfachen Situationen seine Sichtweise zu verändern als in schwierigen Situationen, in denen man möglicherweise eher aufgeregt ist. Aber gerade in diesen schwierigen Situationen ist dieser Wechsel ganz besonders wichtig, damit Bewegung in das eigene Handeln gebracht werden kann.

b) Kausale und finale Erklärungen (Ursachen und Ziele)

Die Frage nach den Ursachen ist fast immer von Bedeutung, wenn es um die Bewältigung von Problemen geht. Dabei führt eine realistische Einschätzung von Ursachen auch zu einem realistischen Bild der eigenen Veränderungsmöglichkeiten.

Im zweiten Baustein soll die Frage nach den Ursachen schulischer Aggressionen und Störungen angegangen werden. Es kann dann die Frage bearbeitet werden, welche der gesehenen Ursachenfaktoren von der Lehrkraft modifiziert werden können:

> Man erhält zwei Gruppen von Erklärungsmustern, wenn man Menschen nach Erklärungen für eigenes oder fremdes Verhalten fragt: Zum einen werden Ursachen betrachtet, die zeitlich vor dem Handeln liegen, das zweite Muster bedient sich Zielen und Zwecken, die zeitlich auf das Handeln folgen sollen. Dies sind dann sogenannte kausale und finale Erklärungen (Brosig & Haag, 2010, S. 123).

Es ist besonders hilfreich, bei Aggressionen und Störungen im Unterricht Absichten und Zwecke des Handelns der Lehrperson wie auch der Schüler detailliert zu betrachten. Prinzipiell gibt es verschiedene Ziele für das Handeln, die normalerweise auch unterschiedliche Handlungen nach sich ziehen. Eine grobe Unterscheidung verschiedener Ziele sieht wie folgt aus:

- am Bildungsauftrag orientierte Ziele
- am Erziehungsauftrag orientierte Ziele

- kurzfristig zu erreichende Ziele
- langfristig zu erreichende Ziele.

In Bezug auf ihre Handlungspräferenzen unterscheiden Lehrpersonen diese Ziele sehr deutlich. Für langfristige und kurzfristige Ziele gibt es zum Beispiel sehr unterschiedliche Handlungsempfehlungen. Wichtig ist es auch, sich deutlich zu machen, dass langfristige Ziele meistens mehr Zeit in Anspruch nehmen als kurzfristige. Die Lehrperson muss sich also die nötige Zeit nehmen. Dasselbe gilt für den Zielkonflikt zwischen Bildungs- und Erziehungsziel. Damit Erziehungsziele produktiv langfristig verwirklicht werden können, muss Zeit eingesetzt werden, die frei von Bildungsarbeit bleibt. Das löst bei Lehrpersonen häufig die Angst aus, das vorgesehene Stoffpensum nicht zu bewältigen. Aber vor allem bei schwierigen Klassen muss man sich diese Zeit nehmen, um dann auch schneller mit ihnen vorwärts zu kommen. Es ist auf jeden Fall von Vorteil, die Absichten und Ziele der Schüler in konkreten Situationen genauer kennenzulernen. Sich die Sicht der Schüler ein Stück zu verdeutlichen, ist ein erster Schritt in diese Richtung. In jedem konkreten Fall ist ein Abwägen des Erziehungs- und Bildungsauftrags notwendig. Allerdings kann auch die Lehrperson bei Schülern nur kleine Fortschritte erzielen, wenn diese psychische und soziale Schwierigkeiten im Elternhaus haben. Durch das Training ist es aber möglich, eine Eskalation von schwierigen Situationen in einigen Fällen zu vermeiden und das Gesamtklima spürbar zu bessern. Die Auseinandersetzung mit der Kommunikation im Klassenzimmer unter einer systematischen Perspektive ist der Kernpunkt dieser Verbesserung.

c) Kommunikation verbessern

Es hat sich in der Praxis gezeigt, dass im Bereich der Kommunikation das Training am schnellsten zur Verbesserung des Klassenklimas führen kann. Zugleich sind auch die Arbeiten und Übungen der Kommunikation die beliebtesten bei den Lehrkräften. Die Kommunikationstheorie, die als Basis eine systemische Perspektive des Handelns hat, hat einen großen Anklang in der psychologischen Praxis, in pädagogischen und sozialen Berufen, spielt aber auch umfassend für den beruflichen Zusammenhang eine Rolle. Grundlegende Kommunikationsaspekte wurden bereits in den Kapiteln 4.1 und 5.3.3 behandelt.

Der Umgang mit den vier Aspekten nach Schulz von Thun muss erfahrungsgemäß vor allem aus der Sicht der Münder und der Ohren mehrmals geübt werden, bis die Analyse ohne Probleme funktioniert.

d) Zeit gewinnen

»Das wichtigste Ziel für Lehrkräfte, die das KTM kompakt aktiv bearbeiten, ist die Erweiterung der Handlungsmöglichkeiten für schwierige Situationen.« (Brosig & Haag, 2010, S. 123) Beim KTM entscheidet jede Person für sich selbst, welche Alternativen sie auswählen will. Durch das Training besteht aber die Möglichkeit, zwischen verschiedenen Handlungsalternativen auswählen zu können und auch

Verhaltensweisen, die sich als nicht so effektiv oder unbefriedigend in der Kommunikation zwischen Lehrern und Schülern gezeigt haben, öfter zu vermeiden: »Der erste Schritt, den eigenen Handlungsspielraum zu durchbrechen, wird darin gesehen, automatisierte Handlungen vorerst zu unterbrechen.« (Ebd.)

e) Den Handlungsspielraum erweitern

Sobald die Handlungsunterbrechung erfolgreich in das Handlungsrepertoire aufgenommen ist (▶ Kap. 5.2.1), gibt es die Möglichkeit, Alternativen zu impulsiven Erstreaktionen zu wählen. Meistens entstehen solche Alternativhandlungen von selbst. Die Handlungsunterbrechung führt oft durch die Ablenkung vom Problem zu einer Deeskalation der Situation und zu einer positiven Lösung. Die Vergrößerung des Handlungsspielraums kann auf verschiedene Weise erfolgen, z. B. durch Alternativen der Kommunikation, Gedanken zu den Ursachen und Zielen, genauere Beobachtungen und Unterscheidungen.

Welche Maßnahmen bei Aggressionen oder Störungen gewählt werden sollen, entscheidet die jeweilige Lehrkraft selbst: »Das KTM kompakt gibt Möglichkeiten, wie der Handlungsspielraum erweitert werden kann, schreibt aber keine Reaktionen vor. Das KTM kompakt macht Vorschläge zur methodischen Bearbeitung von Problemen, um Lehrpersonen zu befähigen, selbst bessere Wege im Schulalltag zu finden.« (Brosig & Haag, 2010, S. 123) Es hat sich gezeigt, dass nach einem längeren Training mehrere und andere Maßnahmen von Lehrpersonen verwendet werden als vorher. Vornehmliches Ziel des KTM kompakt ist die Flexibilisierung des Handelns.

7.4.3 Empirische Befunde zum Unterrichtshandeln und Handlungsmöglichkeiten im Unterricht (Humpert & Dann, 2001)

Der Großteil der Handlungen von Lehrpersonen lässt sich in drei größere Bereiche zusammenfassen:

- neutrale Handlungen: entweder gar kein Eingreifen ins Unterrichtsgeschehen oder lediglich regulierend
- punitive (strafende) Handlungen: Strafe oder Androhung von Strafe
- sozial-integrative Handlungen: wirken eher langfristig erzieherisch.

Es hat sich in den empirischen Befragungen und Beobachtungen des Konstanzer Forschungsprojekts »Aggression in der Schule« deutlich gezeigt, dass sich das Handeln von Lehrpersonen in aggressionshaltigen, störenden oder konfliktgeladenen Situationen auf sehr wenige Handlungsweisen beschränkt. Deutlich hat sich auch gezeigt, dass Personen bei verschiedenen Zielen unterschiedliche Handlungen präferieren. Vor allem Beobachten, Abbrechen und Mahnen werden als besonders sinnvoll zur kurzfristigen Fortsetzung des Unterrichts eingeschätzt. Sozial-integrative Handlungen werden dagegen zur erzieherischen Beeinflussung der Schüler und zur langfristigen Verminderung der Aggression als wirksamer angesehen. Die wirklich eingesetzten Handlungen der Lehrpersonen sind dagegen eher an kurzfristigen Zielen orientiert und sind relativ stereotyp.

Aus den empirischen Befunden hat sich herausgestellt, dass im beobachtbaren Verhalten der Lehrkräfte ca. drei von vier Handlungen in den Bereich des neutralen Handelns fallen, etwa 15 % sind strafend und nur 5 % sind sozial-integrativ. In fast 80 % der Situationen werden die neutralen Maßnahmen von den Lehrkräften als sinnvollste Handlungen zur kurzfristigen Fortsetzung des Unterrichts angesehen. Um langfristig Aggressionen zu vermindern, ist diese Maßnahme aus der Perspektive der Lehrpersonen aber nur in jeder zehnten Situation sinnvoll.

Neutrale Handlungen (Beobachten/Ignorieren; Abbrechen; Mahnen)

Neutrale Handlungen sind nach Meinung der Lehrpersonen zweckmäßige kurzfristige Maßnahmen. Meistens führen sie aber nicht zu einer Änderung des auffälligen Verhaltens der Schüler/innen. In einigen Situationen kann Ignorieren eine sinnvolle Handlung sein, denn manche Schüler wollen lieber irgendeine Aufmerksamkeit als gar keine. So kann es eine Strategie sein, unerwünschtes Verhalten von Schülern nicht weiter zu verstärken (»Löschung«). Man muss aber abwägen, wann Ignorieren sinnvoll ist und wann nicht, denn sonst können diese ignorierten Verhaltensweisen später zu einer Eskalation führen. Durch Mahnen kann aggressives und störendes Verhalten kurzfristig unterbrochen werden und der Schüler erfährt auch, wo die Grenzen des unerwünschten Verhaltens sind. Beim Mahnen muss man aber aufpassen, da es meistens die Vorstufe zu Drohen oder Strafen ist und bei vielen Lehrpersonen »inflationär« eingesetzt wird. Mithilfe des Trainings soll die Selbstaufmerksamkeit erhöht und damit auch bestimmte, nicht optimale Verhaltensroutinen gestoppt werden.

Regeln und Strafen (drohen; bestrafen; herabsetzen)

Lange Zeit wurde Strafen im Unterricht als negativ angesehen und galt als ein Versagen. Mittlerweile kommt wieder stärker die Tendenz auf, konsequentes Handeln im Unterricht auch in Form von Strafen, die sich auf das Verhalten von Schüler/innen beziehen und nicht auf sie als Personen, als Regelmarkierung anzunehmen. Dennoch sind Strafen hinderlich für ein positives Klassenklima. Der Umgang mit Strafen ist Thema in jeder Lehrerausbildung. Oft wird hier zwischen »sinnvollen« und »nicht sinnvollen« Strafen unterschieden. Sinnvolle Strafen sind dabei solche, bei denen die Schüler etwas lernen können, nicht sinnvolle Strafen sind normalerweise Kollektivstrafen und monotone Tätigkeiten.

Wichtig ist hier, dass die Strafen mit der Klasse besprochen werden und die Regeln für alle eindeutig sind. Das Ziel eines modernen Unterrichts sollte sein, möglichst wenig Strafen zu verwenden. Es muss klare Regeln im Unterricht geben, auf deren Übertretung klare Konsequenzen folgen. Es sollte ein gutes Klassenklima erreicht werden, bei dem möglichst wenig gestraft werden muss. Für ein gutes Unterrichtsklima empfiehlt es sich, die Regeln für die Klasse mit dieser zusammen festzulegen. Wichtig ist dabei,

- möglichst wenige klassenspezifische Regeln (ca. drei bis vier) zu vereinbaren.
- ausschließlich Regeln für Gegenstände zu vereinbaren, die in der Klasse besondere Mühe bereiten.
- die Regeln in möglichst positiven Aussagen zu formulieren.
- nicht nur die Nichteinhaltung der Regeln mit Strafen zu belegen, sondern ihre Einhaltung auch mit einer bestimmten Belohnung zu verbinden, was zu einem angenehmeren Klima in der Klasse führt.

Man sollte dann, auch gemeinsam mit dem Tandem, für jede einzelne Regel überprüfen, ob sie sich bewährt, und kann dann vielleicht nach einiger Zeit Modifikationen der Regeln und/oder Konsequenzen einführen.

Sozial-integrative Handlungen (Kompromisse vorschlagen; integrieren; ermutigen; einfühlen)

Um eine langfristige Verminderung von Aggressionen und Störungen im Unterricht zu erreichen, sind für die Lehrpersonen in vier von fünf Situationen sozial-integrative Maßnahmen der Weg zum Erfolg. Dennoch werden die sozial-integrativen Handlungen fast nicht im Unterricht eingesetzt, obwohl sie zur Klimaverbesserung empfohlen werden. Problematisch bei den sozial-integrativen Maßnahmen ist, dass sie eine bestimmte Zeit benötigen und dass in dieser Zeit kein normaler Unterricht stattfinden kann. Trotzdem lohnt sich der Einsatz solcher Handlungen, da er längerfristig zu einer Verbesserung des Unterrichtsklimas führt. Es ist allerdings Geduld und Gelassenheit notwendig, um den Anteil der sozial-integrativen Handlungen zu erhöhen. Wie bei den anderen Trainingsbausteinen ist es auch hier notwendig, mit dem Tandem zu arbeiten. Durch das Training soll eine stärkere Hinwendung zu sozial-integrativem Handeln erreicht werden.

Beim KTM kann jede Lehrkraft in Zusammenarbeit mit dem Tandem den für sie richtigen Weg selbst wählen. Trotzdem schätzen viele Lehrpersonen ein Angebot konkreter Möglichkeiten des Unterrichtshandelns. Aus diesem Grund werden hier zehn praktische Gesichtspunkte genannt, die konkrete Hilfen für aktuelle Unterrichtssituationen geben sollen. Die ersten fünf Merksätze fassen grundlegende Gedanken zur Situations- und Handlungsauffassung einer Unterrichtssituation zusammen. Die weiteren Merksätze konzentrieren sich dann auf konkrete Handlungen. Die zehn Gesichtspunkte sollen demnach zum einen eine Zusammenfassung und Erinnerung an die Arbeit sein, die bisher mit dem KTM kompakt geleistet wurde, zum anderen eine Weiterführung in Richtung eines anschließenden, noch intensiveren Trainings.

- Verbessern Sie Ihre Beobachtungsfähigkeiten für das Handeln der Schüler!
- Sehen Sie Ursachen nicht eindimensional!
- Vermeiden Sie (vorschnelle) Schuldzuschreibungen!
- Übersetzen Sie die Botschaften Ihrer Schüler!
- Nehmen Sie sich Zeit für Ihre erste Reaktion!

- Bieten Sie positive Anreize!
- Hemmen Sie unerwünschtes Verhalten!
- Vermindern Sie negative Anregungen!
- Fördern Sie erwünschtes Verhalten!
- Ändern Sie (langfristig) einige Ihrer persönlichen Bewertungen und Sichtweisen!

8 Präsenz

Eine pädagogische Führungskraft braucht zum einen selbstbewusstes Auftreten, zum anderen ist ein positives Erscheinungsbild vonnöten. »Erstens versteht man darunter ein gepflegtes Äußeres und eine ordentliche Kleidung. Zweitens gehört dazu eine Sprache, die sich von der Szenesprache der Jugendlichen unterscheidet. Drittens erkennt man ein positives Erscheinungsbild an einem vorbildlichen, höflichen Umgangsstil« (Keller, 2014, S. 99 f.). Ob eine Lehrkraft von einer Schulklasse als Autoritätsperson wahrgenommen wird, so die Hirnforschung, entscheidet sich nach 90 Sekunden; bisweilen ist schon nach 150 Millisekunden das erste Lehrerbild perfekt. Es entsteht aus einer Kombination sprachlicher und nichtsprachlicher Erscheinungsmerkmale. Dies heißt, jedes Mal, wenn ein Lehrer auf eine neue Klasse trifft, muss er gut vorbereitet sein, d. h. er muss *präsent* sein. Denn wenn er nicht führt, wird er schnell von der Klasse geführt oder sogar beherrscht.

8.1 Exkurs: Neurobiologische Grundlagen nach Roth (2015)

Roth (2015), Biologe und Hirnforscher, entwickelte zusammen mit Psychologen und Psychiatern ein Vier-Ebenen-Modell der Persönlichkeit. Er geht von der These aus, dass Lehren und Lernen im Rahmen der Persönlichkeit des Lehrenden und des Lernenden geschehen und dass für den Erfolg des Lehrens und Lernens die Merkmale dieser Persönlichkeit entscheidend sind: »Die Art, wie jemand lehrt und lernt, wird bestimmt durch seine Persönlichkeit« (S. 41).

Er unterscheidet zwei unbewusste limbische Ebenen (Ebene 1: untere limbische Ebene des vegetativ-affektiven Verhaltens; Ebene 2: mittlere limbische Ebene der emotionalen Konditionierung, Belohnung und Motivation) von einer bewussten limbischen (Ebene 3: obere limbische Ebene des individuell-sozialen Ichs) und einer bewussten kognitiven Ebene (Ebene 4: kognitiv-kommunikatives Ich) (vgl. Roth, 2015, S. 50, Abb. 1).

1. Vegetativ-affektives Verhalten
Ebene 1 steuert neben den lebenserhaltenden vegetativen Körperfunktionen auch Affekte wie Wut, Zorn, Aggressionen und Panik und die damit verbundenen Körperreaktionen wie Zittern, Losschlagen, ein wutverzerrtes oder schreckensbleiches Gesicht usw. Diese Reaktionen sind nur schwer beherrschbar.

8.1 Exkurs: Neurobiologische Grundlagen nach Roth (2015)

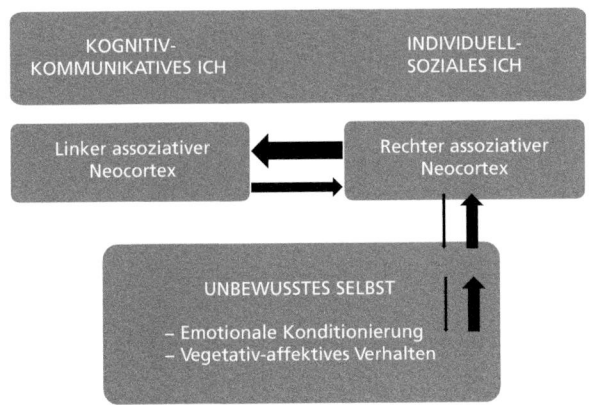

Abb. 4: Vier-Ebenen-Modell der Persönlichkeit nach Roth (https://www.systemischestudien.de/fileadmin/redakteur/Bilder/ISSES/Psyche_und_Gehirn_SSI.pdf)

Die untere limbische Ebene ist überwiegend genetisch oder durch vorgeburtliche Einflüsse bedingt und macht unser Temperament aus. Grundlegende Persönlichkeitsmerkmale wie Offenheit, Verschlossenheit, Selbstvertrauen, Kreativität, Vertrauen/Misstrauen, Umgang mit Risiken, Pünktlichkeit, Ordnungsliebe, Zuverlässigkeit, Verantwortungsbewusstsein sind hier angesiedelt. Durch Erfahrung und Erziehung ist diese Ebene kaum längerfristig zu beeinflussen.

2. Emotionale Konditionierung, Belohnung und Motivation
Die mittlere limbische Ebene 2 ist jene der unbewussten emotionalen Konditionierung. Sie kontrolliert elementare Funktionen wie Furcht, Freude, Überraschung, Glück, Verachtung, Ekel, Neugierde, Hoffnung, Enttäuschung und Erwartung und steuert körperliche Reaktionen wie Körperhaltung, Gestik, Stimmlage und die Mimik. Die Amygdala ist zugleich der Ort unbewusster Wahrnehmung emotionaler kommunikativer Signale (Blick, Mimik, Gestik, Körperhaltung, Pheromone) und der primären Bindungserfahrung. Auf dieser Ebene wird festgelegt, was wir aufsuchen, weil es mit Bedürfnisbefriedigung und Lust verbunden ist, und was wir zu vermeiden haben, weil es mit Schmerz und Unlust verbunden ist. »Diese Ebene ist damit die für das Psychische entscheidende Ebene, und zwar sowohl hinsichtlich einer normalen als auch einer krankhaften Entwicklung« (Roth, 2015, S. 52).

Diese Ebene macht zusammen mit der ersten Ebene (Temperament) den Kern unserer Persönlichkeit aus, das unbewusste Selbst. Dieser Kern entwickelt sich in den ersten Lebensjahren und ist im Jugend- und Erwachsenenalter nur über starke emotionale oder langanhaltende Einwirkungen veränderbar.

3. Individuell-soziales Ich
Ebene 3 kann diese körperlich-emotionalen Reaktionen modulieren, kontextabhängig lernen wir, uns »sozial korrekt« zu verhalten. Wir lernen uns zu verstellen, bewusst unsere emotionsbezogenen Körperreaktionen zu manipulieren. Wir lernen,

unsere Gefühle in gewissen Grenzen willentlich zu zügeln. Doch dies braucht Zeit; kurzzeitig zeigen sich Reaktionen, die die wahren Gefühle verraten. In der Regel werden solche »Mikroexpressionen/Mikroemotionen« nicht bewusst wahrgenommen, doch unbewusst und vorbewusst werden solche Emotionen ausgedrückt und auch wahrgenommen.

Die obere limbische Ebene ist die des bewussten emotional-sozialen Lernens: Gewinn- und Erfolgsstreben, Anerkennung Ruhm, Freundschaft, Liebe, soziale Nähe, Hilfsbereitschaft, Moral, Ethik. Sie entwickelt sich in der späten Kindheit und Jugend. Sie wird wesentlich durch sozial-emotionale Erfahrungen beeinflusst. Sie ist entsprechend nur sozial-emotional veränderbar. Hier werden zusammen mit den unteren Ebenen grundlegende sozial-relevante Persönlichkeitsmerkmale festgelegt wie Machtstreben, Dominanz, Empathie, Kommunikationsbereitschaft und die sozial verträgliche Verfolgung individueller Ziele: »Hier bilden sich die bewussten Anteile des Selbst und des affektiv-emotionalen, auch sozial vermittelten Ich aus, und zugleich formen sich hier Elemente von Moral und Ethik, die von Sigmund Freud als Über-Ich bezeichnet wurden« (Roth, 2015, S. 53).

4. Kognitiv-kommunikatives Ich
Die kognitiv-sprachliche Ebene ist jene der bewussten sprachlich-rationalen Kommunikation: Bewusste Handlungsplanung, Erklärung der Welt, Rechtfertigung des eigenen Verhaltens vor sich selbst und anderen. Sie entsteht relativ spät und verändert sich ein Leben lang. Sie verändert sich im Wesentlichen aufgrund sprachlicher Interaktion. Hier lernen wir, wie wir uns darstellen sollen, um voranzukommen. Abweichungen zwischen dieser Ebene und den anderen Ebenen führen zu Opportunismus oder Verstellung. »Die kognitiv-sprachliche Ebene ist auch die Ebene des rationalen Ich, des Verstandes und der Intelligenz« (Roth, 2015, S. 54).

Die Implikationen des Vier-Ebenen-Modells der Persönlichkeit liegen auf der Hand: Für den Bruchteil einer Sekunde (ein Drittel) teilen wir unserem Gegenüber »über Körperhaltung, Gestik, Mimik und Stimmführung offen oder versteckt mit, wie wir uns *tatsächlich* fühlen, und geben ihm damit nicht nur unsere aktuellen Gefühle preis, sondern auch unsere Haltung zu uns selbst und zu den Anderen, die aus unserer Kernpersönlichkeit resultiert« (Roth, 2015, S. 220).

Dies ist die Grundlage der spontanen Vertrauenswürdigkeit und gibt den Rahmen für weitere vertrauensbildende Maßnahmen vor. Roth führt aus, dass der erste Eindruck sehr stabil ist. Das Verhängnisvolle daran ist, dass Personen jemandem, der auf den ersten Blick eher unsympathisch war, der sich aber im Weiteren als qualifiziert und verlässlich herausstellt, weiterhin kritisch gegenüberstehen und auch umgekehrt. Dieses Phänomen stammt aus einer Zeit, in der die Begegnung mit einem Fremden ein hohes Risiko darstellte und das menschliche Gehirn blitzschnell entscheiden musste, ob der Fremde Gutes oder Böses im Schilde führte:

> Dieses über Jahrtausende entwickelte Erbe können wir nicht oder nicht vollständig willentlich ablegen, und wir lassen uns von ihm auch in jeder Lernsituation leiten, in der es um die Frage geht, ob der Lehrende glaubwürdig ist und die Investitionen in das Lernen sich lohnen (Roth, 2015, S. 225).

Die Schüler stellen bei der ersten Begegnung mit dem Lehrer schnell und wie gesagt unbewusst fest, ob dieser motiviert ist, seinen Stoff beherrscht und sich mit dem Gesagten identifiziert, ob er bei der Sache ist, ob er präsent ist, ob er seine Begeisterung in Ausdruck und Lebendigkeit zeigt. Dies ist im Laufe eines Berufslebens eine große Herausforderung. Auch wenn ein Lehrer zum zwanzigsten Mal mit einer Klasse Cäsar liest: Für diese Klasse hier und heute ist dies eine Ersterfahrung. Nichtpräsenz drückt sich in seiner Mimik, Gestik, Körperhaltung und Stimmführung aus – in den Gehirnen der Schüler eine Aufforderung zum Weghören. »Umgekehrt kann ein sehr engagierter Lehrer seine Schüler für nahezu jeden beliebigen Stoff begeistern« (Roth, 2015, S. 335).

Dieses prägende Erlebnis der Erstbegegnung gilt auch für die Lehrer. Auch sie entwickeln von Anfang an mit den Schülern, wiederum vor- und unbewusst, höchst individuelle Grundeinstellungen der Sympathie und Antipathie. Lehrer mögen bestimmte Schüler von der ersten Begegnung an auf dem Schirm haben, ohne dass ihnen dies und die Gründe hierfür bewusst wären. Vielleicht war es ein Gähnen eines Schülers oder einfach ein Wegschauen. Somit ist erklärbar, weshalb ein Lehrerwechsel sich auf die Leistung des Einzelnen positiv oder negativ auswirken kann.

8.2 Physische und gedankliche Präsenz

In Anlehnung an Memmert (2002) gibt Keller (2014, S. 98) folgende Punkte an, die eine Lehrkraft beachten muss, wenn sie von der Klasse als Führungsperson anerkannt werden will:

- Sie muss ihre Position als Führungsperson immer wieder sichtbar und hörbar verdeutlichen.
- Sie muss in entscheidenden Momenten initiativ werden und klar sagen, was zu tun ist.
- Sie muss Verhaltensregeln vermitteln und deren Beachtung einfordern.
- Sie muss die Klasse als Gruppe durch neue Impulse, Ziele und Maßstäbe und Aufgaben weiterbringen.
- Sie muss die Klasse als Ganzes im Auge haben und auf das gruppendynamische Gleichgewicht achten.
- Sie muss der Klasse das Gefühl geben, dass sie diese nach außen vertritt.

8.3 Umgang mit Schülerabweichungen und -fehlern

Werden Fehler als etwas gesehen, das es zu vermeiden gilt, oder als etwas, das im Lernprozess notwendig ist? »Lernen heißt Fehler machen – und Lehren übrigens auch« (Wisniewski & Zierer, 2017, S. 46).

Seit ca. 15 Jahren hat die Forschergruppe um Fritz Oser dafür sensibilisiert, dass an die Stelle einer Fehlervermeidungsdidaktik eine Fehlerermutigungsdidaktik treten solle, getreu dem Volksmund »aus eigenen Fehlern lernen« oder »aus Fehlern wird man klug« (vgl. Oser & Spychiger, 2005). Fehler zu machen ist ein integrativer Bestandteil eines aktiven, selbstgesteuerten, konstruktiven, situativen und sozialen Lernprozesses – und soll Einzug halten in den daraus resultierenden handlungs- und schülerorientierten Unterricht. Somit hat eine Fehlerkultur den einzelnen Lernenden im Blick, und individuelles Fördern erhält eine eigene Bedeutung.

In Anlehnung an typische Umgangsmuster mit Fehlern spricht das Autorenteam um Fritz Oser vom »Bermuda-Dreieck der Fehlerkorrektur«. Wenn ein Schüler etwas nicht Erwünschtes sagt, ruft die Lehrperson den nächsten Schüler auf, in der Hoffnung, dass der Schüler auf den Fehler eingeht und ihn widerlegt. Oder es passiert, dass die richtige Lösung angeboten wird, ohne dass auf den Fehler eingegangen wird. Dieses Vorgehen ist beliebt, um das Unterrichtsgespräch »am Laufen zu halten«, aber auch, um die Schüler, die etwas Falsches gesagt haben, nicht zu entmutigen. Doch es muss klar sein: Solche Fehler, die im »Bermuda-Dreieck« verschwinden, sind verschenkte Lerngelegenheiten, da damit lediglich im Rahmen des Unterrichtsgesprächs der Fehler zum Verschwinden gebracht wurde, was aber nicht heißt, dass in den Köpfen der Schüler eine Korrektur im Sinne einer Konzeptveränderung erfolgt wäre.

Die beiden grundlegenden Dimensionen von Fehlerkultur sind die Lernorientierung und das Unterrichtsklima bei der Bearbeitung. Unterricht ist so zu planen und zu gestalten, dass Fehler Platz haben. Aus auftretenden Fehlern werden Lernsituationen gestaltet. Fehler können wichtige Lernchancen eröffnen, was im Umkehrschluss aber nicht heißt, dass jede Fehlersituation eine gute Lernsituation ist. Unproduktiv können Fehler infolge von Missverständnissen oder sonstigen Ungeschicktheiten sein.

Eine Fehleranalyse sollte folgende vier Schritte umfassen:

- *1. Schritt: Sensibilisierung für Fehler*
  Fehler müssen erst einmal von den Schülern selbst erkannt werden.
- *2. Schritt: Reflexion über Fehler*
  Zum einen geht es um eine Klassifizierung der Fehler. Es ist zu klären, ob es sich beispielsweise um Wahrnehmungsfehler, Verwechslungen, Leichtsinnsfehler, systematische Fehler oder typische Fehler handelt.
  Zum andern geht es um Kausalhypothesen. Handelt es sich beispielsweise bei den klassifizierten Fehlern um Aufmerksamkeitsmängel, Ermüdung, zu hohes Arbeitstempo, vergessene oder nicht verstandene Regeln, fehlende Grundlagenkenntnisse?
- *3. Schritt: Maßnahmen zur Vermeidung von Fehlern*
  Es geht darum, wie sich zukünftig nun Fehler vermeiden lassen. Wie kann beispielsweise sinnvoll wiederholt werden, wie können Analogien gebildet werden, wie können Eselsbrücken gefunden werden?
- *4. Schritt: Evaluation der ergriffenen Maßnahmen*
  Abschließend soll regelmäßig überprüft werden, inwieweit die eingeleiteten Maßnahmen auch wirklich zum Erfolg führen.

Folgende Rahmenbedingungen sollen gegeben sein, damit ein Fehler zu einer fruchtbaren Lerngelegenheit werden kann:

1. den Fehler erkennen, also einsehen, dass etwas falsch ist, und insbesondere auch, *was* falsch ist,
2. verstehen, wie es dazu gekommen ist, also den Fehler als Fehlkonzept erklären können,
3. die Möglichkeit haben, den Fehler zu überwinden, also eine richtige Vorgehensweise oder Vorstellung zu erwerben.

Die Rolle der Lehrkraft

Die folgenden Vorschläge sollen zeigen, wie nach Oser und Spychiger (2005) ein Lehrer mit Fehlern umgehen kann:

1. Die Lehrperson muss situativ schnell folgende Entscheidungen treffen:
   – Ist es der auftauchende Fehler für das Stundenziel wert, eigens behandelt zu werden?
   – Weist der Fehler auf einen systematischen Fehler hin?
   – Handelt es sich um einen Flüchtigkeitsfehler?
   – Ist jetzt sofort oder später eine Bearbeitung des Fehlers sinnvoll?
2. Die Lehrperson kann Nachfrage-Techniken zur Konsolidierung von Abgrenzungswissen und Fehlerwissen einsetzen; während es bei Abgrenzungswissen darum geht abzuklären, inwiefern etwas nicht zu einer Sache gehört, geht es bei Fehlerwissen darum abzuklären, was in einer bestimmten Situation nicht getan werden darf.
3. Die Lehrperson kann metakognitive Impulse zur gemeinsamen Suche nach Fehlermustern und Ursachen geben.
4. Die Lehrperson kann Aufgaben für das gezielte Einspeisen typischer Fehler verwenden (zum Finden und Widerlegen von typischen Fehlern, zum Finden von versteckten Fehlern, zum Identifizieren und Erklären von Fehlermustern, zum Rekonstruieren von Fehlerursachen in kognitionsorientierten Aufgaben, zum Entwickeln von Fehlerbearbeitungsstrategien).

8.4 Handeln unter Druck

Wahl (1991) umschreibt das alltägliche Lehrerhandeln sehr pointiert mit »Handeln unter Druck«. Es ist eine im Klassenzimmer ganz alltägliche Erscheinung, »die auf den Wechselwirkungen zwischen Komplexität, Vernetztheit, partieller Intransparenz und Polytelie einerseits, sowie Eigendynamik, Erwartungs- und Bewertungsdruck andererseits beruht« (S. 11).

Tab. 19: Konstrukt »Handeln unter Druck« (eigene Zusammenstellung nach Wahl, 1991, S. 11)

Komplexität	Angesichts der hohen Anzahl verschiedenartiger Aspekte wie Raumgröße, Sitzordnung, verfügbare Zeit, Lerninhalte, didaktische Gestaltung, Vorwissen und persönliche Eigenschaften der Lernenden und Lehrenden ist die Komplexität des Geschehens als sehr hoch anzusehen.
Vernetztheit	Dieses Geschehen im Klassenzimmer ist vernetzt und gleichzeitig intransparent. Die Veränderung eines Aspekts zieht die Veränderung anderer Aspekte nach sich.
Intransparenz	Doch was bspw. die Interaktionspartner denken, fühlen, was Schwierigkeiten bereitet, weiß der Lehrer nicht so genau.
Polytelie	Der Lehrer muss sich auch um das Erreichen vieler Ziele kümmern, er will inhaltlich vorankommen, gleichzeitig niemanden zurücklassen, dabei die Uhr nicht aus dem Auge verlieren, er will für ein gutes Lernklima sorgen, dabei muss er Leistung abverlangen usw.
Eigendynamik	Die Interaktionspartner handeln autonom auf eine Weise, die nur zum Teil vom Lehrer beeinflussbar ist.
Erwartungsdruck	Die Schüler erwarten, dass sich der Lehrer mit einem aktuellen Geschehen wie einer Störung, einer Provokation auseinandersetzt. Sie achten auf seine Reaktionen. In relativ kurzer Zeit, die ihm die Schüler zubilligen, muss er zu einer Entscheidung kommen.
Bewertungsdruck	Auf ein solches Geschehen machen die Schüler sich ihren eigenen Reim, sie bewerten, ob der Lehrer seine Autorität behält oder die Kontrolle zu verlieren droht.

Mit dieser von Wahl gewählten griffigen Formulierung »Handeln unter Druck« lässt sich Doyles Charakterisierung von Unterricht zusammenfassen. Doyle (1986) analysiert ebenfalls Unterricht als äußerst komplexes Geschehen und beschreibt dieses mithilfe der folgenden sechs Dimensionen. Unterricht in der Klasse ist geprägt durch:

- *Multidimensionality* – große Anzahl an Ereignissen, deren Vernetzung und multiple Konsequenzen
- *Immediacy* – Ereignisse geschehen schnell, folgen schnell aufeinander
- *Unpredictability* – Ereignisse nehmen unerwartete, unvorhersehbare Wendungen, werden gemeinsam produziert und sind daher kaum antizipierbar
- *History* – frühere Erfahrungen in der Klasse formen nachfolgende Ereignisse
- *Simultanity* – verschiedene Ereignisse geschehen zeitgleich
- *Publicness* – Klassenräume sind öffentliche Plätze, und Ereignisse werden häufig von einem Großteil der Schüler miterlebt.

Handeln unter Druck bedeutet ein doppeltes Dilemma: Der Lehrer kann die Situation, in der er zu entscheiden hat, einfach nicht überschauen, und die für eine Entscheidungsfindung verfügbare Zeit ist zu knapp bemessen.

Doch eines sollte klar sein: Unterrichtliches Handeln, in den Worten Wahls also »Handeln unter Druck«, bedarf der uneingeschränkten Präsenz des Lehrers. Diese Präsenz ist nicht als eine isolierte Maßnahme zu sehen, sondern Präsenz ist eine Haltung. Ohne uneingeschränkte Präsenz scheint Klassenführung nicht möglich, sie ist eine Voraussetzung für Klassenführung – eine conditio sine qua non.

8.5 Präsenz bei Kounin

Marzano (2003) spricht mit dem Begriff »mental set« die Präsenz an – er meint dabei eine innere Haltung des Lehrers, keine Verfahrensweise – und bezieht sich dabei explizit auf Kounins Begriff »withitness« (Allgegenwärtigkeit). Kounin wird im Folgenden näher skizziert, da er der Klassiker ist, der stets bemüht wird, wenn es um empirische Evidenz von gelingender Klassenführung geht. In Tabelle 20 sind die Merkmale effektiver Klassenführung nach Kounin (1970, 1976) eingetragen und kurz charakterisiert. Mittlerweile gibt es im Waxmann Verlag einen Reprint (2006). Im Folgenden beziehe ich mich auf die deutsche Ausgabe von 1976.

Tab. 20: Merkmale effektiver Klassenführung (eigene Zusammenstellung nach Kounin, 1970 und Kounin, 1976, S. 8 ff.)

1. Allgegenwärtigkeit und Überlappung	Die Lehrkraft ist über das Schülerverhalten informiert und kann sich mehreren gleichzeitig auftretenden Problemen zuwenden.
2. Reibungslosigkeit und Schwung	Die Lehrkraft steuert den Unterrichtsablauf und vermeidet unnötige Unterbrechungen, Leerlauf oder Hektik.
3. Aufrechterhaltung des Gruppen-Fokus: Gruppenmobilisierung, Rechenschaftsprinzip, Beschäftigungsradius	Die Lehrkraft zieht die Gruppenmitglieder für ihre Tätigkeiten zur Verantwortung.
4. Programmierte Überdrussvermeidung • Valenz (Aufforderungscharakter) und intellektuelle Herausforderung • Abwechslung und Herausforderung bei der Stillarbeit	• Der Lehrkraft gelingt es, alle Schüler für die Unterrichtsinhalte zu begeistern. • Lernaktivitäten in Einzelarbeitsphasen sind methodisch fantasievoll gestaltet und intellektuell herausfordernd.

Auf die ersten drei Dimensionen lässt sich der Begriff der Präsenz in idealer Weise als Oberbegriff anwenden:

- Allgegenwärtigkeit setzt die Präsenz der Lehrkraft voraus, mehr noch, bedeutet letztendlich Präsenz.

- Überlappung setzt die Präsenz der Lehrkraft voraus.
- Reibungslosigkeit ist ohne die permanente Präsenz der Lehrkraft nicht möglich.
- Schwung ist nur bei einer präsenten Lehrkraft denkbar.
- Aufrechterhaltung des Gruppenfokus verlangt eine präsente Lehrkraft.

8.5.1 Beschreibung der Studie von Kounin

Zunächst wollte Kounin untersuchen, wie erfolgreiche Lehrer effektiv mit Unterrichtsstörungen umgehen. Als er mit Untersuchungen in verschiedenen Institutionen (Highschool, College, Ferienlager) mit verschiedenen Methoden (Experiment, Befragung, Beobachtung) zu keinerlei konsistentem Befund kommen konnte, startete er eine erneute Studie, in der er ausschließlich Videoaufzeichnungen anfertigte, da er diesmal auch »Mängel«, die ein menschlicher Beobachter aufweist (S. 72 ff.), ausschalten wollte. Er ließ den Unterricht von 49 ersten und zweiten Klassen jeweils einen Tag lang aufnehmen, jeweils zwei Kameras wurden hierzu in den Klassenzimmern aufgestellt. Ihm war inzwischen klar geworden, dass er ein Verständnis von Lehrer-Schüler-Beziehungen nur mittels Untersuchungen von Lehrerverhalten in reinen *Schul*situationen gewinnen konnte (vgl. S. 146).

Kounin wollte vor allem herausfinden, ob Zurechtweisungsmethoden Einfluss auf Schülerreaktionen hatten und ob sich verschiedene Zurechtweisungsarten (er unterschied die Dimensionen *Klarheit, Verärgerung, Festigkeit, Intensität, Schwerpunkt*; S. 77 ff.) in ihrer Wirkung unterschieden. Die Suche nach einer Art, effektiv zu ermahnen, blieb erfolglos. In den Ergebnissen konnte man keine Zusammenhänge erkennen: Die errechneten Korrelationen waren durchweg nicht signifikant. Es wurde somit klar, dass »keine Zusammenhänge bestehen zwischen Qualitäten der Zurechtweisungsmethoden eines Lehrers und dem Erfolg dieses Lehrers im Umgang mit Fehlverhalten« (S. 81). Kounins Folgerung lautet, dass »Methoden des Umgangs mit schlechtem Betragen als solche keine signifikanten Determinanten sind dafür, wie gut oder schlecht sich Kinder in der Klasse aufführen« (S. 82). So kam er zu der Einsicht, dass es sinnvoller ist, Störungen zu vermeiden, als am Fehlverhalten der Schüler anzusetzen. Klassenführung wurde definiert als die Beschäftigung des Lehrers mit dem äußerlich sichtbaren Verhalten von Schülern, für welches offene Anzeichen von Mitarbeit und Fehlverhalten maßgeblich waren. Erfolgreiche Führung ist folglich definiert als die Fähigkeit, eine hohe Mitarbeitsrate bei niedriger Fehlverhaltensrate im Unterricht zu erzielen (vgl. S. 75).

Eine Analyse seiner Videoaufzeichnungen ergab, dass ganz bestimmte Verhaltensweisen von Lehrern existierten, die mit dem Führungserfolg korrelierten. In der Studie zeigte sich: Je besser es den Lehrkräften gelang, diese Merkmale umzusetzen (▶ Tab. 20), umso besser arbeiteten die Schüler mit und umso weniger Fehlverhalten zeigten sie.

Die von Kounin beschriebenen »Techniken« sind also präventive Verhaltensdimensionen, Handlungsweisen, die Störungen schon vor ihrem Auftreten verhindern sollen. Und die Beherrschung dieser derart definierten Klassenführungstechniken, so erkennt Kounin, gibt dem Lehrer ein Instrumentarium an die Hand, das den individuellen Handlungsspielraum erweitert und Alternativen ermöglicht, ja dem Lehrer erlaubt, seine Lernziele zu erreichen. Die Bedeutung der Klassenführungstechniken offenbart sich in Kounins Schlusssatz: »Die Beherrschung der Gruppenführungstechniken enthebt den Lehrer fortan seiner Führungssorgen« (S. 149).

8.5.2 Merkmale effektiver Klassenführung, d. h. präventive Verhaltensdimensionen: »Techniken«

1. Allgegenwärtigkeit (withitness) und Überlappung (overlapping)

Hier geht es vor allem um die Prävention von Störungen. Beide Dimensionen betreffen die Fähigkeit des Lehrers, den Schülern zu signalisieren, dass er über ihr Verhalten informiert ist, sowie seine Fähigkeit, mehreren gleichzeitig auftretenden Problemen seine Aufmerksamkeit zuzuwenden und Störungen nebenbei zu beheben. Das von Kounin gewählte Kunstwort »withitness« soll verdeutlichen, dass es hier darum geht, die sprichwörtlichen »Augen im Hinterkopf« zu haben (vgl. S. 90). Überlappung bedeutet für Kounin, dass der Lehrer zwei sich gleichzeitig stellenden Problemen (»überlappende Situationen«, S. 94) auch simultan seine Aufmerksamkeit zuwendet, somit beiden Situationen gerecht wird und sich nicht von einem Ereignis vollkommen in Anspruch nehmen lässt, während er das andere vernachlässigt.

2. Reibungslosigkeit (smoothness) und Schwung (momentum)

Hier geht es vor allem um die Steuerung von Unterrichtsabläufen. Beide Parameter messen die Fähigkeit des Lehrers, den Unterrichtsablauf zu steuern und unnötige Unterbrechungen, Leerlauf oder Hektik zu vermeiden. Kounins Ergebnis lautet, dass Reibungslosigkeit und Schwung signifikant mit dem Schülerverhalten korrelieren (S. 115). Er kommt zu dem Schluss, dass die beiden genannten Dimensionen eine erhebliche Rolle bei der Klassenführung spielen, z. B. was Kontrolle von Fehlverhalten und Bereitschaft zur Mitarbeit anbelangt (S. 116).

Kounin betont, dass es immer leichter sei, Negativbeispiele zu diagnostizieren, denn wenn die Unterrichtsführung gut läuft, gibt es dabei wenig am Lehrer zu registrieren, und es sieht so aus, als »mache er überhaupt nichts« (S. 105). Er vergleicht dies mit einem Geigenspieler oder einem Basketballer, deren hervorragendes Spiel »leicht und mühelos« erscheine und nur Fehler Anlass zur Benennung bieten. Aus diesem Grund bewertete er die Lehrer auch nach folgenden (negativen) Kategorien: Verhaltensweisen, die Sprunghaftigkeiten (Gegensatz: Reibungslosigkeit) erzeugen, sowie Verhaltensweisen, die Verzögerungen (Gegensatz: Schwung) hervorrufen.

3. Aufrechterhaltung des Gruppen-Fokus: Gruppenmobilisierung

Hierunter werden folgende Begriffe betrachtet: Gruppenmobilisierung (group alerting), Rechenschaftsprinzip (encouraging accountability) und Beschäftigungsradius (high participation formats).

Zum einen geht es um die Fähigkeit des Lehrers, die Klasse auch dann im Fokus zu behalten, wenn er sich einem einzelnen Schüler zuwendet. Zum anderen zieht er die Gruppenmitglieder für ihre Tätigkeiten zur Verantwortung. Außerdem geht es um Verhaltensvorschriften und Arbeitsanforderungen für Schüler, die gerade nicht drangenommen werden.

Folgendes Kategoriensystem wurde für die Messung des Gruppen-Fokus in Übungssituationen entwickelt:

- Gruppenmobilisierung: Wie gut gelingt es dem Lehrer, alle Schüler bei Aufmerksamkeit oder »auf dem Posten« zu halten?
- Rechenschaftsprinzip: In welchem Umfang lässt der Lehrer die Gruppenmitglieder Rechenschaft über ihre Leistung ablegen?
- Beschäftigungsradius: Wie stark müssen sich Gruppenmitglieder, die gerade nicht dran sind, an den Aktivitäten beteiligen?

4. Programmierte Überdrussvermeidung

Hier geht es um die Eigenart der Aktivitäten, mit denen sich die Schüler beschäftigen sollen. Kounin kann die Dimension der Überdrussvermeidung mit zwei Kategorien erfassen:

Valenz und intellektuelle Herausforderung (higher participation formats)
Der Begriff *Positive Valenz* bedeutet Gefallen, der Begriff *Negative Valenz* bedeutet Ablehnung. Die Kategorie, die Kounin »Valenz und Herausforderung« nennt, sollte Feststellungen darüber ermöglichen, inwieweit der Lehrer direkte Versuche unternimmt, bei den Schülern mehr Begeisterung, Arbeitsbereitschaft oder Neugierde auf den Unterricht zu wecken. Diese motivationalen Anstöße, »die Bemühungen um Wahrung der positiven Valenz von Lernaktivitäten« (S. 136) maß Kounin z. B. daran, ob der Lehrer echte Freude und Begeisterung zeigte (»Jetzt kommt etwas Lustiges«) oder auf eine intellektuelle Herausforderung einer nachfolgenden Aufgabe hinwies (»Jetzt werdet ihr eure Denkermützchen aufsetzen müssen«). Kounins Ergebnis lautet, dass die Bemühung von Wahrung der positiven Valenz sich »ziemlich erfolgreich in der Stimulierung von Mitarbeit und der Eindämmung von Fehlverhalten« (S. 136) erwies.

Den Lehrkräften gelingt es also, alle Schüler für die Unterrichtsinhalte zu begeistern und ihre Arbeitsbereitschaft zu wecken. Die Lernaufgaben sind zwar intellektuell herausfordernd, aber zu bewältigen, die Anforderungen passen also zur Leistungsfähigkeit der einzelnen Schüler.

Abwechslung und Herausforderung bei der Stillarbeit
Hier geht es um Lernaktivitäten in Einzelarbeitsphasen, die methodisch fantasievoll gestaltet und intellektuell herausfordernd sind.

Was Kounin weiterhin in seinen Studien zu messen versuchte, war, wie abwechslungsreich der Unterricht gestaltet war. Je vielfältiger die Aktivitäten ausfielen, je weniger immer wieder dasselbe getan werden musste, desto weniger, so argumentiert er, dürfte in Folge ein »Überdruss« entstehen. Die Determinante »Abwechslung« gliederte er in acht Kategorien (z. B. »Inhalt«, »Darbietungsweise des Lehrers«) und zählte diese klassenweise aus. Nach der ersten Rechnung der Werte, die keinerlei Korrelationen ergab, stellte die Forschergruppe fest, dass sie »Abwechslung« nur anhand rein schulspezifischer Aktivitäten registrieren durften und Pausen ohne Lernbezug nicht mit einbeziehen durften. In diesem Falle ergaben sich durchweg positive Korrelationen.

8.5.3 Bewertung

Insgesamt erscheint die Studie von Kounin recht angestaubt, was sowohl das Design als auch die teilweise unstrukturierte Darbietungsweise für den Leser betrifft. Die generierten Kategorien, die Gewinnung und Rechnung der Daten und die teilweise sehr kleinen Fallzahlen (z. B. bei Messung von Abwechslung N = 9, S. 141) würden heutzutage wohl kaum publiziert, respektive tausendfach zitiert werden. Doch die Beschäftigung mit dem Gegenstand und der Versuch, Klassenführung empirisch zu erfassen, verliehen Jacob Kounin eine Vorreiterrolle. Ein Verdienst bleibt: Seit den Studien von Kounin werden weniger die Interventionen bei Unterrichtsstörungen thematisiert als vielmehr der Präventionsgedanke. Bei den Forschungen zu Unterrichtsstörungen ging es künftig nun weniger um einzelne Problemschüler als vielmehr um die Klassen als Ganzes.

8.5.4 Ergänzung zu Kounin: »mental set« nach Marzano

Wie oben erwähnt, führt Marzano (2003) in Bezugnahme auf Kounins Dimension der Allgegenwärtigkeit (»withitness«) den Begriff »mental set« ein, auf den nun genauer eingegangen wird. Dieser Begriff mag suggerieren, dass ein Lehrer entweder darüber verfügt oder eben nicht. Dies sieht Marzano ganz anders und schlägt drei Möglichkeiten (»action steps«) vor, um Allgegenwärtigkeit anbahnen zu können:

1. *Reagiere sofort!*
Dies ist dann gut möglich, wenn die Lehrkraft nicht an einem Platz fixiert ist, sondern sich im ganzen Klassenzimmer aufhält und so Strömungen in der Klasse mitbekommt.
Weiterhin sollte die Lehrkraft immer wieder in die Gesichter der Schüler schauen, sie gleichsam scannen. Bei auffallenden Schülern sollte Augenkontakt hergestellt werden. Wenn der Schüler nicht reagiert, sollte sich die Lehrkraft zu ihm hinbewegen. Wenn das auch nichts nützt, sollte möglichst ohne Aufhebens der Schüler zurechtgewiesen werden.
2. *Antizipiere Probleme!*
Wenn man »seine« Schüler kennt, kann man schon im Vorfeld mögliche Probleme abwenden. Angenommen, ein Schüler reagiert auf einen schweren Stoff ungehalten, zeigt sich frustriert, dass er wieder mal nichts versteht, kann man ihn schon im Vorfeld besänftigen und sich um ihn kümmern, also schon im Vorfeld deeskalierend wirken.

3. *Beobachte einen Expertenlehrer!*
Einen Lehrer, von dem man weiß, dass er souverän mit Störungen in seiner Klasse umzugehen weiß, lohnt es sich zu besuchen oder ihn auch zu bitten, dass er dem eigenen Unterricht beiwohnt. Möglicherweise kann man so ein paar neue Ideen erhalten.

9 Teamentwicklung und professionelle Lerngemeinschaften

Eine Stellenausschreibung in der Industrie war wie folgt konzipiert und warb für einen Mitarbeiter:

- Teamleitung als zentraler Ansprechpartner für das Team
- Bedarfsorientierte Teamentwicklung (skill & tool) & Aufbau einer Wissensentwicklung/-transfer innerhalb des Teams
- Durchführung von Feedbackgesprächen und Konfliktmanagement
- Unterstützung innerhalb des Rekrutierungsprozesses neuer Mitarbeiter (Bedarfsermittlung, Teilnahme an Interviews & Evaluierung).

Das, was hier für die Industrie offensichtlich Gültigkeit hat, besitzt gleichermaßen für die Schule eine große Bedeutung, geht es doch auch in der Schule um *Teamentwicklung* sowie Veränderungen in dem Miteinander des jeweiligen Kollegiums, insbesondere mit dem Hintergrund einer lernenden Institution, wie sie durch *professionelle Lerngemeinschaften* angesprochen wird. In diesem Kapitel wird Bezug genommen auf Kapitel 4 bei Jäger und Haag (2020).

9.1 Teamentwicklung

Durch ihre Fähigkeiten und ihre unterschiedlichen Erfahrungen bieten Teams, gebildet aus dem Gesamt eines Lehrerkollegiums oder aus Teilgruppen, große Potenziale. Um eine erfolgreiche Teamleistung zu erbringen, muss Teamarbeit gelernt und immer wieder trainiert sowie durch Unterstützungsstrukturen gesichert werden. Das Team-Lernen ist einer der Schlüsselfaktoren der lernenden Organisation Schule.

Mithilfe von Kriterienkatalogen und Checklisten können Gruppen ihre Arbeitsstrukturen und Kooperationskultur verbessern, die in zwölf Erfolgskriterien zur Teamentwicklung zusammengefasst werden können (Philipp, 2016, S. 730):

Die Gruppe braucht

- einen unterstützenden Beziehungsrahmen, d. h. es existiert eine konstruktive Streitkultur auf der Basis einer wertschätzenden Beziehung.

- ein Ziel, eine Vision, im Idealfall ein Leitbild.
- eine klare und sinnvolle Aufgaben- und Rollenverteilung.
- Kommunikation und konstruktives Feedback.
- (wechselnde) Leitung für ergebnisorientiertes und zeiteffizientes Arbeiten.
- (relative) Autonomie und Rahmensetzung (Raum und Zeit) für die Selbstfindung und Organisation.
- materielle und immaterielle Unterstützung, gerade von der Schulleitung.
- Erfolgserlebnisse zur Aufrechterhaltung von Motivation.
- Handlungskonsequenzen durch gemeinsame Formulierung von Aktionsplänen (anstatt: »Man müsste mal« eher »Wer? Mit wem? Bis wann?«).
- eine Balance zwischen Aufgaben- und Beziehungsorientierung.
- von Zeit für die Teamentwicklung.
- regelmäßige Teamchecks.

Laqua (2011, S. 62) fasst diese zwölf Faktoren für das Gelingen einer effektiven Teamentwicklung in einer Abbildung zusammen, die er in

- organisatorische
- strukturelle
- teambezogene und
- personelle Einflussfaktoren

untergliedert (▶ Abb. 5).

Wie kann Teamentwicklung erfolgreich gestaltet werden? Zunächst ist festzuhalten:

Erfolgreiche Teamentwicklung trägt dazu bei, dass Gruppen ihre Arbeitsstrukturen und ihre Kooperationskultur verbessern. Neben einem unterstützenden Beziehungsrahmen, der verantwortlich für eine konstruktive Streitkultur ist, und der Notwendigkeit von Kommunikation sowie Feedback stellt eine regelmäßige Überprüfung des Teams das zentrale Erfolgskriterium dar. Immer im Sinne einer lernenden, sich selbst entwickelnden Organisation sollen die Teammitglieder dabei soviel wie möglich in Eigenregie erarbeiten.

Für einen Team-Check bietet sich der von Philipp (2016, S. 734) entwickelte Teamdiagnose-Bogen an. Für den Erfolg der Teamarbeit werden vier Dimensionen abgebildet, die aus elf Aussagen bestehen: Zielorientierung (Aussage 1 bis 3), Aufgabenbewältigung (Aussage 4 und 5), Zusammenhalt (Aussage 6 bis 9) und Verantwortungsübernahme (Aussage 10 und 11). Diese Dimensionen dienen als Teamentwicklungsmaßnahmen, die durch das Team zur Verbesserung der Zielerreichung, der Aufgabenbearbeitung, des Zusammenhalts und der Übernahme von Verantwortlichkeiten eingeleitet werden können. Die nachfolgende Checkliste in Tabelle 21 ist auf die Schulleitung (SL) und die Lehrkräfte (LK) bezogen. Mit ihr kann überprüft werden, welche Kriterien bereits erfüllt sind und umgekehrt, woran noch gearbeitet werden muss - und zwar aus der Sicht der Schulleitung bzw. der Lehrkräfte.

Teamentwicklung in der Schule ist umso erfolgreicher, je mehr die Schulleitung das Vorgehen unterstützt und je deutlicher diese Unterstützung im Kollegium

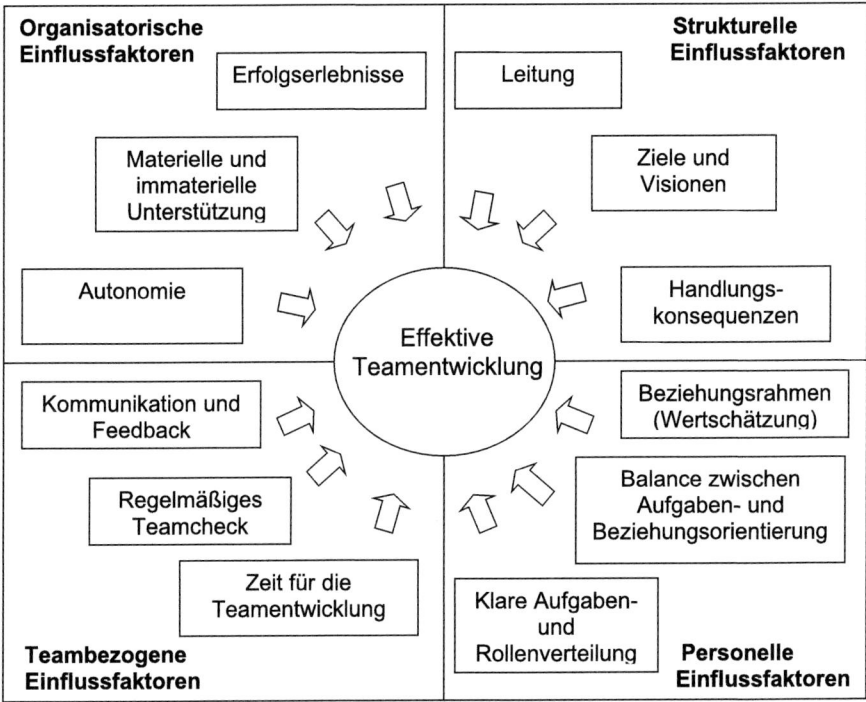

Abb. 5: Faktoren für das Gelingen einer effektiven Teamentwicklung (Laqua, 2011, S. 62, basierend auf Philipp, 2009, S. 730)

Tab. 21: Checkliste »Kriterien für die Zielerreichung in Teams« (Jäger & Haag, 2020, S. 32)

Kriterien	SL	LK
1. Die Ziele unseres Teams sind klar.	☐	☐
2. Ich identifiziere mich mit den Zielen des Teams.	☐	☐
3. Unsere Ziele sind realistisch und erreichbar.	☐	☐
4. Die Teammitglieder kennen ihre Aufgaben.	☐	☐
5. Informationen werden rechtzeitig ausgetauscht.	☐	☐
6. Das Team steht im Mittelpunkt und nicht der Einzelne.	☐	☐
7. Konkurrenz zwischen den Teammitgliedern ist kein Thema.	☐	☐
8. Wir reden offen und frei miteinander.	☐	☐
9. Wir bringen alle wichtigen Informationen in unser Team ein.	☐	☐
10. Wir denken ständig über Verbesserungen nach.	☐	☐
11. Die Teammitglieder übernehmen Verantwortung.	☐	☐

auch wahrgenommen wird. In folgender Checkliste in Tabelle 22 werden Unterstützungsangebote vorgestellt, wie die Schulleitung bei unterschiedlichen Phasen der Teamentwicklung eingreifen kann (vgl. Philipp, 2016, S. 749). Ob die jeweilige Schulleitung (SL) diese Unterstützung bietet und ob diese auch aus der Sicht der jeweiligen Lehrkraft (LK) wahrgenommen wird, kann in der Checkliste abgehakt werden.

Tab. 22: Checkliste »Möglichkeiten der Schulleitung bei der Teamunterstützung« (Jäger & Haag, 2020, S. 32 f.)

Entwicklungsphase	Unterstützung der Teamentwicklung durch die Schulleitung	SL	LK
Phase der Orientierung	Phase wichtig und ernst nehmen	☐	☐
	Kennenlernen ermöglichen	☐	☐
	Sich Zeit nehmen zur Teambildung	☐	☐
	Druck herausnehmen, sofort Ergebnisse erzielen zu müssen	☐	☐
	Wünsche und Befürchtungen besprechbar machen	☐	☐
	Rahmenbedingungen und Zeit klar machen	☐	☐
	Rollen klären	☐	☐
	Orientierung und Struktur bieten	☐	☐
Bei verdeckten und offenen Konflikten	Konflikte transparent werden lassen	☐	☐
	Aktiv zuhören und nachfragen	☐	☐
	Fortschrittsdruck herausnehmen	☐	☐
	Keine Lösungen	☐	☐
	Unterschiedliche Sichtweisen und Glaubenssysteme transparent machen	☐	☐
	Eigenes Konfliktverhalten reflektieren	☐	☐
	Hilfen und Tipps bei der Konfliktbearbeitung	☐	☐
Während der Arbeit	Aufgabe neu verabreden	☐	☐
	Regeln vereinbaren	☐	☐
	Sich eher zurückhalten	☐	☐
	Verantwortung an die Gruppe abgeben	☐	☐
	Lernen ermöglichen und zulassen	☐	☐
	Teamgefühl pflegen	☐	☐
	Aufgabe und Gruppe immer wieder zusammenführen	☐	☐

Tab. 22: Checkliste »Möglichkeiten der Schulleitung bei der Teamunterstützung« (Jäger & Haag, 2020, S. 32 f.) – Fortsetzung

Entwicklungsphase	Unterstützung der Teamentwicklung durch die Schulleitung	SL	LK
Gegen Ende der Arbeit	Antenne nach innen und außen, Kommunikator	☐	☐
	Optimierung	☐	☐
	Auf das Ende zuarbeiten	☐	☐
	Zielorientiert	☐	☐
	Projekt gezielt beenden	☐	☐
	Gesamtpräsentation nach innen und außen	☐	☐
	Würdigung des Erreichten	☐	☐
	Gezielte Abschlussreflexion »lernen«!	☐	☐

9.2 Professionelle Lerngemeinschaften

Ein wesentlicher Qualitätsfaktor der nordamerikanischen Schulqualitätsstudien (Schulqualität gemessen in Form von Schülerleistungen) ist neben der Rolle der Schulleitung, den Ressourcen und dem von der jeweiligen Schule verfolgten Schulprogramm die Existenz von professionellen Lerngemeinschaften (»Professional Learning Communities«, Fullan, 2000). Hier handelt es sich nicht um ein neues Gremium in einem Lehrerkollegium, sondern es geht darum, die vorhandenen schulischen Facheinheiten, Jahrgangsteams etc. auf den Qualitätsgedanken hin zu orientieren. Die Entwicklungsempfehlung lautet: »Von der Ich-AG, die den Lehrerberuf ja traditionell prägt, zur PLG [professionellen Lerngemeinschaft]« (Philipp, 2016, S. 738). Die Arbeit, die auf die professionelle Weiterbildung der Lehrer abzielt, kann sich auf verschiedene Arten von professionellen Lerngemeinschaften konzentrieren, wie sie in der Checkliste in Tabelle 23 angeführt sind. Zur Überprüfung, ob diese Lerngemeinschaften an der eigenen Schule existieren oder gefördert werden, ist die Checkliste so gehalten, dass Schulleitung und einzelne Lehrkräfte überprüfen können, ob das Potenzial dieser Lerngemeinschaften genutzt wird.

Ihre Praxis zeichnet eine Vorstellung von Lehrkräften als Lernenden aus, die miteinander und voneinander lernen. Sie verfolgen klare Zielvorstellungen für das Lernen aller Schüler, dabei übernehmen sie die Verantwortung für die Lernleistungen der Schüler. Gemeinschaften sind aber nicht nur Interessengemeinschaften, sondern immer auch Wertegemeinschaften. Als Schlüsselwerte gelten vor allem eine Kultur der Hilfe und Fehlertoleranz. In der professionellen Lerngemeinschaft werden Fehler als eine Chance zum Lernen betrachtet.

Tab. 23: Checkliste »Professionelle Lerngemeinschaften« (Jäger & Haag, 2020, S. 34)

Arten professioneller Lerngemeinschaften	Ich ermuntere, unterstütze und fördere die genannten professionellen Lerngemeinschaften (SL)	An unserer Schule existieren die genannten professionellen Lerngemeinschaften (LK)
Herausfinden von best practice	☐	☐
Austausch von Erfahrungen	☐	☐
Anbahnung und Austausch von Hospitationen	☐	☐
Entwicklung und Austausch von Arbeitsmitteln	☐	☐
Organisation und Auswertung von Schülerfeedback	☐	☐
Klärung und Überprüfung der Leistungsstandards	☐	☐
Austausch von Klassenarbeiten und Parallelarbeiten	☐	☐
Systematische Fort- und Weiterbildung	☐	☐

Schlussgedanken

Regeln und Rituale sind wesentliche Bausteine, um ein entspanntes Arbeiten zu ermöglichen, darin sind sich heute alle einig. Doch könnte es noch etwas anderes sein? Wie wäre es mit Stille?

In der Weihnachtsausgabe der ZEIT (2018, Nr. 53, S. 13 ff.) lautet das Titelthema des Dossiers »Wie viel Stille ertragen wir?«. Der Autor kommt zu dem Ergebnis: Stille ist sowohl »tremendum« als auch »fascinans«.

Tremendum (abschreckend, bedrohlich): Menschen fliehen vor der Stille. Menschen, die ihren Hörsinn verlieren, erfahren keineswegs Befriedigung, sondern nur tiefe Beunruhigung. Als in der Weihnachtgeschichte der Engel den Hirten auf dem Feld in arkadischer Ruhe erscheint, sagt er als erstes: »Fürchtet euch nicht!«

Fascinans (anziehend und fesselnd): Es gibt keine Weltreligion, die der Stille keine große Bedeutung beimisst. Stille ist Erleuchtung. So sind in den letzten Jahrzehnten in der Nähe von Klöstern Zen-Meditationszentren entstanden. Dorthin ziehen sich Menschen auf Zeit zurück, um Stille zu erfahren, als Wohltat, als Weg weg vom Trubel. Das populäre Wort dafür ist heute »Achtsamkeit«.

Ob das in der Grundschule bspw. Stilleübungen sind, wie sie Maria Montessori (1936; 2018) beschreibt, oder einfach in höheren Jahrgangsstufen Zeiten des Mit-sich-selbst-Beschäftigens, sei dahingestellt. Sehr schön beschreiben Maschwitz und Maschwitz (1993), die in einem Praxisbuch Anregungen geben, um Konzentration und Aufmerksamkeit zu wecken, worum es bei Stille nicht gehen soll:

»Stille ist kein Ziel, Stille ist die Chance, die Fülle des Lebens zu entdecken. So ergibt sich aus der Zusammenstellung der Übungen kein Rezeptbuch nach dem Muster:

- ein Löffel Körperübungen,
- eine Prise Phantasiereisen,
- zweimal Mandala malen,
- eine (biblische) Geschichte

… und fertig ist das stille Kind« (S. 10).

Vielmehr geht es um eine Haltung, die von der Lehrkraft ausgeht. Das heißt für einen Lehrer (vgl. Wehr, 2005):

- Selbst Ruhe, Konzentriertheit und Selbstkontrolle ausstrahlen
- Sich bewusst Zeit nehmen für erzieherische Ziele
- Unterricht rhythmisch in Anspannungs- und Entspannungsphasen gliedern
- Den Kindern und sich selbst Zeit lassen
- Vertrauen in die Kinder und sich selbst setzen

- Humor und Gelassenheit erleben lassen
- Empathie und Authentizität als Lehrer-Persönlichkeit zeigen.

Und wie geht das, ruhig bleiben unter Druck? Leaman (2008) berichtet von Tipps von Lehrern, die ihr sagten, wie sie unter Drucksituationen ruhig bleiben können. Hier einige Vorschläge:

- Bis zehn zählen
- Sich auf langsames Ausatmen konzentrieren
- Sich nicht von Schülern in eine Argumentationsnot verwickeln lassen
- Sachlich bleiben und sich nicht emotionalisieren lassen
- Sich einreden, dass es sich im Augenblick nur um den Beruf handelt
- Sich einreden, dass es die Schüler nicht persönlich meinen
- Viel Wasser trinken
- Mit dem Unterrichten aufhören und jeden für ein paar Minuten zum Schweigen bringen
- Wissen, dass man im Lehrerzimmer Dampf ablassen kann
- Den Kindern eine Aufgabe stellen und sie dann damit allein lassen
- Mit Schülern arbeiten, die arbeiten wollen
- An Wochenendaktivitäten denken
- Antworten aufs Ende der Stunde verschieben.

Auch der psychoanalytische Ansatz (Herzog, 2001) ist in diesem Zusammenhang zu erwähnen:

Bernfeld (1925/1976) spricht von Grenzen der Erziehung, und diesbezüglich soll es um die innere Grenze gehen, »die durch die seelischen Tatsachen im Erzieher gegeben ist; wir erkennen als Grenze für alles ins Große gedachte pädagogische Wollen die Konstanten, die seelischen Konstanten, im Erzieher als dem Erziehungssubjekt« (S. 142). Der Erzieher war selbst einmal Kind: »So steht der Erzieher vor zwei Kindern: dem zu erziehenden vor ihm und dem verdrängten in ihm. Er kann gar nicht anders, als jenes zu behandeln wie er dieses erlebte« (S. 141). Brück (1978) führt dieses Thema weiter aus in dem von ihm gewählten Titel »Die Angst des Lehrers vor seinem Schüler. Zur Problematik verbliebener Kindlichkeit in der Unterrichtsarbeit des Lehrers«.

Unabhängig davon, wie jeder Einzelne zur Psychoanalyse steht: Tatsache ist, dass jeder selbst lange Schüler war und all die Jahre seiner Erfahrungen daraus mitgenommen hat – ob nun bewusst oder unbewusst, das sei dahingestellt. Hierfür spricht der empirische Befund, dass sich subjektive Theorien von Neulehrern über ihr Handeln eher aus der viel längeren Epoche der eigenen Schulzeit als aus der soeben zu Ende gegangenen Studienphase an der Universität speisen. »Bei all dem greifen Lehrkräfte auf Wissensbestände zurück, die nur teilweise in der formalen Ausbildung erworben wurden, zum Teil auch schon vorher in der Kindheit und Schulzeit, zum großen Teil aber erst durch die eigene mehr oder weniger reflektierte Schulpraxis« (Dann & Haag, 2016, S. 91).

Es kommt also auch hier wieder die eigene Person, das eigene Selbst ins Spiel – Lehrerpersönlichkeit und Klassenführung sind zwei Seiten derselben Medaille.

Literatur

Aebli, H. (1969). Grundformen des Lehrens. Ein Beitrag zur psychologischen Grundlegung der Unterrichtsmethode. Stuttgart: Klett-Cotta.
Aebli, H. (1983). Zwölf Grundformen des Lehrens. Eine Allgemeine Didaktik auf psychologischer Grundlage. Stuttgart: Klett.
Antonovsky, A. (1997). Salutogenese. Zur Entmystifizierung der Gesundheit. Tübingen: DGVT Verlag.
Arnhardt, G., Hofmann, F. & Reinert, G.-B. (2000). Der Lehrer – Bilder und Vorbilder. Donauwörth: Auer Verlag.
Argyle, M. (1988; deutschsprachige Ausgabe: 2013, besorgt von Karsten Petersen). Körpersprache & Kommunikation (10., überarbeitete Neuaufl.). Paderborn: Junfermann Verlag.
Ayllon, T. & Roberts, M. D. (1974). Eliminating discipline problems by strengthening academic performance. Journal of Applied Behavior Analysis, 7, 71–76.
Ballauff, T. (1962). Systematik der Pädagogik. Heidelberg: Quelle & Meyer.
Bandura, A. (1965). Influence of models' reinforcement contingencies on the acquisition of imitative responses. Journal of Personality and Social Psychology, 1(6), 589–595. Online: https://pdfs.semanticscholar.org/7f4b/c8fca3f65f452caee4ce1edc0e806cb37a5f.pdf?_ga=2.146242228.1250976056.1613665111-1027081822.1613665111 (letzter Zugriff: 18.02.2021).
Bandura, A. (1977). Self-Efficacy: Toward a Unifying Theory of Behavioral Change. Psychological Review, 84, 191–215.
Bauer, K.-O. (2000). Pädagoge – Profession oder Nebenbeschäftigung. In Jaumann-Graumann, O. & Köhnlein, W. (Hrsg.), Lehrerprofessionalität – Lehrerprofessionalisierung (S. 25–44). Bad Heilbrunn: Klinkhardt.
Bauer, K.-O., Kopka, A. & Brindt, S. (1996). Pädagogische Professionalität und Lehrerarbeit. Weinheim/München: Beltz.
Baumert, J. & Kunter, M. (2006). Stichwort: Professionelle Kompetenz von Lehrkräften. Zeitschrift für Erziehungswissenschaft, 9(4), 469–520.
Baumert, J., Lehmann, R., Lehrke, M., Schmitz, B., Clausen, M., Hosenfeld, I., Köller, O. & Neubrand, J. (1997). TIMSS – Mathematisch-naturwissenschaftlicher Unterricht im internationalen Vergleich. Deskriptive Befunde. Opladen: Leske + Budrich.
Beck, M. (1994). Unterrichtsgespräche zwischen Lehrerdominanz und Schülerbeteiligung. Eine sprechwissenschaftliche Untersuchung didaktischer Ansätze zur Unterrichtskommunikation. St. Ingbert: Röhrig Universitätsverlag.
Becker, G. E. (1997). Lehrer lösen Konflikte (8. Aufl.). Weinheim: Beltz.
Bellingrath, J. (2014). Verhaltensverträge. In Lauth, G. W., Grünke, M. & Brunstein, J. C. (Hrsg.), Interventionen bei Lernstörungen (2., überarbeitete und erweiterte Aufl.) (S. 472–483). Göttingen: Hogrefe.
Bernfeld, S. (1925; 1976). Sisyphus oder die Grenzen der Erziehung (2. Aufl.). Frankfurt a. M.: Suhrkamp.
Biehler, R. & Snowman, J. (1990). Psychology applied to teaching (6th ed.). Boston: Houghton Mifflin Co.
Bittner, S. (2009). Unterrichtsgespräch und Diskussion. In Arnold, K.-H., Sandfuchs, U. & Wiechmann, J. (Hrsg.), Handbuch Unterricht (2. Aufl.). Bad Heilbrunn: Klinkhardt.
Blum, H. & Beck, D. (2010). No Blame Approach. Mobbing-Intervention in der Schule. Köln: Fairend.

Borg, W. R. & Ascione, F. A. (1982). Classroom management in elementary mainstreaming classrooms. Journal of Educational Psychology, 74(1), 85–95.

Brezinka, W. (1969). Über Absicht und Erfolg in der Erziehung. Zeitschrift für Pädagogik, 15, 245–272.

Brosig, K. M. (2007). Verändertes Sozialverhalten im Unterricht: Das Konstanzer Trainingsmodell (KTM) – kompakt. Eine Evaluationsstudie. Göttingen: Cuvillier Verlag.

Brosig, K. M. & Haag, L. (2010). Erziehungspotentiale von Lehrkräften – Wie können sie ausgeschöpft werden? Die berufsbildende Schule, 62(4), 119–124.

Brück, H. (1978). Die Angst des Lehrers vor seinem Schüler. Zur Problematik verbliebener Kindlichkeit in der Unterrichtsarbeit des Lehrers. Reinbek: Rowohlt.

Busch, L. & Todt, E. (2010). Aggression in der Schule. In Rost, D. H. (Hrsg.), Handwörterbuch Pädagogische Psychologie (4. Aufl.) (S. 1–9). Weinheim: Beltz.

Busse, V., Bloch, R., Haag, L., Wernke, S., Wisniewski, B. & Zierer, K. (Hrsg.), Feedback. Friedrich Jahresheft XXXVII 2019.

von Carlsburg, G.-B. & Heyder, S. (2005). Aspekte der Psychohygiene im Schulalltag. Oder: Seelische Gesundheit lässt sich nicht beim Hausmeister deponieren! In von Carlsburg, G.-B. & Heitger, M. (Hrsg.), Der Lehrer – ein (un)möglicher Beruf (S. 229–248). Frankfurt a. M.: Peter Lang.

Caselmann, Ch. (1949). Wesensformen des Lehrers. Stuttgart: Klett.

Cohn, R. (1975). Von der Psychoanalyse zur Themenzentrierten Interaktion. Stuttgart: Klett-Cotta.

Collins, A., Brown, J. S. & Newman, S. E. (1989). Cognitive Apprenticeship: Teaching the Crafts of Reading, Writing and Mathematics. In: Resnick, L. B. (Hrsg.), Knowing, Learning and Instruction. Essays in the Honor of Robert Glaser (S. 453–494). Hillsdale, NJ: Erlbaum.

Copei, F. (1966). Der fruchtbare Moment im Bildungsprozess (8. Aufl.). Heidelberg: Quelle & Meyer.

Dann, H.-D. & Haag, L. (2016). Lehrerkognitionen und Handlungsentscheidungen. In: Schweer, M. K. W. (Hrsg.), Lehrer-Schüler-Interaktion (3. Aufl.) (S. 89–129). Wiesbaden: Springer.

Dann, H.-D. & Humpert, W. (2002). Das Konstanzer Trainingsmodell (KTM) – Grundlagen und neue Entwicklungen. Zeitschrift für Pädagogik, 48(2), 215–226.

Deci, E. L., & Ryan, R. M. (2002). Handbook of self-determination research. Rochester, NY: University of Rochester Press.

Ditton, H. (2002). Lehrkräfte und Unterricht aus Schülersicht. Zeitschrift für Pädagogik, 48(2), 262–286.

Döring, K. W. (1970; 1992). Lehrerverhalten (10. Aufl.). Weinheim: Deutscher Studien Verlag.

Dollase, R. (2012). Classroom Management. München: Oldenbourg Schulbuchverlag.

Doyle, W. (1986). Classroom organization and management. In Wittrock, M. C. (Hrsg.), Handbook of Research on Teaching (S. 392–431). London: Macmillan.

Doyle, W. (2006). Ecological Approaches to Classroom Management. In Evertson, C. M. und Weinstein, C. S. (Hrsg.), Handbook of Classroom Management (S. 97–125). New York: Routledge.

Drahmann, M., Merk, S. & Cramer, C. (2019). Werthaltungen im Lehrerberuf. In Rotter, C., Schülke, C. und Bressler, C. (Hrsg.), Lehrerhandeln – eine Frage der Haltung? (S. 174–193). Weinheim: Beltz Juventa.

Dreikurs, R., Grunwald, B. B. & Pepper, F. C. (2007). Lehrer und Schüler lösen Disziplinprobleme. Weinheim: Beltz.

Drews, U. (2002). Anfänge: Lust und Frust junger Lehrer. Berlin: Cornelsen Scriptor.

Dubs, R. (1995). Lehrerverhalten. Ein Beitrag zur Interaktion von Lehrenden und Lernenden im Unterricht. Verlag SKV.

Dubs, R. (2009). Lehrerverhalten. Ein Beitrag zur Interaktion von Lehrenden und Lernenden im Unterricht (2., vollst. neu bearb. Aufl.). Stuttgart: Franz Steiner Verlag.

Dubs, R. (2011). Unterrichtsformen und guter Unterricht. In Grunder, H.-U., Kansteiner-Schänzlin, K. & Moser, H. (Hrsg.), Professionswissen für Lehrerinnen und Lehrer, Band 2: S. T. Brandt (Hrsg.), Lehren und Lernen im Unterricht (S. 41–67). Baltmannsweiler: Schneider Verlag Hohengehren.

Dudenredaktion (o. J.). Eintrag »Humor« auf Duden online: https://www.duden.de/rechtschreibung/Humor_Stimmung_Frohsinn (letzter Zugriff: 16.02.2021).
Dünser, C. (2012). Warum Schule nicht gelingen kann. Die Ohnmacht der Schüler, Lehrer, Eltern und Schulpolitik. Freiburg: Centaurus-Verlag.
Eder, F. (2011). Klassenklima. In Kiel, E. & Zierer, K. (Hrsg.), Basiswissen Unterrichtsgestaltung, Bd. 2 (S. 113–127). Hohengehren: Schneider.
Ehlich, K. (2009). Unterrichtskommunikation. In Becker-Mrotzek, B. (Hrsg.), Mündliche Kommunikation und Gesprächsdidaktik. Band 3: W. Ulrich (Hrsg.), Deutschunterricht in Theorie und Praxis (S. 327–348). Baltmannsweiler: Schneider Verlag Hohengehren.
Eichhorn, C. (2018a). Classroom-Management: Wie Lehrer, Eltern und Schüler guten Unterricht gestalten (10. Aufl.). Stuttgart: Klett-Cotta.
Eichhorn, C. (2018b). Classroom-Management. Basiswissen Kompakt: Stören. Amazon.
Enns, E., Rüegg, R., Schindler, B. & Strahm, P. (2004). Lehren und Lernen im Tandem. Porträt eines partnerschaftlichen Fortbildungssystems. Zentralstelle für Lehrerinnen- und Lehrerfortbildung Kanton Bern.
Evertson, C. M., Emmer, E. T. & Worsham, M. E. (2006). Classroom Management for Elementary Teachers. Boston: Allyn and Bacon.
Fend, H. (2006). Neue Theorie der Schule. Einführung in das Verstehen von Bildungssystemen. Wiesbaden: VS.
Fiegert, M. & Solzbacher, C. (2014). »Bescheidenheit und Festigkeit des Charakters…« Das Konstrukt Lehrerhaltung aus historisch-systematischer Perspektive. In Schwer, C. & Solzbacher, C. (Hrsg.), Professionelle pädagogische Haltung (S. 17–45). Bad Heilbrunn: Klinkhardt.
Flanders, N. A. (1970). Analyzing teacher behavior. Boston: Addison-Wesley.
Flitner, W. (1974). Allgemeine Pädagogik. Stuttgart: Klett-Cotta.
Freud, S. (1940). Der Witz und seine Beziehung zum Unbewussten. London: Imago Publishing Co. Ltd. (Original erschienen 1905).
Fuchs, D. & Fuchs, L. S. (2001). Peer-assisted learning strategies in reading: Extensions for Kindergarten, first grade and high school. Remedial & Special Education, 22, 15–21.
Fuchs, D., Fuchs, L. S., Mathes, P. G. & Simmons, D. (1997). Peer-assisted learning strategies: Making classrooms more responsive to diversity. American Educational Research Journal, 34, 174–206.
Fullan, M. (2000). Schulentwicklung im Jahr 2000. Journal für Schulentwicklung, 4, 4–20.
Gaudig, H. (1909). Didaktische Präludien. Leipzig: Teubner.
Ginsburg-Block, M. D., Rohrbeck, C. A. & Fantuzzo, J. W. (2006). A meta-analytic review of social, self-concept, and behavioral outcomes of peer-assisted learning. Journal of Educational Psychology, 98, 732–749.
Glöckel, H. (1990). Vom Unterricht. Bad Heilbrunn: Klinkhardt.
Götz, T. (Hrsg.) (2017). Emotion, Motivation und selbstreguliertes Lernen (2. Aufl.). Paderborn: Schöningh.
Götz, T., Lipnevich, A., Krannich, M. & Gogol, K. (2018). Feedback and emotions. In: Lipnevich, A. & Smith, J.: The Cambridge Handbook of Instructional Feedback. Cambridge: Cambridge University Press.
Goetze, H. (2010). Schülerverhalten ändern. Bewährte Methoden der schulischen Erziehungshilfe. Stuttgart: Kohlhammer.
Gold, B., Hellermann, C. & Holodynski, M. (2016). Professionelle Wahrnehmung von Klassenführung – Vergleich von zwei videobasierten Erfassungsmethoden. In Schwippert, K. & Prinz, D. (Hrsg.), Der Forschung – Der Lehre – Der Bildung: Aktuelle Entwicklungen der Empirischen Bildungsforschung (S. 103–118). Münster: Waxmann.
Gräsel, C. (1997). Problemorientiertes Lernen. Göttingen: Hogrefe.
Gordon, Th. (1977). Lehrer-Schüler-Konferenz. Hamburg: Hoffmann & Campe.
Gordon, T. L. (1989). Familienkonferenz (46. Aufl.). München: Heine.
Gruber, H. (2014). Expertise-Erwerb. In Wirtz, M. A. (Hrsg.), Dorsch – Lexikon der Psychologie (17. Aufl.) (S. 541). Bern: Verlag Hans Huber.
Grüner, T. & Hilt, F. (2005). Bei Stopp ist Schluss! Werte und Regeln vermitteln (2. Aufl.). Lichtenau: AOL.

Grüner, T., Hilt, F. & Tilp, C. (2015). Bei Stopp ist Schluss! Werte und Regeln vermitteln (12., vollständig überarbeitete Neuaufl.). Lichtenau: AOL.
Gudjons, H. (2006). Neue Unterrichtskultur – veränderte Lehrerrolle. Bad Heilbrunn: Klinkhardt.
Gudjons, H., Teske, R. & Winkel, R. (Hrsg.) (1986). Psychische Erkrankungen. Hamburg: Bergmann + Helbig.
Haag, L. (2013). Die Lehrerpersönlichkeit als Erziehungsfaktor. In Haag, L., Rahm, S., Apel, H. J. & Sacher, W. (Hrsg.), Studienbuch Schulpädagogik (5. Aufl.) (S. 366–387). Bad Heilbrunn: Klinkhardt/UTB.
Haag, L. (2014). Tutorielles Lernen. In Lauth, G. W., Grünke, M. & Brunstein, J. C. (Hrsg.), Interventionen bei Lernstörungen. Förderung, Training und Therapie in der Praxis (2. Aufl.) (S. 462–471). Göttingen: Hogrefe.
Haag, L. (2010a). Zu viel oder zu wenig Freiraum? Befunde zum guten Gruppenunterricht. In Bohl, T., Kansteiner-Schänzlin, K., Kleinknecht, M., Kohler, B. & Nold, A. (Hrsg.), Selbstbestimmung und Classroom-Management (S. 163–178). Bad Heilbrunn: Klinkhardt.
Haag, L. (2010b). Individualisierender Unterricht. In Mägdfrau, J. (Hrsg.), Schulisches Lehren und Lernen (S. 127–155). Bad Heilbrunn: Klinkhardt.
Haag, L. (2018). Kernkompetenz Klassenführung. Bad Heilbrunn: Klinkhardt/UTB.
Haag, L. (2019). Entwickelnde Formen. In Kiel, E., Herzig, B., Maier, U. & Sandfuchs, U. (Hrsg.), Handbuch Unterrichten an allgemeinbildenden Schulen (S. 184–192). Bad Heilbrunn: Klinkhardt/UTB.
Haag, L. & Götz, T. (2019). Was wissen wir über Feedback? Friedrich Jahresheft XXXVII 2019, 14–17.
Haag, L., Hanffstengel, U. & Dann, H.-D. (2001). Konflikte in den Köpfen von Lehrkräften im Gruppenunterricht. Zeitschrift für Pädagogik, 47, 929–941.
Haag, L. & Streber, D. (2012). Klassenführung. Weinheim: Beltz.
Haag, L. & Streber, D. (2014). Individuelle Förderung. Weinheim: Beltz.
Haag, L. & Streber, D. (2019). Fallarbeit in der Lehrerbildung. Eine Möglichkeit zur Vernetzung von Theorie und Praxis. In Seyring, M. & Weiß, S. (Hrsg.), Lehrer(in) sein – Lehrer(in) werden – die Profession professionalisieren (S. 81–97). Bad Heilbrunn: Klinkhardt.
Hattie, J. A. C. (2009). Visible learning. A synthesis of over 800+ meta-analyses on achievement. London: Routledge.
Hattie, J. (2013). Lernen sichtbar machen (Deutschsprachige Ausgabe von »Visible Learning«, besorgt von Wolfgang Beywl und Klaus Zierer). Baltmannsweiler: Schneider.
Hattie, J. & Timperley, E. (2007). The Power of Feedback. Review of Educational Research, 77 (1), 81–112. Deutsch in: Jahrbuch für Allgemeine Didaktik 2016, 204–239.
Havers, N. & Toepell, S. (2002). Trainingsverfahren für die Lehrerausbildung im deutschen Sprachraum. Zeitschrift für Pädagogik, 48(2), 174–193.
Helmke, A. (2003). Unterrichtsqualität. Erfassen – Bewerten – Verbessern. Seelze-Velber: Kallmeyer.
Helsper, W. (2009). Autorität und Schule – zur Ambivalenz der Lehrerautorität. In Schäfer, A. und Thompson, C. (Hrsg.), Autorität (S. 65–83). Paderborn: Ferdinand Schöningh.
Helsper, W. (2018). Lehrerhabitus. Lehrer zwischen Herkunft, Milieu und Profession. In Paseka, A., Keller-Schneider, M. und Combe, A. (Hrsg.), Ungewissheit als Herausforderung für pädagogisches Handeln (S. 105–140). Wiesbaden: Springer VS.
Helsper, W., Ulrich, H., Stelmaszky, B., Höblich, D., Grasshoff, G. & Jung, D. (2007). Autorität und Schule. Die empirische Rekonstruktion der Klassenlehrer-Schüler-Beziehung an Waldorfschulen. Wiesbaden: Verlag für Sozialwissenschaften.
Hennig, C. & Ehinger, W. (2003). Das Elterngespräch in der Schule. Von der Konfrontation zur Kooperation. Donauwörth: Auer Verlag.
Herbart, J. F. (1804). Über die ästhetische Darstellung der Welt als das Hauptgeschäft der Erziehung. In Benner, D., Johann Friedrich Herbart: Systematische Pädagogik (S. 49). Weinheim 1997.
Herzog, W. (2001). Von der Persönlichkeit zum Selbst. Die Deutsche Schule, 93(3), 317–331.
Heymann, H. W. (2015). Warum sollte Unterricht »kognitiv aktivieren«? Pädagogik, 67(5), 6–9.

Hillenbrand, C. (2011). Didaktik bei Unterrichts- und Verhaltensstörungen (3. Aufl.). München: Reinhardt/UTB.
Huber, A. A. (2016). Mobbing unter Schülerinnen und Schülern. In Seifried, K., Drewes, S. und Hasselhorn, M. (Hrsg.), Handbuch Schulpsychologie (2., vollst. überarb. Aufl.) (S. 241–250). Stuttgart: Kohlhammer.
Humpert, W. & Dann, H.-D. (2001). KTM kompakt. Basistraining zur Störungsreduktion und Gewaltprävention. Bern: Huber.
Humpert, W. & Dann, H.-D. (2012). KTM kompakt. Basistraining zur Störungsreduktion und Gewaltprävention für pädagogische und helfende Berufe auf der Grundlage des »Konstanzer Trainingsmodells« (2., überarbeitete und erweiterte Aufl.). Bern: Huber.
Jäger, R. S. (2018). Klassenmanagement. Ein wichtiger Faktor für den Schulerfolg. Fachzeitschrift für Schulentwicklung und Schulmanagement. Hessen/Rheinland-Pfalz, 23, 11, 316–319.
Jäger, R. S. & Haag, L. (2020). Schul- und Unterrichtsentwicklung – aber wie? Eine Anleitung zur Optimierung von Schule und Unterricht. Bad Heilbrunn: Klinkhardt/utb.
Julius, H. (2014). Förderung regelkonformen Verhaltens im Unterricht. In Lauth, G. W., Grünke, M. & Brunstein, J. C. (Hrsg.), Interventionen bei Lernstörungen (2., überarb. und erw. Aufl., S. 277–284). Göttingen: Hogrefe.
Kanfer, F. H. (1973). Behavior modification – an overview. In Thoresen, C. E. (Ed.), Behavior modification in education (pp. 3–40). Chicago, IL: NSSE.
Kant, I. (1785/1978). Grundlegung zur Metaphysik der Sitten. Hrsg. von Th. Valentiner. Stuttgart: Klett.
Kauffman, J. M. (2005). Characteristics of emotional and behavioral disorders of children and youth. Upper Saddle River, NJ: Prentice-Hall.
Keller, G. (2014). Disziplinmanagement in der Schulklasse (3. Aufl.). Bern: Huber.
Kerschensteiner, G. (1924). Autorität und Freiheit als Bildungsgrundsätze. Leipzig: Ernst Oldenburg Verlag.
Kiel, E., Frey, A. & Weiß, S. (2013). Trainingsbuch Klassenführung. Bad Heilbrunn: Klinkhardt/UTB.
Kiel, E., Kahlert, J., Haag, L. & Eberle, T. (2011; 2017). Herausfordernde Situationen in der Schule. Ein fallbasiertes Arbeitsbuch. Bad Heilbrunn: Klinkhardt.
von Kittlitz, Alard (2018). Wie viel Stille ertragen wir? DIE ZEIT 53/2018, 19. Dezember 2018. Online: https://www.zeit.de/2018/53/stille-besinnlichkeit-antarktis-stasi-haeftling-erfahrungen (letzter Zugriff: 25.04.2020).
Klafki, W. (1963). Studien zur Bildungstheorie und Didaktik. Weinheim: Beltz.
Kleinknecht, M. (2011). Unterrichtsqualität. In Kiel, E. & Zierer, K. (Hrsg.), Basiswissen Unterrichtsgestaltung, Bd. 2 (S. 65–76). Hohengehren: Schneider.
Klieme, E., Schümer, G. & Knoll, S. (2001). Mathematikunterricht in der Sekundarstufe I: »Aufgabenkultur« und Unterrichtsgestaltung. In Klieme, E. & Baumert, J. (Hrsg.), TIMSS – Impulse für Schule und Unterricht (S. 43–57). Bonn: Bundesministerium für Bildung und Forschung.
Koch, L. (2005). Der Lehrer zwischen Urteilskraft und Methode. In v. Carlsburg, G.-B. und Heitger, M. (Hrsg.), Der Lehrer – ein (un)möglicher Beruf (S. 89–98). Frankfurt: Peter Lang.
König, J., Wagner, C. & Valtin, R. (Hrsg.) (2011). Jugend, Schule, Zukunft. Psychosoziale Bedingungen der Persönlichkeitsentwicklung – Ergebnisse der Längsschnittstudie AIDA. Münster: Waxmann.
Kolbe, F.-U. & Combe, A. (2004). Lehrerbildung. In Helsper, W. & Böhme, J. (Hrsg.), Handbuch der Schulforschung (S. 853–877). Wiesbaden: VS Verlag für Sozialwissenschaften.
Kolodner, J. L., Owensby, J. N. & Guzdial, M. (2004). Case Based Learning Aids. In Jonassen, D. H. (Ed.), Handbook of Research on Educational Communications and Technology (2. Ed.) (pp. 829–861). Mahwah, NJ: Erlbaum.
Kopp, F. (1980). Lehrer und Lehrerpersönlichkeit in geschichtlicher Sicht. In Barsig, W., Berkmüller, H & Sauter, H. (Hrsg.), Die Lehrerpersönlichkeit in Erziehung und Unterricht (S. 9–33). Donauwörth: Auer.
Kounin, J. S. (1970). Discipline and group management in classrooms. New York: Holt, Rinehart & Winston.

Kounin, J. S. (1976). Techniken der Klassenführung. Bern/Stuttgart: Huber/Klett (2006: Reprint bei Waxmann, Münster).
Kricke, M. & Reich, K. (2016). Teamteaching. Weinheim: Beltz.
Kunter, M. & Trautwein, U. (2013). Psychologie des Unterrichts. Paderborn: Schöningh (UTB).
Kuhl, J., Schwer, C. & Solzbacher, C. (2014). Professionelle pädagogische Haltung. Versuch einer Definition des Begriffes und ausgewählte Konsequenzen für Haltung. In Schwer, C. & Solzbacher, C. (Hrsg.), Professionelle Pädagogische Haltung (S. 107–120). Bad Heilbrunn: Klinkhardt.
Laqua, O. (2011). Professionalisierung der externen Schulevaluation durch kontinuierliche Verbesserungsprozesse. Dissertation Universität Bayreuth.
Lazarus, R. S. (1981). Stress und Stressbewältigung – Ein Paradigma. In Filipp, S.-H. (Hrsg.), Kritische Lebensereignisse (S. 198–232). München: Urban & Schwarzenberg.
Leaman, L. (2008). The Perfect Teacher. How to make the very best of your teaching skills. London: Continuum.
Lohmann, G. (2009). Schwierige Schüler gewinnen. Balance zwischen Unterstützung der Autonomie und kontrollierenden Strategien. Pädagogik, 2(09), 28–32.
Löwisch, D.-J. (1969). Haben Autorität, Gehorsam und Strafe einen erzieherischen Sinn? In Heitger, M. (Hrsg.), Erziehung der Manipulation (S. 33–61). München: Ehrenwirth Verlag.
Lüders, M. (2003). Unterricht als Sprachspiel. Eine systematische und empirische Studie zum Unterrichtsbegriff und zur Unterrichtssprache. Bad Heilbrunn: Klinkhardt.
Lüsebrink, I. & Grimmiger, E. (2004). Fallorientierte Lehrer/innenausbildung evaluieren – Überlegungen zur Modellierung von unterrichtsbezogener Reflexionskompetenz. In Pieper, I., Frei, P., Hauenschild, K. & Schmidt-Thieme, B. (Hrsg.), Was der Fall ist. Beiträge zur Fallarbeit in Bildungsforschung, Lehramtsstudium, Beruf und Ausbildung (S. 200–211). Wiesbaden: Springer VS.
Luhmann, N, & Schorr, Karl. E. (Hrsg.) (1982). Zwischen Technologie und Selbstreferenz. Fragen an die Pädagogik. Berlin: Suhrkamp Verlag.
Lundeberg, M. A., Levin, B. B. & Harrington, H. L. (1999). Who Learns What From Cases and How? Mahwah, NJ: Erlbaum.
Maaz, K., Watermann, R. & Baumert, J. (2007). Familiärer Hintergrund, Kompetenzentwicklung und Selektionsentscheidungen in gegliederten Schulsystemen im internationalen Vergleich. Zeitschrift für Pädagogik, 53(2), 444–461.
Marzano, R. J. (2003). Classroom management that works: research-based strategies for every teacher. Alexandria, VA: Alexandria, Association for Supervision and Curriculum Development.
Maschwitz, G. & Maschwitz, R. (1993). Stilleübungen mit Kindern. München: Kösel.
Meichenbaum, D. (1977). Cognitive-behavior modification. New York, NY: Plenum (deutsch: Meichenbaum, D. (1995). Kognitive Verhaltensmodifikation (2. Aufl.). Weinheim: Beltz, Psychologie Verlags Union).
Memmert, W. (2002). Die Führung einer Schulklasse. Disziplinschwierigkeiten müssen nicht sein (2. Aufl.). München: Oldenbourg.
Meyer, H. (1999). Unterrichtsmethoden I: Theorieband (8. Aufl.). Frankfurt a. M.: Scriptor.
Meyer, H. (2004). Was ist guter Unterricht? Berlin: Cornelsen.
Montessori, M. (1936; 2018). Kinder sind anders (20. Aufl.). Stuttgart: Klett-Cotta.
Narciss, S. (2006). Informatives tutorielles Feedback. Münster: Waxmann.
Neubauer, W. (2017). Konflikte und Konfliktbewältigung im Unterricht. In Schweer, M. K. W. (Hrsg.), Lehrer-Schüler-Interaktion (3. Aufl.) (S. 417–433). Wiesbaden: Springer VS.
Nevo, O., Aharonson H. & Klingman, A. (1998). The development and evaluation of a systematic program for improving sense of humor. In Ruch, W. (Ed.), The sense of humor. Explorations of a personality characteristic (pp. 385–404). New York: Mouton de Gruyter.
Niegemann, H. M. (1998). Selbstkontrolliertes Lernen und didaktisches Design. In Dörr, G. & Jüngst, K. R. (Hrsg.), Lernen mit Medien (S. 121–124). Weinheim: Juventa.
Nohl, H. & Pallat, L. (Hrsg.) (1933). Handbuch der Pädagogik, Erster Band, Die Theorie und die Entwicklung des Bildungswesens. Langensalza: Beltz.
Nolting, H. P. (2012). Störungen in der Schulklasse: Ein Leitfaden zur Vorbeugung und Konfliktlösung (10., vollst. überarb. Aufl.). Weinheim: Beltz.

Olweus, D. (2002). Gewalt in der Schule: Was Lehrer und Eltern wissen sollten – und tun können (3., korrigierte Aufl.). Bern: Huber.

Ophardt, D. & Thiel, F. (2013). Klassenmanagement. Ein Handbuch für Studium und Praxis. Stuttgart: Kohlhammer.

Ortner, A. & Ortner, R. (2000). Verhaltens- und Lernschwierigkeiten. Weinheim: Beltz.

Oser, F. & Spychiger, M. (2005). Lernen ist schmerzhaft. Zur Theorie des Negativen Wissens und zur Praxis der Fehlerkultur. Weinheim: Beltz.

Paradies, L. & Linser, H. J. (2006). Lerngruppendifferenzierter Unterricht. In Arnold, K.-H, Sandfuchs, U. & Wiechmann, J. (Hrsg.), Handbuch Unterricht (S. 345–351). Bad Heilbrunn: Klinkhardt.

Paris, R. (2009). Die Autoritätsbalance des Lehrers. In Schäfer, A. & Thompson, C. (Hrsg.), Autorität (S. 37–63). Paderborn: Ferdinand Schöningh.

Pauli, C. (2006). »Fragend-entwickelnder Unterricht« aus der Sicht der soziokulturalistisch orientierten Unterrichtsgesprächsforschung. In Baer, M., Fuchs, M., Fuglister, P., Reusser, K. & Wyss, H. (Hrsg.), Didaktik auf psychologischer Grundlage (S. 192–206). Bern: h.e.p. verlag ag.

Perez, K. (2012). The Co-Teaching Book of Lists. United States of America: Jossey-Bass teacher.

Petermann, F. & Petermann, U. (2001). Training mit aggressiven Kindern (10., vollständig überarbeitete Aufl.) Weinheim: Beltz.

Petermann, F. & Petermann, U. (2007). Aggressives Verhalten. Monatsschrift für Kinderheilkunde 10, 928–936.

Petermann, F & Koglin, U. (2013). Aggression und Gewalt von Kindern und Jugendlichen. Berlin, Heidelberg: Springer.

Petermann, F. & Lohbeck, A. (2017). Aggressives Verhalten im Unterricht. In Schweer, M. K. W. (Hrsg.), Lehrer-Schüler-Interaktion (3. Aufl.) (S. 387–415). Wiesbaden: Springer VS.

Philipp, E. (2016). Teamentwicklung. In Buchen, H. & Rolff, H.-G. (Hrsg.), Professionswissen Schulleitung (4., überarbeitete und erweiterte Aufl.) (S. 728–750). Weinheim: Beltz.

Powell, J. P. & Anderson, L. W. (1985). Humor and teaching in higher education. Studies in Higher Education, 10, 79–90.

Premack, D. (1965). Reinforcement Theory. In Levine, L. (Hrsg.), Nebraska symposium on motivation, Vol. 13 (S. 123–180). Lincoln: University of Nebraska Press.

Radtke, F.-O. (1996). Wissen und Können – Grundlagen der wissenschaftlichen Lehrerbildung. Opladen: Leske + Budrich.

Reich, K. (2014). Inklusive Didaktik: Bausteine für eine inklusive Schule. Weinheim: Beltz.

Reichenbach, R. (2011). Pädagogische Autorität. Stuttgart: Kohlhammer.

Reinmann-Rothmeier, G. & Mandl, H. (2001). Unterrichten und Lernumgebungen gestalten. In Krapp, A. & Weidenmann, B. (Hrsg.), Pädagogische Psychologie (S. 601–646). Weinheim: Beltz/PVU.

Rekus, J. & Mikhail, T. (2013). Neues schulpädagogisches Wörterbuch (4., überarbeitete Aufl.). Weinheim: Beltz Juventa.

Richert, P. (2005). Typische Sprachmuster der Lehrer-Schüler-Interaktion. Empirische Untersuchung zur Feedbackkomponente in der unterrichtlichen Interaktion. Bad Heilbrunn: Klinkhardt.

Rißland, B. (2002). Humor und seine Bedeutung für den Lehrerberuf. Bad Heilbrunn: Klinkhardt.

Rohlfs, C. (2008). Heterogenität unter veränderten Bedingungen des Aufwachsens. In Kiper, H. Miller, S., Palentien, C. & Rohlfs, C. (Hrsg.), Lernarrangements für heterogene Gruppen (S. 18–42). Bad Heilbrunn: Klinkhardt.

Rogers, C. (1984). Lernen in Freiheit. Zur Bildungsreform in Schule und Universität. München: Kösel-Verlag.

Rosenbusch, H. S. (2004). Nonverbale Kommunikation im Unterricht – Die stille Sprache im Klassenzimmer. In Rosenbusch, H. S. & Schober, O. (Hrsg.), Körpersprache und Pädagogik (S. 138–176). Baltmannsweiler: Schneider Hohengehren.

Rost, D. H. (2018). Verhaltensanalyse. In Rost, D. H., Sparfeldt, J. R. & Buch, S. R. (Hrsg.), Handwörterbuch Pädagogische Psychologie (5., überarbeitete und erweiterte Aufl.) (S. 876–886). Weinheim: Beltz.

Rost, D, H. & Buch, S. R. (2018). Pädagogische Verhaltensmodifikation. In Rost, D. H., Sparfeldt, J. R. & Buch, S. R. (Hrsg.), Handwörterbuch Pädagogische Psychologie (5., überarbeitete und erweiterte Aufl.) (S. 619–630). Weinheim: Beltz.
Roth, G. (2012). Psyche und Gehirn. Online: https://www.systemischestudien.de/fileadmin/redakteur/Bilder/ISSES/Psyche_und_Gehirn_SSI.pdf (letzter Zugriff: 03.02.2021).
Roth, G. (2015). Bildung braucht Persönlichkeit. Wie Lernen gelingt. Stuttgart: Klett-Cotta.
Roth, H. (1957/1976). Pädagogische Psychologie des Lehrens und Lernens (1./15. Aufl.). Hannover: Schroedel.
Röhrs, H. (1968). Die Disziplin in ihrem Verhältnis zu Lohn und Strafe. Akademische Verlagsgesellschaft: Leipzig.
Rutschky, K. (Hrsg.) (1977). Schwarze Pädagogik: Quellen zur Naturgeschichte der bürgerlichen Erziehung. Berlin: Ullstein, Berlin.
Rutter, M., Maughan, B., Mortimer, P. & Ouston, J. (1980). Fünfzehntausend Stunden. Schulen und ihre Wirkung auf die Kinder. Weinheim, Basel: Beltz.
Saalfrank, W.-T. (2008). Differenzierung. In Kiel, E. (Hrsg.), Unterricht. Sehen, Analysieren, Gestalten (S. 65–95). Bad Heilbrunn: Klinkhardt.
Sacher, W. (1980). Muß der Lehrer eine Persönlichkeit sein? In Gröschel, H. (Hrsg.), Die Bedeutung der Lehrerpersönlichkeit für Erziehung und Unterricht (S. 36–49). München: Ehrenwirth.
Sacher, W. (2014). Leistungen entwickeln, überprüfen und beurteilen (6. Aufl.). Bad Heilbrunn: Klinkhardt.
Salzmann, C. G. (1806). Ameisenbüchlein, oder Anweisung zu einer vernünftigen Erziehung der Erzieher. Schnepfenthal: Buchhandlung der Erziehungsanstalt.
Sauter, F. Ch. (1989). Der gute Lehrer aus der Sicht ehemaliger Schüler. In Bäuerle, S. (Hrsg.), Der gute Lehrer (S. 201–224). Stuttgart: Metzler.
Schäfer, A. & Thompson, C. (Hrsg.) (2009). Autorität. Paderborn: Ferdinand Schöningh.
Schermer, F. J. (2018). Operantes Lernen. In: Rost, D. H., Sparfeldt, J. R. & Buch, S. R. (Hrsg.), Handwörterbuch Pädagogische Psychologie (5., überarbeitete und erweiterte Aufl.) (S. 601–608). Weinheim: Beltz.
Scheunpflug, A. (2004). Nonverbale Kommunikation und ihre Bedeutung für die Pädagogik. In Rosenbusch, H. S. und Schober, O. (Hrsg.), Körpersprache und Pädagogik (S. 99–121). Baltmannsweiler: Schneider Hohengehren.
Schirlbauer, A. (1996). Im Schatten des pädagogischen Eros. Wien: Sonderzahl Verlagsgesellschaft.
Schnebel, S. (2019). Elterngespräche. Feedback als Moment geteilter Verantwortung. Friedrich Jahresheft XXXVII 2019, 84/85.
Schneewind, K. A. & Böhmert, B. (2008). Kinder im Grundschulalter kompetent erziehen. Der interaktive Elterncoach »Freiheit in Grenzen«. Bern.
Schorch, G. (2007). Studienbuch Grundschulpädagogik (3. Aufl.). Bad Heilbrunn: Klinkhardt.
Schreckenberg, W. (1982). Vom »guten« zum »besseren« Lehrer. Düsseldorf. Schwann.
Schulz von Thun, F. (1981). Miteinander reden. 1. Störungen und Klärungen. Allgemeine Psychologie der Kommunikation. Reinbek: Rowohlt.
Schubarth, W. (2013). Gewalt und Mobbing an Schulen (2., aktualisierte und erweiterte Aufl.). Stuttgart: Kohlhammer.
Seidel, T., Rimmele, R., & Prenzel, M. (2003). Gelegenheitsstrukturen beim Klassengespräch und ihre Bedeutung für die Lernmotivation. Unterrichtswissenschaft, 31, 142–165.
Seidel, T. & Shavelson, R. J. (2007). Teaching Effectiveness Research in the Past Decade: The Role of Theory and Research Design in disentangling Meta-Analysis Results. Review of Educational Research, 77, 454–499.
Seitz, O. (1991). Problemsituationen im Unterricht. Regensburg: Wolf.
Skinner, B. F. (1953). Science and human behavior. New York, NY: Macmillan.
Sofsky, W. & Paris, R. (1994). Figurationen sozialer Macht. Autorität – Stellvertretung – Koalition. Frankfurt a. M.: Suhrkamp.
Spanhel, D. (Hrsg.) (1973). Schülersprache und Lernprozesse. Düsseldorf: Verlag Schwann.
Spörer, N. (2009). Festigung mathematischer Basiskompetenzen durch Peer-gestütztes Lernen: Ergebnisse einer Trainingsstudie in der Grundschule. Empirische Pädagogik, 23(1), 75–94.

Staeck, L. (1995). Zeitgemäßer Biologieunterricht (5. Aufl.). Berlin: Cornelsen.
Städeli, C., Grassi, A., Rhiner, K. & Obrist, W. (2010). Kompetenzorientiert unterrichten. Das AVIVA-Modell. Bern: hep-verlag.
Stangl, W. (2018). Stichwort: ›Impulskontrolle‹. Online-Lexikon für Psychologie und Pädagogik. Online: http://lexikon.stangl.eu/5535/impulskontrolle/ (letzter Zugriff: 18.4.2019)
Steiner, E. (2004). Erkenntnisentwicklung durch Arbeiten am Fall Ein Beitrag zur Theorie fallbezogenen Lehrens und Lernens in Professionsausbildungen mit besonderer Berücksichtigung des Semiotischen Pragmatismus von Charles Sanders Peirce. Universität Zürich: Dissertation. Online: https://www.ewi.tu-berlin.de/fileadmin/i49/dokumente/1143711480_diss_steiner.pdf (letzter Zugriff: 18.12.2019).
Steiner, E. (2014). Kasuistik – ein Fall für angehende und praktizierende Lehrpersonen. Beiträge zur Lehrerinnen- und Lehrerbildung, 32(1), 6–20.
Stiftung »Humor hilft heilen«. Online: http://www.humorhilftheilen.de/stiftung/ (letzter Zugriff: 15.02.2021).
Streber, D. (2018). Nachhilfe als eine besondere Form individueller Förderung. Theorie – Forschung – Konsequenzen. Bad Heilbrunn: Klinkhardt (Studien zur Professionsforschung und Lehrerbildung).
Streber, D. (2019). Peerfeedback zur Weiterentwicklung des Unterrichts. Friedrich Jahresheft XXXVII 2019, 82/83.
Strijbos, J. W. & Müller, A. (2014). Personale Faktoren im Feedbackprozess. In Ditton, H. & Müller, A. (Hrsg.), Feedback und Rückmeldungen (S. 83–134). Münster: Waxmann 2014.
Strijbos, J. W., Narciss, S. & Dünnebier, K. (2010). Peer feedback content and sender's competence level in academic writing revision tasks: Are they critical for feedback perceptions and efficiency? Learning and Instruction, 20, 291–303.
Stronge, J. H., Tucker, P. D. & Hindman, J. L. (2004). Handbook for Qualities of Effective Teachers. Alexandria, Virginia USA.
Tennstädt, K.-C., Krause, F., Humpert, W. & Dann, H.-D. (1991). Das Konstanzer Trainingsmodell (KTM), Einführung. Bern: Huber.
Terhart, E., Czerwenka, K., Ehrich, K., Jordan, F. & Schmidt, H. J. (1994). Berufsbiographien von Lehrern und Lehrerinnen. Frankfurt a. M.: Peter Lang.
Thiemann, F. (1985). Schulszenen – Vom Leiden und vom Herrschen. Frankfurt a. M.: Suhrkamp.
Todt, E. (2008). Auffälliges Verhalten im Klassenzimmer. In Schweer, M. K. W. (Hrsg.), Lehrer-Schüler-Interaktion (2., vollständig überarbeitete Aufl.) (S. 361–394). Wiesbaden: VS Verlag für Sozialwissenschaften. Online: https://link.springer.com/content/pdf/10.1007%2F978-3-531-91104-5_15.pdf (letzter Zugriff: 28.04.2019).
Todt, E. & Busch, L. (1997). Universität Gießen: »Schule ohne Gewalt«. Konzeption der wissenschaftlichen Begleitung. In Balser, H., Schrewe, H. & Schaaf, N. (Hrsg.), Schulprogramm Gewaltprävention. Ergebnisse aktueller Modellversuche. Neuwied: Luchterhand.
Valtin, R. (2012). Was ist das Schlimmste an der Schule? Online: http://www.tagesspiegel.de/wissen/neue-studie-was-ist-das-schlimmste-an-der-schule/6019988.html (letzter Zugriff: 13.12.2019).
Wagner, A. C., Barz, M., Maier-Störmer, S., Uttendorfer-Marek, I. & Weidle, R. (1984). Bewußtseinskonflikte im Schulalltag. Denk-Knoten bei Lehrern und Schülern lösen. Weinheim, Basel: Beltz.
Wahl, D. (1991). Handeln unter Druck. Weinheim: Deutscher Studien Verlag.
Wahl, D., Weinert, F. E. & Huber, G. L. (1984). Psychologie für die Schulpraxis. München: Kösel.
Watzlawick, P. H., Beavin, J. & Jackson, D. D. (1974). Menschliche Kommunikation. Formen, Störungen, Paradoxien. Bern: Huber.
Wehling, H.-G. (1977). Konsens à la Beutelsbach? Nachlese zu einem Expertengespräch. In Schiele, S. & Schneider, H. (Hrsg.), Das Konsensproblem in der politischen Bildung (S. 173–184). Stuttgart: Klett.
Wehr, H. (2005). Lehrer lehren und lernen Stille. Ein Plädoyer für die Entschleunigung des Lehrens und Lernens. In von Carlsburg, G.-B. & Heitger, M. (Hrsg.), Der Lehrer – ein (un)möglicher Beruf (S. 249–262). Frankfurt a. M.: Peter Lang.

Weiner, B. (1986). An attributional theory of motivation and emotion. New York: Springer.
Wettstein, A. (2008). BASYS. Beobachtungssystem zur Analyse aggressiven Verhaltens in schulischen Settings. Bern: Huber.
Wettstein, A. & Scherzinger, M. (2019). Unterrichtsstörungen verstehen und wirksam vorbeugen. Stuttgart: Kohlhammer.
Wild, E. & Möller, J. (2009). Pädagogische Psychologie. Heidelberg: Springer.
Wimmer, M. (2009). Zwischen Zwang und Freiheit: Der leere Platz der Autorität. In Schäfer, A. & Thompson, C. (Hrsg.), Autorität (S. 85–120). Paderborn: Ferdinand Schöningh.
Winkel, R. (2005). Der gestörte Unterricht. Diagnostische und therapeutische Möglichkeiten (7. Aufl.). Baltmannsweiler: Schneider Verlag Hohengehren.
Winkel, R. (2009). Der gestörte Unterricht. Diagnostische und therapeutische Möglichkeiten (9. Aufl.). Baltmannsweiler: Schneider Verlag Hohengehren.
Wisniewski, B. & Zierer, K. (2017). Visible Feedback. Ein Leitfaden für erfolgreiches Unterrichtsfeedback. Baltmannsweiler: Schneider Verlag Hohengehren.
Wisniewski, B. & Zierer, K. (2018). Visible Feedback – Ein Leitfaden für erfolgreiches Unterrichtsfeedback (2. Aufl.). Baltmannsweiler: Schneider Verlag Hohengehren.
Wuttke, E. (2005). Unterrichtskommunikation und Wissenserwerb. Zum Einfluss von Kommunikation auf den Prozess der Wissensgenerierung. Bern: Peter Lang.
Ziehe, T. (1991). Zeitvergleiche. Jugend in kulturellen Modernisierungen. Weinheim und München: Juventa.
Zierer, K. (2014). Hattie für gestresste Lehrer. Baltmannsweiler: Schneider.
Zierer, K. (2019). Pädagogische Expertise. In Seyring, M. und Weiß, S. (Hrsg.), Lehrer(in) sein – Lehrer(in) werden – die Profession professionalisieren (S. 34–47). Bad Heilbrunn: Klinkhardt.
Zierer, K. & Hattie, J. (2019). Erfolgreiches Feedback ist nicht einfach, aber es ist wirkmächtig! Klaus Zierer im Interview mit John Hattie. Friedrich Jahresheft XXXVII 2019, 6–9.
Zimmermann, B. J. (1998). Academic studying and the development of personal skill: A self-regulatory perspective. Educational Psychologist, 33, 73–86.
Ziv, A. (1988). Teaching and learning with humor: experiment and replication. Journal of Experimental Education, 57, 5–15.